范忠信 鄭定 詹學農 著

中國式法律傳統

商務印書館

本作品原名《情理法與中國人》(修訂版)，原由北京大學出版社出版。
經北京大學出版社授權於全球 (中國大陸除外) 地區獨家出版發行繁體
中文版。

中國式法律傳統

作　　者：范忠信　鄭　定　詹學農

責任編輯：張宇程

出　　版：商務印書館 (香港) 有限公司

　　　　　香港筲箕灣耀興道 3 號東滙廣場 8 樓

　　　　　http://www.commercialpress.com.hk

發　　行：香港聯合書刊物流有限公司

　　　　　香港新界大埔汀麗路 36 號中華商務印刷大廈 3 字樓

印　　刷：陽光印刷製本廠有限公司

　　　　　香港柴灣安業街 3 號新藝工業大廈 6 字樓 G 及 H 座

版　　次：2013 年 10 月第 1 版第 1 次印刷

　　　　　© 2013 商務印書館 (香港) 有限公司

　　　　　ISBN 978 962 07 6516 2

　　　　　Printed in Hong Kong

陳弘毅教授序

　　現代民主社會的法治概念起源於西方，但作為文明古國，中國的法律制度源遠流長，漢唐以至宋代的法制的發達水平，都居於當時世界的領先地位，並對整個東亞區域的法制發展產生深遠的影響。到了現代，由於西方經歷了科學革命、啟蒙運動等思想和文化上的洗禮，又取得了工業革命、資本主義市場經濟的發展等突破，並建立了現代的法治、憲政和民主等制度文明，所以自從清末以至"五四運動"以來，中國法制現代化的事業很大程度上取經於西方。

　　但是，這並不表示我們可以或者應該忘記、拋棄或者全盤否定中華傳統的法律理念和文化。沒有過去便沒有現在，沒有我們的祖先便沒有今天的我們。今天的我們是誰，今天我們所處於的社會和生活世界是怎樣的，都是由我們的國家和民族的歷史所決定的，也是由我們過去的文化和文明所塑造的。正如當代著名歷史學家易中天先生所云："當我自豪地宣稱自己是華人時，除了黃皮膚、黑頭髮和黑眼睛，還有甚麼標誌性的東西嗎？…憑甚麼我是 Chinese？…界定 Chinese 的，是文化與文明。…文化和文明，遠比種族重要。"[1]

　　因此，關心中國今天的法制狀況、法制現代化進程和法治建設的國人，必須對中國的法制史、法律思想史、傳統法律文化和傳統法律理念有基本的認識。傳統法律文化在今天的華人社會沒有完全消失，傳統法律理念在今天對我們還有一定的影響，即使我們沒有清楚意識到這種情況。了解中國傳統的法律文化，有助於我們對今

1　易中天：《文明的意志與中華的位置》，香港：商務印書館2013年版，頁2~3。

天的中國法律文化的了解。我們在了解中國傳統的法制狀況後，便可開始思考如何對傳統進行"批判地繼承"或"創造性轉化"，摒棄其糟粕，保留和發揚其精華。

對於有意認識中國傳統法律文化和法制理念的讀者來說，本書是極佳的入門讀本。本書書名是《中國式法律傳統》，以"情、理、法"作為介紹中國法律文化的切入點，這是十分恰當的，因為在傳統中國，法律並不是唯一的行為規範，"天理、國法、人情"是同時存在、同時受到承認和尊重的。本書的內容涵蓋了關於中國傳統法律文化的最基本和重要的課題，如"禮"與"法"的關係、"法"與"刑"的關係、"德治"、"人治"、"仁政"等問題、對"調解"的重視和"無訟"的追求、以至道德和家庭倫理對法律的影響等。本書被多所國內院校指定為法律史研究生的參考書，又被翻譯成韓文出版，並被十多所韓國大學列為"中國法教學參考書"，由此可見本書在學術界的地位。

本書的作者都是我十分敬佩的中國法制史學者。范忠信教授是我認識多年的好友，學問淵博，著作等身，我曾經為他寫的一本關於"一國兩制"的專著作序。有緣認識中國人民大學的鄭定教授也是我的榮幸，他是中國法制史學界的傑出學人，不幸的是，他已經離開人世。一次我到訪中國人民大學，鄭先生親自接待我並安排我為學生作講座，猶在昨日。在本書在香港出版的這個時刻，我在此向鄭定先生致以最高的敬意和最深的懷念。

陳弘毅

香港大學法律學院

2013 年 8 月 31 日

曾憲義先生序（原版序）

　　自人類社會步入階級和國家的歷史階段以來，法律制度一直是不同歷史類型、不同組織形態的國家政權控制整個社會、實現國家統治的基本工具；於中國亦然。中國立國已有數千年，作為古代中國文化的重要組成部分，古代中國法律制度亦伴隨着古代中國政治、經濟、文化的演進而不斷發展，形成了自己的獨特的風格，鑄就了輝煌的歷史。特別是在秦漢以後，中國的法律制度不僅在法典編纂、立法技術等方面有了長足的進步，而且經過長達數百年的法律儒家化即儒家倫理道德觀念與國家法律制度不斷相互滲透和融合的歷程之後，形成了中國古代法制融"天理、國法、人情"於一體的基本特徵。我的學生范忠信、鄭定、詹學農君合著的《中國式法律傳統》一書，正是一部對這一基本特徵進行初步闡述、分析的好書，是一部頗有創新、頗有學術價值的著作。

　　首先，該書注意把古代中國內在的法律思想理論與外在的法律規範制度有機地結合起來進行研究，深入地分析了古代中國人在法的性質、法的功能與作用、法律與道德的關係、罪與非罪的標準、刑罰輕重的適用以及民事、訴訟等方面的觀念和制度。在論述時，注意以思想理論來闡述制度，又以制度規範來印證思想理論，避免了過去的法史著作把二者割裂開來的缺陷，從而能夠比較完整地把握中國古代法的整體生命形態和一些主要特徵。

　　其次，該書注意把握中國法律傳統的重點問題，進行深入的分析。全書分"法理"、"刑事"、"民事"三篇，重點論述了法與天理、法與人情、法與道德、孝道與犯罪、服制與刑罰以及仁政與司法、無訟、息訟等一系列最能體現傳統中國法律制度特徵的基本問題，揭示了中國法律傳統的典型特徵。全書深入淺出，詳略得當，避免了平鋪直敘、面面俱到、看不出特色的弊病。

再次，該書注意從歷史上的一些典型的案例出發進行分析和論證，在考察成文的靜態法律制度的同時，也注意從司法實踐的角度來分析闡述中國古代的法律觀念和法律制度的實際運作。這也是很可貴的。

從總體上看，全書風格清新活潑，行文流暢，引證論述也頗為生動。既不失作為學術著作的嚴肅性，又饒有趣味，具有較強的可讀性。可以說是一部別具一格的法律史著作。

本書的三位作者係英山同鄉，曾同時就讀於同一所大學，又都有志於法律史的研究工作；數年來潛心讀書，累有心得，共同寫成了這本書。在本書即將付梓之際，索序於我。我一口氣通讀完畢後，感覺不錯，欣然為之作序。

曾憲義

辛未年冬十月

於中國人民大學

引　言

（一）

　　華夏民族是世界上具有最悠久文明史的民族之一。華夏文明史上的許多創造，是整個人類文明史的奇蹟。在一個人口居世界首位的國度裏，僅以相對簡約的律條規範着千百年間豐富複雜的社會生活；許多沒有法律的威嚴外表而實際上無所不在地約束人們行為、起着法律般作用的東西，自人們的幼年起即開始不知不覺地輸入人們的頭腦中，成為人們"自發的"習慣，甚至成為人們性情的一部分；在一個沒有國教的國度裏，一種溫和的、人文的學説使人們建立起系統而完善的信仰和價值觀，使人們擺脱了極端功利和庸俗的心靈境界。雖然在歷史過程中也有一些罪惡作為它們的副產品相伴而生，但誰也無法否認：這樣一種社會生活模式或境界的設計，這樣一種國家體制和社會管理的實踐（哪怕是不完全的或走了樣的實踐），都是整個人類最寶貴的文化遺產之一。華夏法文化是全人類共同的財產，是華夏民族對世界文明史的重大貢獻！

　　本書之作，就是要初步梳理詮釋我們華夏法文化的內核 —— 古代中國人的法觀念。我們欲以通俗的形式、平白或略帶點詼諧的語言，介紹和評論歷代先賢先哲們關於法律問題的基本思想觀點，以期使人們認識古代中國法律思想、學説、觀念的豐富、深刻、複雜、獨到和偉大，以期藉此光大中華法文化的精華。對於古代賢哲們無可諱言的思想局限性，我們也會本着歷史唯物主義態度，細心分析，試圖找到造成古人這種局限性的原因。古人的教訓，從某種意義上講，也是寶貴文化遺產的一部分。

（二）

自我們的祖先走出浩瀚的森林結成為一個個比較穩定的共同生活羣體之時起，一定的行為規則就不知不覺地產生了。把單個的人組織成為有規則的社會生活羣體的，不外是兩種東西：一是血緣紐帶，一是非血緣紐帶（可將其稱之為“社會紐帶”或“文化紐帶”）。僅以血緣紐帶作為依據的生活羣，只是文明前人類的生活狀態，那時尚談不到真正的“社會”和“社會規範”。只有當血緣紐帶在共同體中已模糊得無法辨認，或者人們觀念上擬制的“血緣”已開始成為組成一個共同體的依據時，制度文明的最早作品——行為規則、慣例或習慣才開始產生。例如，誰去打獵，誰去採集，誰去放哨，誰去攻掠，誰留下照管火種，進行掠奪或防禦時聽誰指揮等，必定很早就形成了大家遵行的習慣或規則；同時，羣體之間在進行產品（獵獲物及農畜產品）交換時採取甚麼樣的等價形式和交換程序等，肯定也早就形成了一些習慣或規則。一事當前，大家都不假思索地知道該怎麼做，不該怎麼做。當有人違犯了這些規則時，大家都不假思索地知道應在哪幾種懲罰手段的範圍內選擇對該犯規者實際使用的懲罰。只要這種懲罰會給人帶來一定程度的痛苦（包括精神痛苦）或物質財富的減損，只要這種懲罰有着明顯的外在形態，我們就不妨把該犯規者所犯的那條禁忌規則看成是法律——當然起初只能是習慣法。法律是人類社會生活的共同依據或紐帶，是人類文明史的紐帶。沒有法律，根本不能組成文明人類的社羣，甚至根本沒有文明可言。法律是人類文明之光。只要有人類文明社會生活存在，就很難想像沒有法律。

一開始有了法律，就必然有了關於法律這種社會現象的意識、觀點、思想。比如說，甚麼是正當，甚麼是非法，哪些宣示可視為法律，哪些人的話可作為法律，哪些禮儀可以視為法律，人世間為甚麼要有法律，法律有哪些用途，法律應具有甚麼樣的形式，法律應如何執行，法律應否改變以及如何改變，等等。自很早的時代起，人類社羣中的許多成員都會自覺或不自覺地、直接地或間接地想到這些問題，都會自然而然地流露出自己對這類問題的見解或主張（當然有時是用原始、樸素的方式流露）。這些流露，就是法觀念。

不同的民族、地區、國家的人們，由於地理環境和歷史文化的差別，必然產生內容各異的、各有特徵的法觀念。

中國古代法觀念很早就形成了自己鮮明的特色。

中國地處東亞大陸，氣候溫暖濕潤，自古以農業立國。商業貿易雖在局部、短期有過興旺狀態，但從未在全國範圍內發達興旺起來。內陸貿易雖有過短暫的繁榮，但海上貿易從未繁榮過。中國的近鄰，似乎也沒有靠商業貿易立國的國家，因而沒有以商風影響中國。自遠古以來，華夏大地上的居民們就如《莊子・秋水》中那個寓言裏的視野局促不知外部世界之大的河伯：大海障於東、南，雪山屏於西，大漠戈壁絕於北。震旦古盆地天然地成為一個與其他地理單元隔絕的人文地理單元。這種隔絕的情形，直到近代史開始前，並不因為有少量的人歷盡艱難越過了西部和南部的天然屏障而有較大改變。這種與外界隔絕的環境，生長出了一類獨特的文化，這是一種大陸型的農業文化，是一種重視血緣倫理的宗法文化。可以說，穀物種植為主的這樣一種謀生方式，個體小農耕作的勞動方式，一夫一妻男耕女織的小農家庭組織形式、（在統治階級徵斂以後）"自給自足"的產品分配形式，以及與這些謀生方式、勞動方式、分配方式相適應的意識形態和上層建築：宗法觀念，父權家長制、家國一體觀念，"禮"、"義"觀念，"仁"、"德"觀念，"天人合一"和"天人感應"觀念……，這一切的有機結合，就是中國傳統文化。作為中國傳統文化一部分的中國法律文化，也因而有着亞細亞的、中國的鮮明特色。

（三）

一個獨特人文地理單元中的全部文化（它的現象、表徵及演進過程）可以看成三個方面因素的有機結合。這三個方面因素就是：族羣賴以生存的生產方式或物質生活方式、族羣的社會組織形式、族羣的精神生活形態。

中國傳統文化自古以來就在這三個方面顯現出它獨有的性格來。這種獨特的性格也深深地體現在中國法文化特別是中國傳統法觀念之中。

1. 從生產方式或物質生活方式上講，中國很早以來就一直是以名義上土地國有（王有）制、實際上的土地私有制為基礎的小農經濟。個體小農（自耕農、佃農）是人口的主要成分，一家一戶的小農耕作、男耕女織是主要的生產方式，不依賴商業的自給自足就是主要的物質生活方式。這些特點，決定了古代中國大地上很難生長出那種以解決商品生產交換中的紛爭作為最初主要目標的"私法"、"市民法"或"海商法"來；除了納稅服役之外，也很難生長出與民事合同有關的民事權利義務觀念來。整個法律制度幾乎全部是為小農小土地私有制和自給自足的生產生活方式專門設計的，無處不體現着小農的、宗法的痕跡。從商周的"井田制"到南北朝隋唐的"均田 (班田) 制"，直到洪秀全的"天朝田畝制度"，傳統中國法觀念一直建立在小農生產方式 (男耕女織、自給自足)"天經地義"的觀念基礎上。這就是為甚麼歷代稍微明智一點的君主和政治稍安定一點的時代都要特別重視打擊"土地兼併"、"佔田過限"的原因。歷史上的"田律"、"田制"、"倉律"、"戶婚律"，是小農生產和生活方式的典型體現。與這些生產生活方式相適應的法觀念，便不可能是強調民事權利義務之類的契約觀念，而只能是個體家庭農業生產生活過程中必不可少的尊卑長幼、貴賤親疏觀念的變相體現："正名"、"定分"、"愛有差等"等。至於"刑無等級"之類的觀念，雖偶然提出，但很難成為主流。

2. 從社會組織形式來講，古代中國的自上而下遍及每一個角落的宗法制組織形式，也深深地決定着中國傳統法觀念的特色。舊時中國的社會，從上下關係 (縱向) 來劃分，可以分為國家、宗族、家庭、個人四個層次；從平行關係來劃分，有以行政管理的需要結成的社會組織 (政治的組織)，有以血緣的或擬制血緣的紐帶結成的社會組織 (血緣的組織)，有以宗教的關係結成的社會組織 (宗教組織)，有以文化的、教育的關係結成的社會組織 (文教組織)，還有以其他特定目的或紐帶結成的社會組織 (如江湖幫會、工商行會)。無論是縱向的組織還是橫向的組織，其實都是以家庭為藍本的，都是家庭這種組織形式的原則在別的領域的適用。

從上下（縱向）層次來看，個人這個層次並不具有獨立的意義，個人是家庭乃至宗族的零件或附件，一般不具備獨立的政治或民事主體資格。宗族乃是更高一個層次上的（更鬆散的，擴大的）家庭。因此，真正的社會組織（或結構）層次不過是兩層——國家、家庭。再究下去，我們看到，國家也是按家庭的原則即宗法制原則建立起來的，國家不過是家庭的放大，家庭[1]又像是國家的縮影。"君父"、"子民"、"臣子"、"父母官"、"縣太爺"等觀念，構成了中國傳統法觀念的基礎。"為子為臣，唯忠唯孝"、"君親無將，將而必誅"、"移孝作忠"、"尊尊親親"等觀念，就是古代中國有"天憲"、"國憲"意義的根本法觀念。法律就是以全力維護這樣的"家國一體"模式為己任的。

從橫向的社會組織種類來講，政治性組織貫穿血緣宗法原則自不待言，"父母官"與"子民百姓"的關係正是家庭中父兄與子弟關係的變相體現；將領與士卒的關係也是這種關係的演變形式，"父子兵"就是軍隊中理想的關係模式。血緣的組織（從氏族到宗族）更不必說。即便是文化教育的組織和宗教的組織，甚至江湖幫會和工商行會，也都貫穿着家庭的宗法制的原則。例如《唐律•名例》明確規定加害"現受業師"之罪惡等同於子孫加害父祖之罪，同入"十惡"不赦之列；又規定弟子侵犯其師，其罪與侵犯伯叔父母同（比侵害常人加重刑罰）；而師加害弟子，則與伯叔父母加害姪輩一樣可以減輕罪刑。古時所謂"師祖"、"師父"（"一日為師，終身為父"）、"徒子徒

1　這裏所說的"家庭"指《唐律》所稱的"戶"，意即有血緣關係而又"同居"（即在一戶之內生活，同鍋吃飯，有共同經濟收支核算）的共同體。

孫"、"弟子"等概念的內涵，正是要求以家庭中的尊卑原則去組織文化教育的關係，正是要使文化教育這類社會組織宗法化。又如《唐律》規定，道觀佛寺中也有"三綱"，觀寺中卑幼侵犯"三綱"，就視同家庭中子孫侵犯父祖一樣加重罪刑，而"三綱"(寺主、觀主等) 加害徒兒徒弟，視同父祖加害子孫一樣減輕罪刑。至於江湖幫會，其"堂主"、"龍頭"、"大哥"與其他成員的關係，有時比家庭中父子關係中的"尊卑有別"程度還要深，其幫會中的幫規維護這種"綱常"關係，比國法維護家庭宗法關係還嚴厲，頭目對徒眾的控制權、生殺權，有時遠甚於家庭。可以説，江湖幫會也不過是按家庭的原則組建的，也充分體現了宗法制原則。

因為國家之內的一切層次、一切類型的社會組織都不過是直接或間接的、原態或變相的宗法組織，於是宗法倫理就成為古代中國法觀念的基石、核心。宗法倫理的原則甚至直接成為認定有罪與否、罪刑輕重的最高標準。這就是歷代的"經義決獄"或"春秋決獄"、"引禮入律"、"禮法合一"等的由來。家庭在絕大多數場合被視為民事法律關係的主體，個人只是在少數場合才可作為民事主體。宗族(有時是家庭) 成為公法 (主要是刑事法) 上最常見的責任單位；"榮則蔭及宗族"，"刑則誅連宗族"，"一損俱損，一榮俱榮"，其情形很像今日可作為刑事犯罪主體的法人 (以及可以集體獲得榮譽和利益的法人)。個人只是作為家庭、宗族的代表或成員去具體承受一定的責罰。古時有的朝代的法律允許子孫替代父祖去受刑 (如東漢時"母子兄弟相代死，聽赦所代者"[2])，或允許兩個家族為殺人之類大罪而

2　《後漢書·陳忠傳》。又見於《晉書·刑法志》。

私下達成和解協議（但子孫在父祖被殺時無權與人"私和"而必須告官，這是一個例外）。這實際上都賦予了家庭、宗族以法律上的主體資格，而不是把這種資格授予獨立的個人。在宗法制的社會組織形態下，要維護這種組織的穩定（也就是維護社會的穩定），首要之務就是嚴懲"不肖（孝）子孫"，嚴懲"亂臣賊子"，嚴懲"犯上作亂"，嚴懲一切敢於向宗法的尊卑貴賤秩序挑戰的言論和行為，這就是古代中國刑事法特別發達的原因。法律被視為家長的手杖，是家長權威的體現。"刑罰不可弛於國，猶鞭撲不可廢於家"，古代中國人的法觀念主要就是"家法"觀念，就是倫理法觀念。"王法"、"國法"不過是最大的"家法"或公共的"家法"而已。

3. 從中國特有的精神生活形態而言，敬天法祖重人倫的教義很早就支配了整個民族。中國雖無國教，但自夏朝"尚孝"的原始宗教，到商朝"敬鬼"（敬奉逝世祖先的靈魂）的原始宗教，到西周時期"以德配天"、"敬天保民"、"禮治"的政教一體的觀念和實踐，到孔子的以"仁—禮"為核心的儒家學說，到董仲舒的以"天人合一"為核心的儒學正統說教，直到宋以後以"存理滅欲"為核心的程朱理學（新儒學）。這一切接近無神論的、人倫人文的學說教義，在中國歷史上實際上可能起到了宗教的全部作用。至少在普通大眾心目中與宗教無異，只不過少了些具體教規戒律和膜拜儀式而已。儒學，今日人們有時稱之為儒教（古代中國人更直接稱之為"儒教"），是很恰如其分的。儒教簡直可以稱之為"家庭崇拜教"、"祖先崇拜教"或"尚家宗教"，其主要內容就是宗法制家庭原則的昇華、總結。它主要是為宗法制家庭 —— 古代中國一般家庭形式服務的，即使不直接着眼家庭問題的那些教義，也不過是這一目標的引申。儒教雖然講的是淺顯的"飲食男女"、"人倫日用"、"灑掃應對"之事，但它的根本目的是要建立和維護"父慈子孝、君仁臣忠、夫義婦聽、兄友弟恭、長惠幼順"[3]的宗法制社會組織秩序。儒教的教義及實踐，對中國傳統法觀念影響至深至巨。儒家學說，所謂"禮"、"理"、"義"、"正名"等，不斷滲透到法律之中，甚至在司法活動中被直接引用作為"法上之法"、"法外之法"。在自漢開始至唐代完成的法律儒家化進程之前，儒教觀念中的許多內容就已直接成為古代中國許多人日常生活中信奉或遵從的法律，亦即成了國人心目中"自發的法律"。人們通常不是依據朝廷的法律去評斷一個人言行非法與否和罪惡輕重，而是習慣於依據自幼耳濡目染的儒教教義來評斷這些。違反教義就是最無可爭辯的"非法"。"禮 (理) 所不容，國法不容"，"禮之所去，刑之所取"，"法不外乎人情"，是人們共同的觀念。

(四)

自很早開始，中國人的法觀念就是一個複合的、多元的觀念體系。一說到法，中國人很自然地把它看成是"法上之法"("天理"、"禮")、"法中之法"(律條、律例)、"法外之法"(倫常之情、人之常情) 的總和，嚴格意義上的法 (制定法) 在古代中國人心目中只佔相當次要的地位。人們通常認為制定法是不得已的產物，是將"禮義"、"天理"文字化、條文化而又未臻完善的產物，是為維護倫常秩序而設立的一條消極的、最低的、最後的防線。中國人心目中理想

3　《禮記・禮運》。

的法律是"天理"、"國法"、"人情"三位一體。這種三位一體觀念，是古代中國佔支配地位的法觀念。

對我們華夏古國的如此有獨特風格的法觀念的研究，是我們多年共同興趣所在。惟因功力嚴重不足、資料搜集困難、時間太不充裕之故，我們的這一研究尚極為粗淺，至多只算拋出了一塊引玉之磚。我們祈望就教於方家。

目　錄

法理篇

刑事篇

民事篇

法理篇

第一章　天理、國法、人情三位一體：
法的概念

從"灋"説起

　　"灋"，就是我國古時的法字。從這個字的構成，我們可以看出早期中國人對法的最初認識，看出早期中國人心中的法的概念。

　　"灋"字由三個部分組成。首先是"氵"（水），據東漢學者許慎的解釋，這是象徵法"平之如水，（故）從水"，亦即象徵法的公平性質。其次是"廌"（音志，zhì），是傳説中的神獸，有説像羊，有説像牛，不一而足。漢人許慎説像"山牛"，獨角，"古者決訟，令觸不直"，是法官用來判斷是非曲直、懲罰罪犯的一種活的工具。再次是"去"，表示驅除之動作，許慎説："'廌'，所以觸不直者去之，（故）從去。"

　　法是甚麼？"灋"字本身就是上古的人們對法下的定義或歸納的概念。在先民們看來，法要麼就是像"廌"的犀利獨角一樣的刑具，要麼就是"觸而去之"那樣的制裁方式或程序。去古未遠的東漢人許慎尚能猜出古人之原意，所以他説："法，刑也。"[1]

　　然而許慎也沒有完全猜對。在對"氵"（水）的解釋上，他顯然把他所處時代的思想或思維水平強加給了上古的先民。"氵"（水）象

1　以上引文均見《説文解字‧廌部》，中華書局 1983 年影印本，第 202 頁。

徵公平、公道、正義，顯然是人們的抽象思維水平達到相當高的程度的結果，這在上古造字時期的先民那裏顯然不可能。大家看看，除這個有爭議的"灋"字以外，我們至今還沒有找到第二個帶"氵"而這個

▲ 廌，亦即獬豸、獨角獸，性忠直，能"觸不直者去之"。傳說上古法官皋陶曾借以審斷疑難案件。

"氵"又象徵"公平"的古字。所以，幾年前去世的當代著名法學家蔡樞衡先生積20餘年研究後得出結論說，"平之如水"四字，乃"後世淺人所妄增"。他認為，在這個字的意義構成裏，"水"的含義不是**象徵性**的，而純粹是**功能性**的。它指把犯罪者置於水上，隨流漂去，即今之所謂驅逐。[2]

我們很贊同蔡樞衡先生的這種解釋，因為這就跟廌"觸不直者去之"那種"刑罰"意義統一了起來。

弄清了這一點，我們上面的結論就不會引起多少爭議了。要不然，就會有人反問：古人不是也講法"平之如水"嗎，怎麼能說在他們心目中法僅僅是刑具或刑罰呢？

2　參見蔡樞衡：《中國刑法史》，廣西人民出版社1983年版，第170頁。這可以更舉幾例加以說明：如"江"、"河"、"洗"、"澆"等字中的"氵"（水），就是取水的形態或功能上的含義，表明這些事物、行為跟水這種事物聯繫在一起；而"滙"、"溢"、"泛"、"潔"等字中的"氵"（水），顯然只有形象含義，因其形態上像水或與水性質有關。

簡言之，從"瀳"字的意義構成可以看出，中國上古的先民們是從**功能**或**用途**上去理解法、認識法，給法下定義或定概念的。他們起初並未把法當作一種抽象的是非善惡判斷原則或標準，並未把法當成一種形而上的東西。在他們看來，法這個東西只是形而下的。也就是說，法是"器"而不是"道"。[3] 這種早期的法觀或法概念(定義)，深深地影響了自那時至近現代的整個中國思想史。

若僅從"瀳"這麼一個字的意義構成就推出這麼大的結論，顯然也有將後人的思想強加給古人之嫌。但是，本書以下各章節的闡述將以實實在在的材料來證明這一結論。以下的論述將使我們看到，即便是在抽象的正義論的含義進入了法的概念或定義中之後的中古、近古和近代，中國人心目中的法仍然**主要地**是形而下之"器"，政治正義論的"道"含義在法概念中從未佔過主要地位。這大概是中國人的法觀念的主要特色之一。

4

法即賞罰

法，應有三重含義。從抽象性質方面講，它是一定社會中的是非善惡的判斷標準或原則的表現形式之一；從客觀形態方面講，它是一定的規範、規則，是有強制性的規則；從作用或功能方面講，它是鼓勵、許可、承認、禁止、懲罰等及其所使用的工具或手段。在古代中國人心目中，法主要是後者。古代中國的人們**往往主要**局

3　甚至，即使把"氵"理解為"平之如水"這一意義，有學者也認為這仍然沒有超出一般程序上的意義，並不使早期的法定義具有了政治正義論的性質。參見梁治平：《法辨》，載《中國社會科學》1986 年第 4 期。

限在這第三種意義上給法下定義。

賞罰就是法，法主要是刑罰（賞是次要的）；刑罰的目的主要是對付“小人”，對付民眾，對付不堪教化的人。古人曾反反覆覆地表明他們的這一見解。

先秦時期，以“法”聞名的法家孜孜不倦地推行的“法”，就是賞罰，或乾脆只是刑罰。《韓非子》說：“法者，憲令著於官府，賞罰必於民心”[4]，“明主之所以導制其臣者，二柄而已矣。二柄者，刑德也。殺戮之謂刑，慶賞之謂德”[5]。所謂“二柄”，猶今言“兩手”，一手是獎勵，一手是懲罰。這兩手合起來，就是“法”。《慎子》說：“慘而不可不行者，法也”，“我喜可抑，我忿可窒，我法不可離也；骨肉可刑，親戚可滅，至法不可廢也”。[6]《管子》也說：“殺戮禁誅謂之法。”[7]這簡直等於說，法只是刑，賞也不在其中了。

同一時期，對法頗不懷好感的儒家，他們心目中的“法”也只是刑。孔子認為，法家所謂“法治”，就是“導之以政，齊之以刑”，只會使“民免而無恥”[8]。就是說，用法家的“法”這種高壓手段或恐怖手段來治民，百姓雖然不敢犯罪，但心裏並不以犯罪為恥。孟子認為，“上無道揆也，下無法守也，……君子犯義，小人犯刑，國之所存者幸也”。[9]即是說，在上位的人如沒有崇高的指導思想或者違犯崇高的原則，庶民百姓如無法可守或有法不守，國家就可能滅亡。在

---

4 《韓非子·定法》。
5 《韓非子·二柄》。
6 《慎子·佚文》。
7 《管子·心術上》。
8 《論語·為政》。
9 《孟子·離婁上》。

這裏，他把"下無法守"、"小人犯刑"並舉，不過是為了修辭的需要，其實是一個意思，"犯刑"就是"不守法"，也即"犯法"。可見儒家所反感的"法"只是**刑**。

這一時期，最憎惡法律的是道家，其實他們心目中的法也是刑。《莊子》說："粗而不可不陳者，……法也。"[10] 這與前引《慎子•佚文》"慘而不可不行者，法也"簡直是一個意思，因為只有"刑"才稱得上"粗"和"慘"。他們以此為"法"的本質特徵。頗有些道家精神因而被劃入"道家類"的《文子》、《鶡冠子》兩書更是明白無誤地把法定義為刑和賞《文子》說："君者用六律。……六律者，生之與殺也，賞之與罰也，與之與奪也。"[11]《鶡冠子》說："生殺，法也。"[12] "律"就是"法"（《爾雅•釋詁》："律，法也，常也。"），其內容就是生殺予奪，就是賞罰。看來這種見解是先秦乃至秦漢時期最一般的、最流行的。

秦漢以後，這種觀念一直薪火相傳，綿續不絕。在某些人那裏，發揮得更加淋漓盡致。如西漢前期反對桑弘羊推行所謂"法治"的"賢良文學"們認為："法者，刑罰也，所以禁強暴也"[13]，"法能刑人而不能使人廉，能殺人而不能使人仁"[14]。在他們心目中，法就是殺人刑人的工具了。在別的方面與"賢良文學"針鋒相對的桑弘羊也認為："法者所以督奸也"，"法設而奸禁。……是以古者作五刑，刻肌膚而民不逾矩"[15]；"故水者，火之備也，法者，止奸之禁也"[16]。看來在把法僅

---

10 《莊子•在宥》。
11 《文子•下德》。
12 《鶡冠子•天則》。
13 《鹽鐵論•詔聖》。
14 《鹽鐵論•申韓》
15 《鹽鐵論•刑德》。
16 《鹽鐵論•申韓》。

當成刑這一點上他們是很一致的。晉人傅玄説："立善防惡謂之禮，禁非立是謂之法。法者，所以法不法也。明令禁書曰法，殺戮威罰曰刑。"[17] 其實，他這裏的"法"、"刑"是當作同義詞來用的，這是為了修辭的需要，叫同義互文。其所指都是刑罰規範或手段[18]。南宋人楊萬里竟認為："法不用則為法，法用之則為刑；民不犯則為法，民犯之則為刑。"[19] 這與晉人傅玄的話如出一轍，是對傅玄觀點的最好註釋。明人方孝孺也説："治天下有法，慶賞刑誅之謂也。"[20] 明代大思想家丘浚講得更乾脆："法者罰之體，罰者法之用，其實一而已矣。"[21]

正是從這種意義上講，法才被歷代人們視為"不祥之器"，被視為"治病之膏石"、"針藥"，被視為"盛世所不廢，亦盛世所不尚"的萬不得已才用的東西 (詳後)。假如法的概念中包含了民法、商法、行政法、訴訟法之類的不以施加刑罰為特徵的法，豈會有這種觀念出現。正因如此，古代中國人一聽説"法律"二字就如履薄冰，如臨深淵，如臨懸斧。直到清代，正統的觀念仍然是"講法律以警愚頑"[22]。能警愚頑的，當然只能是"刑"。1905 年至 1907 年間，在著名法學家沈家本奉命主持的那場具有劃時代意義的法制變革中，反對派的主張仍然是："化民之道，禮教為先；禮教所不能化者，則施刑

---

17 《傅子・刑法》。

18 這種同義互文的修辭在《慎子・佚文》"殺戮之謂刑，慶賞之謂法"一語中也可以看出來。其實，這句話的正確翻譯應是"殺戮和慶賞叫做刑或法"。

19 〔宋〕楊萬里：《誠齋集・刑法論》。

20 〔明〕方孝孺：《遜志齋集・深慮論五》。

21 〔明〕丘浚：《大學衍義補》卷一百。

22 《清聖祖實錄・聖諭廣訓》。

罰以濟其窮，此法律所由設也。"[23] 在他們看來，設法律也就是設刑罰。民國時期，人們在論述法律的必要性時講得最多的理由仍是"鞭撲不可廢於家，刑罰不可馳於國"[24]。人們常將法律稱作"尚方寶劍"[25]，實際上就體現了**法即刑**的觀念。此外，過分強調法是對付"非我族類"的工具，也與古時"德以柔中國，刑以威四夷"[26] 的觀念相似，實際上正是**法即刑**的觀念體現之一。

這種觀念甚至延續至今。在一次法學討論會上，有學者痛感舊的法律觀念仍然佔據着人們的大腦，呼籲廢除。在他所列舉的五種舊法制觀念中，就有四項跟"法即刑"的觀念有關，即："一談到運用法律手段，就僅僅注意到運用對付犯罪的刑罰手段"，"一談到運用法律手段，就只知道運用制裁手段，而不知法律手段中亦有行政管理手段"，"僅把公檢法部門看做執法機關而不把其他政府部門看做執法機關"，"一談加強法制建設就僅僅想到加強公檢法系統的法制建設"[27] 等。在海峽的那一邊，同樣受着中國傳統觀念影響的人們，至今也不時地自覺地透露着這種"法即刑"的觀念。如有台灣學者云："倫理是人獸的分野，其效用上優於法制。倫理是從本性上啟發人的自覺，法制是代表着國家公權力的行使，而帶有強制性的。某人已喪失人格，缺乏自覺精神，當然要整飭風紀，對於違法者施以

---

23 《浙江巡撫增韞奏摺》。見《清末籌備立憲檔案史料》，中華書局 1979 年版，下冊，第 856 頁。

24 例子太多，不一而足。我們看到很多縣誌、家譜的序言中都有這句話。

25 "尚方寶劍"是皇宮製造作坊"尚方監"專為皇帝製造的佩劍。皇帝有時將它授給到地方辦案的欽差大臣，以示授予他處理該案的全權，甚至是先斬後奏之權。其實，它就是"刑"的象徵，也即最高法律權威的象徵。

26 《左傳·僖公二十五年》。

27 《理論資訊報》（北京），1986 年 4 月 21 日，第四版。

適當的制裁，這是事後的糾正。"[28] 這裏隱隱約約地顯出的正是《白虎通義》"禮為有知制，刑為無知設，出乎禮入乎刑"的觀念。當然，這種"法即是刑"的觀念感受最深的應該是作者本人。記得小時候因淘氣捱母親們的棍棒時，她們常說的一句話是："給你一點王法！"那就是法！？

國法與王法

"家有家規，國有國法"，這是經常聽到的一句俗語。這句話裏正蘊藏着一個十分有古代中國特色的觀念：國法有如家規、家法，是"家長"（皇帝）用來管教"不肖子孫"（不軌臣民）的。很明顯，家法不是家長與子弟婦妾奴僕協商制訂的，而是家長一人的傑作。故家法即"家長之法"；同樣，國法不是國君與臣民協商的產物，而是"聖心"、"聖制"、"聖裁"的產物，故國法就是"王法"。記得少年時，長輩們老是訓斥我們，說我們"一點王法也沒有"、"無法無天"；揍我們的屁股時，也是說給我們一點"王法"；說到某人犯罪被處罰時，他們常表述為"某人犯了王法"；說到自己的處世哲學時，常說"不犯王法、不虧心"。在他們看來，國法即王法。

這種觀念同樣有着悠久的淵源。

早在《尚書》時代，就有"文王作罰"之說，說是對那些"不孝不友"的壞人要用周文王所作的刑法（或罰）去懲治，"刑茲無赦"[29]，決不放過。稍後，法家的代表作《管子》主張"法政獨制於君而不從臣

---

28 傅兊：《功利主義與道德倫理》，載台北《商會月刊》第 195 號，1987 年 3 月。
29 《尚書·康誥》。

出"[30]。他們的理想是："有生法者，有守法者，有法於法者。夫生法者，君也；守法者，臣也；法於法者，民也。"[31]孔子也主張："禮樂征伐自天子出。"[32]所謂禮樂征伐，包括法律制度和決策權，因為古時禮法不分、兵刑不分。儒家的另一代表作《禮記·中庸》更明白無誤地宣稱："非天子不議禮，不制度，不考文。""制"是動詞，"制度"就是立法。商鞅和荀子的觀點更有代表性。商鞅主張："智者作法而愚者制焉，賢者更禮而不肖者拘焉。"[33]荀子認為："古者聖人以人之性惡，以為偏險而不正，悖亂而不治，故為之立君上之勢以臨之，明禮義以化之，起**法正(政)**以治之，重刑罰以禁之，使天下皆出於治，合於善也。"[34]這是在論證帝王獨掌立法權的合理性。因為誰也不敢否認君主是當時的最聖、最智、最賢者。這是"王法"觀念的另一種表現。東漢人王符說："君立法而下不行者，亂國也；臣作政而君不制者，亡國也。"[35]唐人李乾佑曾對唐太宗說："法令者，陛下制之於上，率土遵之於下，與天下共之，非陛下所獨有也。"[36]這也明顯地肯定了法出自"王"，法即王法。所謂"與天下共之"，是指與天下共同遵行、使用；法立之後，立法者本人也不要隨意違反、廢棄。直到清代，正統的觀念仍然是"聖人制禮作教、立法設刑"[37]。黃宗羲在200餘年前倡導的"天下之法"的觀念，仍不過是杯水車薪，對正統

---

30 《管子·明法解》。
31 《管子·任法》。
32 《論語·季氏》。
33 《商君書·更法》。
34 《荀子·性惡》。
35 《潛夫論·衰制》。
36 《貞觀政要·公平》。又見《通典·刑法典》。
37 《大清律例·序》。

觀念並未造成威脅。1905 至 1909 年前後反對沈家主持的法制變革的"禮教派"官僚仍毫不猶豫地以法為"王法"："天道不能有春而無秋，**王法**不能有生而無殺。"[38] 甚至在今天，在高度開放、商業發達的深圳特區，仍有相當比例的人缺乏立法參與意識，認為立法只是"上頭"的事，自己只是被動地接受法律的管束。可見"王法"觀念在中國根深蒂固。

法與天理

"天理難容！國法難容！"我們在譴責惡行或犯罪時常常這麼說。在人們心目中，犯罪首先是"傷天害理"，是"無法無天"，而不僅僅是"蔑視法律"和"踐踏法律"。法體現着天理，它來自天理或天道，這種觀念也是非常中國式的[39]。這種觀念，最早見於《尚書》和《詩經》。

《尚書‧皋陶謨》說："天敘有典，敕我五典五惇哉；……天命有德，五章五服哉；天討有罪，五刑五用哉！"這是說，人間的法律制度出自天命、天意。《詩經》說："天生烝民，有物有則；民之秉彝，好是懿德"[40]，"不識不知，順帝之則"[41]。《易傳》也表達了這一觀念：

38　《江蘇巡撫陳啟泰覆新訂刑律與禮教不合之處應酌加修訂摺》。載《清末籌備立憲檔案史料》，中華書局 1979 年版，下冊，第 859 頁。

39　這是誤解。其實這是世界各民族共同的一般法觀念，只不過對"天理"的表述不同而已。當時因認識局限，我們誤以為僅僅中國才具有這樣的法觀念。——修訂註。

40　《詩經‧大雅‧烝民》。

41　《詩經‧大雅‧皇矣》。

"是以(聖人)明於天之道，而察於民之故。……制而用之謂之法。"[42]後來，這種觀念不斷加強，也愈加抽象。從前那種有人格、有意志、能發號施令或能直接把人類適用的法律藏於囊中等待着頒發給人類中的聖智者"天"，日漸演化為一種抽象的哲學上的價值，一種崇高而神聖的原則、公道——"理"或"天理"。法不過是人們接受過來的那一部分"天理"，或是"天理"的一種體現。法之對於個人，正如天理(實即抽象的"天")對於整個世界、整個人類社會。所謂"無法無天"，其隱語正是"無法無天理"，意即蔑視法律、蔑視天理，蔑視"天威"或天理之威(蔑視法律也就是蔑視天理)，即對天下最神聖、最權威的道理不敬畏，也就是所謂"冒天下之大不韙"，"藐視天綱"。董仲舒認為，"王者承天意以從事"，"法天而立道"[43]。班固認為，法是"聖人通天地之心"、"則天象地"而制定出來的，"聖人因天秩而作五禮，因天討而作五刑"[44]。這雖還帶些以法為人格神(天)之旨意的性質，但已明顯地表現出在向抽象的哲學化的"最高原則"意義上的"天"(理)轉化的跡象。到了朱熹，他更明確地宣稱："法者，天下之理"[45]，"禮者，天理之節文，人事之儀則"[46]。古人說"禮"，就是指章法，當然包含法律。對朱熹來說，天地歸根到底只是一個"理"，宇宙即"理"，法是整個"理"的體現形式之一，這叫"理一分殊"。法是"理"，禮也是"理"，只是表現形式不同，所以他又說："禮字、法

42 《易·繫辭上傳》。
43 《漢書·董仲舒傳》。
44 《漢書·刑法志序》。
45 《朱子大全》之《學校貢舉私議》。
46 《朱子大全》之《答曾擇之》。

字實理字，日月寒暑往來屈伸之常理，事物當然之理。"[47] 明人薛瑄也說："法者，因天理，順人情，而為之防範禁制。"[48] 清代小說家蒲松齡也認為："訟獄乃居官之首務。培陰騭（積陰德）、減天理，皆在於此，不可不慎也。"[49] 這即是認為，法律實現了，便是積了陰德；枉法徇私，便是減了"天理"。法就是天理的體現。1908 年，反對沈家本主持的法制變革的兩位"禮教派"官僚（江蘇巡撫陳啟泰、江西巡撫馮汝騤）都曾以舊律"悉准諸天理人情"[50]，而新律不合情理、禮教為理由，抨擊新律。在他們看來，"重綱常"的中國舊法制就體現了"天理"。

前文說過，早期的中國人在給法下定義時，曾把抽象的原則、標準或公認的道理的觀念部分地融入了法的定義或概念之中。許慎把"法"字的"氵"理解為"平之如水"的意義便顯示出這種趨勢，到朱熹講"法者天下之理"便可以視為這一過程的完成。但我們也看到，與整個中國封建社會相始終，法的公道、公理、原則意義在中國人的法定義或法概念中並未佔重要地位。佔重要地位或**主導地位**的，仍是法的第三重含義，即手段、工具、方式或程序的含義。前文"法即賞罰"一節說明了這一點，無須重複。即便是主張"法即理"的朱熹，在更多的場合仍然認為：好的法律（"先王之法"）就是"先王之義刑義殺"[51]，"所以雖或傷民之肌膚，殘民之軀命，然刑一人而

---

47 《朱子大全》之《答呂子約》。
48 ［明］薛瑄：《要語》，［清］陳宏謀：《從政遺規》錄。
49 《聊齋誌異・冤獄》。
50 《清末籌備立憲檔案史料》，中華書局 1979 年版，第 859、867 頁。
51 《朱子大全・戊申延和奏札一》。

天下之人聳然不敢肆意於為惡"[52]。對他來説，法仍是"慶賞刑威之具"[53]。

法即天理的觀念，有些近似於西方的自然法觀念[54]。因為它們都認為宇宙間存在着一種不以人的意志為轉移的客觀真理、正義或公道，它是法的源泉、法的準據，是法上之法。所不同的是，中國人很少把"天法"、"天則"或"天理"與人為的法律(人定法)分開來講。西方人孜孜不倦地撇開現行法律制度去探索、發掘、描述"自然法"的內容，以便用它來批評人定法；古代中國人則很少單獨去論"天理"、"天法"、"天則"的內容。它們多半是就現有的法律制度來闡述"天理"的內容，多半是説"天理"(或"自然法則")的內容盡在現行法度禮制之中，借以論證現行以宗法等級制下的剝削和壓迫為主要內容的法律制度的合理性、神聖性(當然，也有一些對現行法的批判，如墨子主張用"天志"這個最高"法儀"來檢驗"王公大人之所為刑政"。[55])

法就是"天理"(中國人心目中的"自然法")，但這個"天理"當然必須是有實實在在的內容的，不能是空空蕩蕩的。"天理"的核心內容是甚麼？在中國人看來，就是倫理綱常。據説，春秋時鄭國執政子產曾説："夫禮，天之經也，地之義也，民之行也，天地之經而民

---

52 《朱子大全・堯典象刑説》。

53 同上。

54 在此書完稿不久，我曾寫過〈"自然法"與"法自然"〉一文，載重慶《外國法學研究》1989 年第 1 期。後收入《中西法文化的暗合與差異》(中國政法大學出版社 2001 年版)。在文中我説古代中國人心目中"法自然"只是"法倫理"。不認為"法自然"與西方"自然法"理念有內在一致。其實，那樣説是有偏頗的。應認為二者有內在的一致之處。 —— 修訂註。

55 《墨子・天志上》。

實則之。"[56] 在他看來，"天經地義"的內容就是"禮"，就是"君臣上下"、"夫婦內外"、"父子兄弟"等倫常關係中各人的"本分"、"義務"。漢人董仲舒說："王道之三綱，可求於天"，"君臣父子夫婦之義，皆取諸陰陽之道。"[57] "陰陽之道"，對古代中國人來說，就是"天理"，就是"自然法則"，就是由此邏輯而推演出來的一切"道理"。其具體含義就是"三綱"，就是君為臣的主宰，臣絕對服從君；父為子的主宰，子絕對服從父；夫為妻的主宰，妻絕對服從夫。朱熹講得更清楚："蓋三綱五常，天理民彝之大節而治道之本根也"[58]，"禮者，天理之節文，人事之儀則"[59]，"天理只是仁義禮智之總名，仁義禮智便是天理之件數"[60]。"仁義禮智"是"三綱"對人們言行的具體要求或規範。可見"三綱五常"就是中國的"自然法"[61] 的核心內容。這與西方人反覆論證自然法的核心內容是"正當的生活"、"不損害他人"、"歸還各人所應得"（此為古羅馬法學家關於"自然法"內容的三格言）等明顯不同。西方人所謂"正當生活"並不是指"三綱式"的絕對服從，而是"應當敬神"、"不得殺人"、"不得偷盜"、"不可姦淫"、"不作偽證"、"生活應有節制"等。17 世紀以後，"自然法"更被論證為"人生而平等"、"人民主權"、"人民自由"、"人民有反抗暴君的自然權利"及"社會契約"等內容。兩種文化的不同特色亦由此可見。

---

56 《左傳・昭公二十五年》。

57 《春秋繁露・基義》。

58 《朱子大全・延和奏札》。

59 《朱子大全・答曾擇之》。

60 《朱子大全・答何叔宗》。

61 古代中國人心目中的"天理"或抽象意義的"禮"，有中國式"自然法"的意義。

"法不外乎人情"

"法不外乎人情"，這是古代中國人的一般共識。意思是，法律必須體現人情，法與人情並無矛盾之處，或不應有矛盾之處。人們還常說"人情大於王法"，意思是說，萬一當法律與人情有衝突時，則先照顧人情、滿足人情的要求。

自很早的時候起，這種觀念就不知不覺地產生了。法家先驅管子所主張的"令順民心"，就是指立法要合乎**人之常情**："人主之所以令行禁止者，必令於民之所好，而禁於民之所惡"[62]，"政之所興，在順民心；政之所廢，在逆民心。民惡憂勞，我佚樂之；民惡貧賤，我富貴之；民惡危墜，我存安之；民惡絕滅，我生育之。……令順民心"[63]。另一法家人物慎到也認為："法，非從天下，非從地生。發於人間，合乎人心而已。"[64] 這簡直就像說法就是世俗人情，跟高尚的"天理"、"天則"、"自然法則"簡直沒有甚麼關係了。相傳春秋時另一大哲學家尹文子也說："天道因則大，化則細。因也者，因人之情也。人莫不自為也，化而使之為我，則莫（不）可得而用也。"[65] 這實際上就是說："天道"就存於"人情"之中，此外再無甚麼"天理"、"天道"獨存；立法應該順應自私自利這種人之常情，利用人們的"自為心"為統治者服務。這樣就實現了天理、國法、人情"三位一體"的統一。有些道家傾向的文子據說也這樣主張："故先王之

62　《管子・形勢解》。

63　《管子・牧民》。

64　《慎子・佚文》，轉引自［唐］馬總：《意林》。此語又見於《文子・上義》，《淮南子・主術訓》。

65　《尹文子・因循》，此語又見於《慎子・因循》。

制，因民之性而為之節文"[66]，"因民之所喜以勸善，因民之所惡以禁奸"[67]。就連那位被斥為刻薄寡恩、殺人如麻的商鞅，也認為"聖人之為國也，觀俗立法則治"[68]，"法不察民情而立之，則不成"[69]。他所說的"俗"或"民情"，就是一般人的道德水平，一般人所欲所能。"故夫智者而後能知之，不可以為法，民不盡智；賢者而後能行之，不可以為法，民不盡賢。"[70]即是說，立法不強眾人之所難（當然也不能低於眾人之所易的水平之下），才算是合乎人情。如果以少數智者、賢者才能做到的作為立法的水平，去強求眾人，就是"不合人情"。漢人荀悅把那種對眾人規定了太高太苛的行為要求的立法，稱為"必犯之法"："設必違之教，不量民力之未能，是招民於惡也，故謂之傷化；設必犯之法，不度民情之不堪，是陷民於罪也，故謂之害民。"[71]這樣說來，所謂"法合人情"即是"法合眾人之情"或"法合平庸者之情"而不是"法合賢人之情"。對於這種"眾人之情"，漢人晁錯承管仲之緒作了更進一步的說明。他在一次奏疏中說：

臣聞三王臣主俱賢，故合謀相輔計安天下，莫不本於人情。人情莫不欲壽，三王生而不傷也；人情莫不欲富，三王厚而不困也；人情莫不欲安，三王扶而不危也；人情莫不欲逸，三王節其力而不盡也。其為法也，合於人情而後行之。……情之所惡，不以強人；情之所欲，不以禁民。[72]

17

第一章 天理、國法、人情三位一體：法的概念

---

66 《文子・自然》。
67 《文子・上義》。
68 《商君書・算地》。
69 《商君書・壹言》。
70 《商君書・定分》。
71 《申鑒・時事》。
72 《漢書・晁錯傳》。

北宋人張豐也說：

立法常至於沮（阻）而不行者何也？是其立法非人之情故也。何謂非人之情？夫天下之所共惡者而時輕之，天下之所共恕者而時重之，不當恕而強為之仁，不必惡而過為之罰。凡此者，天下之情所不安也。[73]

將天下人共同厭惡的事規定為輕罪輕罰，對天下人都能容忍或都不特別反感的事規定為重罪重罰，這當然是違反人情的。

"眾人之情"的內容就是想長壽、想有錢財、想安全逸樂，還有愛護自己的親友等。好的立法就是尊重人們的這種願望和要求，使其合理（合乎倫理綱常）地得到實現，並且不損害別人實現同樣要求的權利。這幾乎是古代政治家思想家們的一致見解。

但是，這些見解，歷史上並不一定付諸實踐了。如儒家傾向的立法，時常本着"人人皆可以為堯舜"[74]的理想，習慣於對眾人規定苛刻的規則，以圖達到"制禮樂（包括法）……將以教民平（抑制個人尋常）好惡而返人道之正（即倫理綱常）"[75]的目的；而法家傾向的立法，又時常常本着"使大邪不生，細過不失"[76]的理想，對很輕微的過錯都規定了嚴苛的刑罰，企圖達到使"小過不生，大罪不至"[77]的目的——小的過失都因重刑懲罰的威脅而不敢犯，人們當然就更不敢犯較大的罪了。因為儒法兩家的共同影響，所以古時的立法常常不合

18

73 《張右史文集・憫刑論下》。
74 《孟子・告子下》。
75 《禮記・樂記》。
76 《商君書・開塞》。
77 《韓非子・內儲說上》。

人情[78]。

　　唯一可以稱作"合乎人情"且歷久不廢的立法的例子，是"親屬容隱"的法律制度。允許親屬間互相包庇、隱匿犯罪行為，明顯對保衛國家的法律秩序是不利的，但卻是"人情所共欲"的，是人之常情——誰樂見自己的親屬身陷囹圄呢？所以封建國家從不敢公開廢除此一原則（商鞅相秦時除外），只能是在一定程度上顧全法律秩序（如規定對謀反、謀大逆、謀叛等嚴重的危害皇帝和朝廷的"國事罪"不得相隱）之後，允許親屬相隱制度的長期存在。直到今天，西方許多國家仍規定不得強迫被告之親屬出庭作證，也有這種尊重人道親情的意思在裏面。他們認為，無條件地愛護自己的親屬也是一項"人權"，因為這是人同此心、心同此理的事。[79]

　　在沈家本主持的清末法制變革中，很多保守派即"禮教派"的官僚強烈地反對新法，"人情"就是其藉口之一。他們認為立法應合乎"人情"、"人心"或"人性"，認為只有舊律合乎"人情"，而新律正好悖逆"人情"。他們在此時此景下所說的"人情"，便有了很明顯的時代特徵，與前面所述便大不一樣了。前面所舉的那些關於法應合乎"人情"的言論，多少是從人之常情即人的本性的角度出發的，體現出一定的人文精神；但在 20 世紀初葉舊法制徹底破產、西方法制開始進入中國之際，在封建的尊尊、親親、貴貴、長長的舊法制存亡絕續之秋，以維護封建倫常綱紀為己任的"禮教派"，就不得不

78　這一判斷，包括下文說"唯一可以……"云云，都是當時我激進反封建情緒的產物，今天看來有嚴重的問題。——修訂註。

79　關於"親屬容隱"，我後來寫了多篇文章研究，均收入我的《中西法文化的暗合與差異》（中國政法大學出版社 2001 年版）一書。——修訂註。

論證：封建綱常倫理就是最一般的人情、人性；沈家本等派“法治派”所起草的略帶西方“人權”、“平等”味道的新法律草案是“悖逆人倫”、“不合人情（人性）”。

如當時的大理院正卿張仁黼就說：“夫禮昭大信，法順人情，此心此理，原可放之四海而準；先王法制，本足涵蓋寰宇。……一國之民必各有其特性，立法之人未有拂人之性者也。……故一國之法律，必合一國之民情風俗。……中國文教素甲全球，數千年來禮陶樂淑，人人皆知尊君親上，人倫道德之觀念，最為發達，是乃我之國粹，中國法系即以此。特聞立法者，必以保全國粹為重，而後參以各國之法，補其不足。”[80] 因此，他阻撓修律中較大幅度的變革。

又如浙江巡撫增韞說：“惟改革之初，必須適合風俗人心，方足以垂永久而資遵守。……中國風俗，如干犯倫常，敗壞名教，既為人心所同惡，即為國法所不容。今草案傷害尊親致成殘廢，貸其死罪，將使倫常綱紀，翻然廢棄。”[81] 他攻擊新律多處“妨害禮教民情”，“此外與中國風俗人心、寬嚴輕重、互有出入之處，以及語涉疑似者甚多”[82]。

京師大學堂總監劉廷琛說：“法律館所修新刑律，其不合吾國禮俗者，不勝枚舉。而最悖謬者，莫如子孫違犯教令及無夫奸不加罪數條。”他認為這些新規定“不合人心天理之公”，“顯違父子之名分，潰男女之大防”，是“離經畔（叛）道”。因此，他聲稱：“禮教可

---

80 《清末籌備立憲檔案史料》，中華書局 1979 年版，下冊，第 834 頁。

81 同上，第 856~857 頁。

82 同上。

廢則新律可行，禮教不可廢則新律必不可盡行。"[83] 他在這裏所説的
"禮俗"、"人心"、"民情"，都是"人情"的同義語。他們要論證綱常
禮教存在的合理性，當然就得論證它們是合乎人性或人情的。

在舊中國，對於"法不外乎人情"或"法合人情"的命題，人們是
很難提出異議的。但甚麼是"人情"，則因人因時而異。上一個世紀
的"人情"跟本世紀的"人情"大不一樣，法律革新家所理解的"人情"
跟法律保守主義者所理解的"人情"也大不一樣。對"人情"的不斷更
新的解釋，正推動着法的變革和進步。

"法不外乎人情"這個命題的用意不僅在於對立法或對法內容
本身加以要求，而且在於干預司法。就司法活動而言，在司法審理
中，這個命題就是要求法官做到法律與"人情"兩相兼顧或"法情兩
全"；而當法與情有矛盾不能兩全時，則應捨法取情，此即所謂"人
情大於王法"。所謂"人情所惡，國法難容"，也是説"人情"在判斷
是非上比國法更有權威性；知道了"人情"也即知道了"國法"。知曉
"人情"比知道國法更重要，因為國法的是非毀譽賞罰是以"人情"的
好惡為標準的。村夫村婦都很易於判斷鄰里的行為犯不犯法。當他
(她) 指責某人為"犯法"時，你若問他 (她)："某人犯了哪一條法？"
他 (她) 斷然不知。但他 (她) 知道某人的行為"傷天害理"、"不合情
理"，這就是"犯法"。還有所謂"法不責眾"，實際上就是認為"眾人
之情"有某種程度的法律效力。既然眾人對這件事都不怎麼反對，都
能容忍，説明此事"合乎人情"，至少不太悖逆人情，因而就不能算
真正意義上的"犯法"，就不應施以處罰。當一件民事案的審理判決

---

83 《清末籌備立憲檔案史料》，中華書局 1979 年版，下冊，第 888 頁。

使公眾滿意時，人們由衷地感到欣慰——"法律與情理是相通的"。在很多人看來，法的執行只不過是情理的實現。如有人執着於法律的書面規定，則常常被人斥為"不通情理"。

情理法兼顧

在傳統的中國人心目中，天理、國法、人情三者不僅相通，甚至可以理解為是"三位一體"的。這三個概念的核心是"國法"（或"王法"），唯有它是實實在在的可以看見可以直接領受的東西。其他二者，並無實在形態。所謂"天理"或"理"並無確定的內容。"勞心者"或壓迫者可以借"天理"之名來論證現行法的神聖性、權威性，欺騙"勞力者"；"勞力者"的代言人有時也可以借"天理"之名批判現行法律制度、論證其不合"天理"。所謂"人情"或"情"，也無確定的內容。前面説過，不同地方、不同時代、不同人羣所理解的"人情"大不一樣。"勞心者"可以藉口他們的立法"合乎人情"而欺騙人民接受他們的法律，藉以消除人們對法律的隔閡、排斥和恐懼心理，使人民對法律感到親近、和藹（如對百姓宣傳説：這條法律是合乎"人之常情"也就是合乎你們的自然要求的，是為保護你們的利益而產生的，還有甚麼可怕的呢？）；同樣，"勞力者"及其代言人也可以反過來藉口現行法"不合人情"、"不通情理"而批判、抵制之。

因此，我們可以大致這樣理解："國法"是一個"孤島"，"天理"和"人情"是兩個橋樑。如以"天"為彼岸，"人"為此岸，則"天理"架通了彼岸，"人情"架通了此岸；"國法"居中連接兩橋。於是乎，"天人合一"也就在法制上實現了，也即實現了"天理"、國法、"人情"的"三位一體"。這就是古代中國的法理學的核心命題。

　　"情理法兼顧"或"合情合理合法"，這兩個常用語正表達着一個十足的古代中國式的觀念：情、理、法三者合起來，通盤考慮，消除互相衝突處，才是理想的、**真正的法律**，才是我們判斷人們的行為是非善惡、應否負法律責任的**最根本依據**。單是三者中的任何一者，是不可以作為完整意義上的法的。此即**三位一體**。

　　另一方面，"情理法兼顧"或"合情合理合法"這兩個常用語的詞序，很值得注意和分析。

▼ "天理國法人情"匾額，河南內鄉縣衙。古時官員審判案件，特別標榜"情理法兼顧"。

情、理、法三概念的前後順序排列也斷非偶然，而是反映着人們對其輕重關係的一定認識。即是說，在中國人看來，"合情"是最重要的，"合理"次之，"合法"更次。此即所謂"人情大於王法"（但有時人們說"人情大於土法"也可能是在譴責法官徇情枉法，這是值得説明的）。

　　信仰情、理、法兼顧或"三位一體"的中國人，對國外那種"法律至上"的傳統是十分難以接受的。據台灣《工商時報》的一篇專欄文章描述，台灣的中國人初到美國後，把美國視為一個"無情、無理、只有法"的國家——

　　因為中國人自古就不鼓勵訴訟，一般人均以一生未進法院為榮。而現在台灣也不注意法制宣傳教育。任何問題發生後，人們首先想到的是如何擺平關係，而不是研究法律知識。他們習慣靠關係辦事，凡事都按情、理、法的順序處理。……因此，這些自台灣赴美經商的"淘金者"初抵美國後，沒有可運用的關係，美國在他們的眼中便成了一個無情、無理、只有法的國家了。[84]

"情理"與"人情"

　　最後，必須補充説明，在傳統中國人的語言中，"情理"與"人情"兩詞在某些場合有特定的含義。有的時候，"情理"並不一定是指"人情和天理"，而是指"擺得上桌面來講的日常道理"，是人情所堪、不必躲躲閃閃的理由；而"人情"則是指擺不上桌面的私情。例

84　台灣《工商時報》1985 年 12 月 9 日，第十九版。

如，有位父親"大義滅親"地殺死了自己作惡多端的兒子，執法機關對其依法拘捕，肯定會有很多人公開埋怨執法人員"不講情理"。又如，如某人涉嫌犯了走私罪，而他的朋友在海關或司法機關負責偵查工作，若大公無私，沒有"照顧關係"，肯定會受到這位犯罪嫌疑人及其親友的"不通人情"一類的**私下**詛咒。雖然從理論上講，法律應盡量符合"情理"，應盡量做到"情、理、法"三者合一，或應盡量把情理變成堂而皇之的法律，歷史上的人們也盡量追求這些。但是，事實上做不到。除了已經融入法律的部分"情理"外，還有大量的"情理"存於法外，由於它們比法律更有根本性、原始性，故常被人們引用來抵制某些法律規定。因此，"兼顧情理"、追求"合情合理"，成為歷史上對法制的統一危害最大的一個因素。至於"照顧人情"、"照顧關係"則更嚴重地威脅着法律的執行，使國家常陷於法紀弛廢的危機。因為所謂"照顧人情"（私情）往往是無原則的，往往只有程序的意義。就是說，不一定是用"人情"的某個原則去取代法律規範來處理某案件，使案件處理有新的準則、依據；而僅僅是廢棄法律規範，對有親近關係的人給予寬宥或區別對待，以示不同，以示親密，進而使法律成為一紙具文。

第二章　家長的手杖：法的作用

"家有家規，國有國法"，"刑罰不可弛於國，猶鞭撲不可廢於家"。這些諺語典型地體現着古代中國人對於法的作用的一般看法：法，就是"萬歲爺"這位全國總家長的手杖、鞭子；官員是"萬歲爺"在各地的代表，他們奉命直接執杖執鞭打不肖子孫的屁股。這"手杖"、"鞭子"固然是一種暴力，但卻是一種"善意的暴力"，此即所謂"打是疼、罵是愛"，就如父祖打子孫的屁股是為了使子孫"改惡從善"一樣。所謂法律雖然是一個給人帶來"肌膚之痛"的東西，然而不能沒有它。因為如果沒有法律這根"手杖"，對那些"不聽話"（不堪教化）的"不肖子孫"就無可奈何了。晉人葛洪"以灸刺慘痛而不可止者，以瘳病也；刑法凶丑而不可罷者，以救弊也"[1]一語，是這種觀念的最好表白。

這當然不是古人關於法的作用的觀念的全部。但是，他們無論從多少個方面或角度去講法的重要性和作用，總離不開這一根本認識。

◀ 鳩杖，家長權威的象徵。漢代皇帝常向 70 歲以上老者賜以鳩頭柄的手杖，以示尊禮，故鳩杖又稱王杖。老者可以持此杖笞擊不孝子孫和違法的基層官吏。

1　《抱朴子·外篇·用刑》。

定分止爭

野地裏有隻兔子在跑，成百上千的人都去追獵，都想抓到手；集市上到處掛的是兔子，卻連盜賊都不敢隨便去拿。這是甚麼原因呢？因為野地裏的兔子"名分"未定，也就是法律上的所有權沒有確定，而後者卻是早已有"主"的了。法律，就是用來確定"名分"制止爭奪的，這就叫"定分止爭"。

這是古時中國人關於法的作用或法的必要性的最常見的一種比喻，見於《管子》、《商君書》、《慎子》，還見於《尹文子》和《淮南子》。儒家經典雖沒有直接舉這個逐兔的例子，但他們用他們獨有的說法表達了同樣的意思。他們的說法是"正名"。"正名"也就是"定分"，也是為了"止爭"。

"分"是甚麼？分者，份也。就是說，"分"就是在**瓜分**社會上的權利和利益的過程中具體分給每個社會成員的那量額不同的**一份**。因而"分"也就成了古時人們在社會上的政治、經濟地位的標誌。依特定的"名"而必有與此名相應之"分"，此即"正名"；依"分"而定相應之"名"以示區別，而不使其混亂成爭，此即"定分止爭"。兩種說法，一個意思，就是使各階級、個人在那封建等級秩序中"名"和"實"(分) 一致。法律，正是要消除"名"和"分"之間的不一致而達到一致。

"正名"也好、"定分"也好，不外是想使社會中的一切政治、經濟利益都變成"集市上的兔子"，使牠們都有"主"。這與今天的所有權觀念有某些相似，但不盡相同。

孔子認為，為政的首要任務就是"正名"，因為"名不正則言不順，言不順則事不成，事不成則禮樂不興，禮樂不興則刑罰不中"[2]。就是説，"名"不正，一切事情都做不成。"正名"的具體内容是甚麼呢？就是"君君、臣臣、父父、子子"[3]，就是地位、身份不同的人各自做他們所應做的，得他們所應得的，不得胡來，不得覬覦他人的東西（包括政治權利），特別是不能僭制犯上去追求上一等級的人才應有的東西。

我們應特別注意：孔子把"正名"與"刑罰"聯繫在一起。孔子實際上是想説，"名"正了，"刑罰"才能得當（"中"）。因為如果不把每個人所應得的政治權利和經濟利益規定清楚（把界限劃明確，指明各人的本分），你怎能知道誰是誰非？你如何決定施以刑罰？因此，孔子的話表明：他認為法律是用來"正名"的，"法"就是用自己特有的手段（刑罰）來制止、打擊那些"名不正"、"犯上作亂"的行為（如諸侯僭用天子的禮儀、舞蹈抖威風，諸侯、大夫、家臣把持國政，奪天子的權，對全國以號施令[4]，等等）的一套規則和手段。

荀子認為，人類之初，人們相互爭奪財物，甚至互相殘殺。這是甚麼原因呢？就是因為"無度量分界"，也就是沒有一個公共的、有強制力的規則去規定人們該做甚麼、該得甚麼，就是"名分"不定。後來呢？"先王惡其亂也，故制禮義以分之"[5]。就是説，聖明的"先王"實在看不下去了，於是挺身而出，為百姓制定了禮義法度，確定了"度量分界"。這個"度量分界"也就是孔子所説的"名"。他認為，

2　《論語・子路》。
3　《論語・顏淵》。
4　參見《論語》之《八佾》、《季氏》兩篇。
5　《荀子・禮論》。

"禮"(荀子言禮實含"法"，此為學界所公認) 有兩大功能或作用，一是"養"，二是"別"。"養"就是"滿足"、"供給"，當然是有差別地、分量不等地供給；"別"就是"區分"，也就是"正名"，就是使所有的人顯示出尊卑、貴賤、親疏的等級差別來。這個"別"，或者可以說，就是"故制禮義以**分**之"的"分"，是有等級待遇不同的"分"(正因為有差等，所以才叫"別"，不然就"無別"了)。

荀子說的這個"分"(Fēn，動詞)，我想就是"名分"、"定分"或"明分"中的"分"(Fèn，名詞) 這個詞的含義的真正來源。有差等地**分配**政治權利和經濟利益以及相應的義務，分配到各個人"名"下由各人去取得和履行的，就叫"分"(Fèn)。所以，"名"和"分"二字是如此緊密地聯繫在一起："名"就是各人的地位、身份的不同名稱；"分"就是依據這種名稱(**身份**) 所應得到的不同權利和應履行的不同義務。

關於這一點，相傳是春秋時的思想家尸佼所作的《尸子》一書講得更清楚。它說："天地生萬物，聖人裁之。裁物以制分，便事以立官。……明王之治民也，言寡而令行，正名也。……賞罰隨名，民莫不敬。"[6] "制分"就是用禮法制度來規定各人的"名分"。各個人明白了自己的"名分"並且依"名分"而行，就"天下大治"了，就會"言寡而令行"。這就是法的最大作用。

商鞅認為："名分不定而欲天下之治也，是猶(欲) 無飢而去食也，欲無寒而去衣也。"接着，他舉了前述那個"一兔走，百人逐之"的例子，然後他強調："故聖人必為法令、置官也、置吏也，為天下

師，所以定名分也。"[7] 創立法律制度的目的就是為了"定名分"，為了防止"百人逐一兔"的局面出現。

確定了"名分"之後為甚麼就能制止爭奪？這是因為法律有它特有的手段——大刑伺候。誰不守"名分"，就"繩之以法，斷之以刑"[8]，人們當然就規矩、老實了。對此，《尹文子》說得很清楚。它在作了"百人逐兔"的比喻之後說："法行於世，則貧賤者不敢怨富貴，富貴者不敢凌貧賤；愚弱者不敢冀智勇，智勇者不敢鄙愚弱。"[9] 四個"不敢"最傳神。誰也不敢不安分，法的作用就實現了，目的就達到了。

"正名"、"定名分"、"定分止爭"這些觀念是典型的封建觀念[10]。中國近現代史上，消除這些觀念，經歷了一個艱難的歷程。在清末沈家本領導的法制改革中，在保守派的強大壓力下，不得不在新刑律草案中對某些封建"名分"予以承認和保護。後來，法部尚書廷杰竟在新刑律草案後附加《暫行章程》五條，更是公開地繼續保護封建的倫常名分，如對加害皇室罪以及內亂外患罪加重處刑，對於無夫相姦仍然處刑，對於尊親屬的加害不得適用正當防衛，等等。這等於說，皇帝的親屬身份不同常人，"名分"與常人不一樣，有更高的權利；同樣，尊親屬的"名分"也高於卑幼，有更高的權利。在 1930 至 1933 年間，中央蘇區的法律也曾一度有過勞動模範、戰鬥英雄犯

7　《商君書‧定分》。

8　《鹽鐵論‧大論》。

9　《尹文子‧大道上》。

10　這一判斷，包括下文這一整段文字中的判斷，嚴格地説，都是值得商榷的。"正名"、"定分"，從一般意義上理解，是古今中外法制的共同目標。各國各時代的法制都要注重正名定分，只不過各自理解、認同並加以規定的"名"和"分"與中國大有不同而已。——修訂註。

罪減免刑罰的規定[11]，這實際上也是承認這些人與一般平民不一樣，有更高的"名分"。這一規定，後來在毛澤東等人的批評下予以廢止。

規矩、繩墨、權衡

古人常説，法就像"規矩"、"繩墨"、"權衡"、"尺寸"一樣。意思是，法律給了人們一個客觀的、穩定的標準或依據，供人們用以判斷人和事的是非善惡。這是古人關於法的作用的又一種説法。

"規矩"即"規"和"矩"。前者是用來畫圓或檢驗東西圓不圓的，後者是用來畫方或確定東西方不方的。二者實即直角尺和圓規，這是木匠的必備工具。"繩墨"就是木匠的墨斗線，是用來確定木料直不直並使彎曲變直的；"權衡"則是秤錘和秤桿，是用來確定重量的。這些都是人設的客觀標準。古人認為，法就類似於這種客觀的標準、依據，它既可以作為每個人（守法者）自己生活行為的準據（依此"規矩"，我自己就知道我該怎麼做、不該怎麼做），又可以作為執法者（君主和官吏）執行"公務"時的準據，作為他們衡量自己管轄對象的行為"是"與"非"的客觀標準。有了這種客觀標準，人們就不應也不必憑自己的主觀認識、情感好惡去判斷是非了，人們之間也不敢互相欺詐了，因為公共的標準高懸在那裏，誰都可以憑據它去進行

11 《中華蘇維埃共和國懲治反革命條例》（1934 年 4 月 8 日中華蘇維埃共和國中央執行委員會公佈）第三十四條規定："工農分子犯罪而不是領導的或重要的犯罪行為者，得依照本條例各該條文的規定，比較地主資產階級分子有同等犯罪行為者，酌量減輕其處罰。"第三十五條規定："凡對蘇維埃有功績的人，其犯罪行為得按照本條例各該條文的規定減輕處罰。"引自韓延龍、常兆儒編：《中國新民主主義革命時期根據地法制文獻選編》（第三卷），中國社會科學出版社 1981 年版。

核準、檢驗。

　　《管子》一書最早使用這種比喻："以法治國，舉措而已矣。有法度之制者，不可巧以詐偽；……有權衡之稱者，不可欺以輕重；……有尋丈之數者，不可差以長短。"[12] 商鞅說："釋權衡而斷輕重，廢尺寸而意長短，雖察，商賈不用，為其不必也。故法者，國之權衡也。"[13] 韓非也說："釋法術而任心治，堯不能正一國；去規矩而妄意度，奚仲不能成一輪；廢尺寸而差短長，王爾不能半中。"[14] 這都是說，法的作用在於提供給人們一個客觀的標準。沒有這樣一個標準，再聰明的人也做不到事事辦理公正、無偏頗；這就像堯那樣的英明聖王、奚仲先生和王爾先生那樣的傳奇式良匠，如果離開了法術、規矩、尺寸這些客觀標準，便也將一事無成一樣。

　　法有"規矩"、"權衡"、"繩墨"、"尺寸"一樣的作用，那麼這個作用是如何體現出來或如何實現的呢？

　　法家人物慎到有一段話作了很好的解釋："法之功莫大使私不行。……法者，所以齊天下之動，至公大定（正）之制也。故智者不得越法而肆謀；辯者不得越法而肆議；士不得背法而有名；臣不得背法而有功。"[15] 這就是說，使每個人的一切行為都納入了法的軌道中、納入到法規定的範圍內進行；法外的行為，哪怕是所謂"仁行"、"善行"，都不應被稱讚，甚至應受到譴責。這樣，天下就統一在法這一個標準之下了，正像方圓、輕重、長短統一於那些度量衡

12 《管子‧明法解》。
13 《商君書‧修權》。
14 《韓非子‧用人》。
15 《慎子‧佚文》，轉引自〔唐〕馬總：《意林》。

的標準一樣。這也就是商鞅所說的："吏明知民知法令也，故吏不敢以非法遇民，……民又不敢犯法。如此，天下之吏民雖有賢良辯慧，不能開一言以枉法。……智者不得過，愚者不得不及。"[16]官吏不敢假借法律的名義或任意歪曲法律去欺負老百姓；老百姓也不敢"犯法以干官"（即藉口不知法律規定而隨意去騷擾官府）。可見法家所說的規矩、權衡不僅對老百姓適用，也對官吏適用。

很巧，法家用來比喻法律的"規矩"、"尺寸"、"權衡"等，也經常被儒家用來比喻"禮"。如《禮記‧禮論》、《荀子‧禮論》都說有了"禮"就像有了規矩、權衡一樣。可見儒家心目中的"禮"也包含"法"，其作用是一致的。

最後，必須說明，把法比喻為那些度量衡器具或標準，雖有作為官吏執法審判時判斷是非的客觀標準和作為百姓日常生活的準則兩重意義，但作為官吏的尺規、官吏審理案件時的依據這一意義是最主要的。就是說，必須有這樣一些公開的、客觀的標準來**管住**那些官吏，免得他們草菅人命、胡作非為、魚肉百姓、假公濟私。

還有一點很有趣，值得一提，這就是"規矩"一詞詞義的變化。本來，在先秦時期或更早時候，"規矩"一詞，像"權衡"、"繩墨"、"尺寸"一樣，是一個沒有任何感情傾向的詞，是中性的。但不知從甚麼時候起，它竟成了有明顯感情或傾向的詞，失去了其中性的意義。比如，說"某人一點規矩也沒有"，"請你規矩點"，"家有家規"，"國家沒個規矩怎麼行"等。這裏的"規矩"一詞，其骨子裏的含義都是"限制"、"禁制"、"約束"等。從只有客觀準則意義的無感

16 《商君書‧定分》。

情或價值傾向性的"規矩"到明顯有感情傾向的"限制"、"約束",這種變化也是有着鮮明的中國風格的。這一變化,是古代中國人對於法的作用之認識的縮影。本來,法就應該是那種無感情向度的客觀準則,像度量衡器具一樣,但不知從何時開始,法竟僅僅成了"限制"、"禁制"、"約束"的同義語,成了馬嚼子、籠頭和鞭子(即所謂響策、銜勒)的同義語了。於是,對古代中國人來説,法就只是暴力,頂多是有感情的暴力,是善的暴力,就如家長的手杖一樣——"打是疼,罵是愛","不打不罵就是害"。

驅人向善

人們騎馬,既要有韁繩,操縱其向一定的方向前進;也要有鞭子,抽牠的屁股,使牠不敢後退。君王治國也是一樣:這韁繩就是"德禮教化",這鞭子就是法律或刑罰。這是古人關於法的作用或必要性的又一種説法。這也是十足的中國式的傳統觀念。

傳統的中國人習慣於把全部社會規範分為兩大類:"禮"和"法"。前者是指導性的規範,是引導人們為種種善行,引導人們向堯、舜、禹、伯夷、叔齊那樣的聖賢看齊:一事當前,該怎麼做,"禮"都向人們指清楚了;後者是禁止和懲罰的規範,規定人們如果不按"禮"的要求去做,就"大刑伺候"。這就叫做"禮為有知制,刑為無知設,出乎禮入乎刑"[17],或叫做"禮之所去,刑之所取,失禮則入刑,相為表裏者也"[18]。所謂"有知",就是懂得封建倫理道德並遵守的

---

17 《白虎通義·五刑》。
18 《後漢書·陳寵傳》。

人；"無知"，就是不懂倫理道德或不遵守的人。古人一般都認為，"刑（或法）"不可獨存，它必須是為了實現"禮"而存在的，它只能是"禮"的工具。這就叫做"德禮為政教之本，刑罰為政教之用"[19]。

最早使用這個"御馬之喻"的大概是《大戴禮記》。它把"禮度"稱作"德法"，然後說："德法者，御民之銜也；吏者轡也，刑者筴也；天子御者，內史太史左右手也。古者以法為銜勒，以官為轡，以刑為筴[20]，以人為手，故御天下數百年而不懈墮。"這裏的比喻雖然有些混亂，但有一點很清楚，"禮"（"德法"）與"刑"（"刑法"）是天子這個"御者"（駕車人）治理天下必不可少的兩手，後者是為前者服務的。所以它又說："刑法者，所以威不行德法者也。"[21]

據《孔子家語》載，孔子也是這樣看待法的作用的。據說，孔子說過："聖人之治化也，必刑政相參焉。太上以德教民，而以禮齊之；其次以政導民，而以刑禁之。……化之弗變、導之弗從，傷義以敗俗，於是用刑矣。"[22]這就是說，"刑"或"法"是萬不得已時才使用的一手，其作用在於輔助德禮教化，其目的是使德禮教化有強有力的後盾，使人們不得不接受。因此，《孔子家語》也重複了這個"御馬之喻"："以德為法。夫德法者，御民之具；……以德法為銜勒，以刑罰為策（鞭子）。"[23]

這種觀念，並非"仁慈"的儒家所獨有。即便"刻薄寡恩"的法家，同樣是把"法"（或刑）作為輔助國家達到一個較高的道德境界的

19　《唐律疏議・名例・序》。
20　清人王聘珍註：筴，馬筆也。筴，音策。
21　《大戴禮記・盛德》。
22　《孔子家語・刑政》。
23　《孔子家語・執轡》。

工具來看待的。據《管子》記載，法家先驅管仲曾説："明智禮，足以教之；……然後申之以憲令，勸之以慶賞，振之以刑罰，故百姓皆説(悦)為善。"[24] 這實際上也是要"刑以輔德"、"逼人向善"。被人説成是殺人不眨眼的法家人物商鞅，也曾屢屢申明自己推行"法治"的目的是"偃武事，行文教，以申其德"[25]，是要"德明教行"[26]。

　　法(或刑)為甚麼能起到輔助德教、驅人向善的作用？很明顯，是因為它是一種威脅，就如戰場上的督戰隊 —— 誰不向前衝而向後退，就開槍打死誰。班固對此理言之甚明，他説："愛待敬(敬者儆也，警也，意即威脅)而不敗，德須威而久立。故制禮以崇敬，作刑以明威也。"[27] 所謂"崇敬"、"明威"，就是把一種立即可以招致的威脅或危險經常公開地懸示在人們眼前，使人們不得不為避禍而去"愛"，而立"德"。晉人葛洪説得更明白："愛待敬而不敗，故制禮以崇之；德須威而久立，故作刑以肅之。……刑罰以懲惡而為善者勸。如有所勸，禮亦存矣；故無刑則禮不獨施。"[28] 這就是説，如果沒有刑罰作後盾，德禮教化根本行不通。也就是説，老百姓一般是因為"畏刑"才去遵守禮教的。

　　這裏我們應特別注意這個古人幾乎一致使用的"御馬之譬"，這個比喻中隱含着下列觀念：

　　(1) 法只是王者的工具或手段，如馬鞭子或銜勒；

　　(2) 民(百姓)就是"馬"，是被奴役的活工具，是為"御者"的

---

24 《管子‧修權》。
25 《商君書‧賞刑》
26 《商君書‧一言》。
27 《漢書‧刑法志‧序》。
28 《抱朴子‧外篇‧用刑》。

利益、為"左右手"(公卿大夫官貴)的利益而勞作的人。"天子"是"正駕駛",官貴就是"駕駛員的手"。

(3)"禮"(德法)也好,"法"(刑法)也好,都是給百姓的限制、約束,是外在的羈絆或威脅,正如韁繩、銜勒、鞭子一樣,並不是從"馬"(百姓)的內心產生出來的東西。這個比喻無形地自我揭穿了古時法就是"天理"、"人情"的那些騙人的說法。

救亂起衰

"刑乃不祥之器"[29],這是明人丘濬總結的古代中國法觀念,也是古時很常見的一種說法。古時的人們認為,法律或刑罰是為了挽救社會的衰亡而產生並存在的,在興盛太平的社會是不必要的;只有亂世、衰世才需要法律,才用得上這東西。有了刑法,就表明這個社會不怎麼美妙,表示臨近亂世。所以,從這個意義上講,"刑乃不祥之器",它是不吉利的東西。理想的、美妙的社會是"無訟","無刑"的社會。法律是用來挽救衰亂的。這是傳統的中國人關於法的作用的又一種見解(當然與前列看法多少有一些重疊,但側重點不一樣)。

公元前 536 年,中國歷史上一件不大不小的特別事件發生了 —— 鄭國的執政子產"鑄刑書"。"鑄刑書"就是把成文法律刻在國家的銅鼎上使眾目共睹。這是迄今可以考證的最早公佈成文法的活動(在此以前,據《周禮》記載有"懸法於象魏"[30]等公佈法律的活

---

29 〔明〕丘濬《大學衍義補・慎刑憲》。
30 《周禮・秋官・大司寇》。

動，但無法考證）。這件事引起了很強烈的反響，特別是引起了保守貴族的反對。反對者中最著名的是晉國的大夫叔向。他寫信給子產強烈地抨擊子產的"鑄刑書"行為，理由是："夏有亂政，而作禹刑；商有亂政，而作湯刑；周有亂政，而作九刑。三辟之興，皆叔世也"，"國將亡，必多制"。就是說，刑或法都是產生於衰敗的末世的東西，是很不吉祥的東西。子產收到信後怎麼回答呢？他回信說："若吾子之言，僑不才，不能及子孫，吾以救世也。"[31] 意思是說：正如您所說的，我公孫僑沒有甚麼才能，不能顧及子孫後世的事，只顧得上（鑄刑書以）救今日之亂世。

圍繞"鑄刑鼎"這件事，前後一斥一答，雖然在別的許多地方針鋒相對，但在有一點上竟出奇地一致，這就是：他們都認為法律不是理想的東西，是萬不得已的下策，是不祥之器。叔向說"三辟（辟，即法、刑）之興，皆叔世也"，"國將亡，必多制"，自是明言無誤；子產說"吾以救世也"何嘗不也是這個意思呢？因為"僑不才"，才去"鑄刑書"以救亂世。言外之意，如果"僑有才"，並且打算考慮子孫後世的長久幸福，那麼就根本不必要"刑書"這東西了。一句話，法是救世之具，是不得已而用之。

子產代表着法家的傾向。法家認為，要挽救當時的衰敗之世，別的策略都無濟於事了，只有用刑或法這種強硬的一手。雖是下策，但也是當時唯一的可行之策。叔向代表的是儒家的傾向，他們嚮往"議事以制，不為刑辟"的盛世，主張"閑之以義，糾之以政，行之以禮，守之以信，奉之以仁"[32] 的治國策略，反對重視刑罰的一

---

31 《左傳·昭公六年》，以上引文均出於此。
32 《左傳·昭公六年》。

手。在禮和法、德和刑的問題針鋒相對、寸步不讓的儒法兩大思想傾向或勢力，在這裏竟不約而同地有了一致的意見，這當然不是偶然的。

繼承了子產的基本思想的法家巨子韓非發揮了這一理論。他聲明，他也是從救亂世的目的出發才主張嚴法重刑的"法治"的："明君正明法，陳嚴刑，將以救羣生之亂，去天下之禍。使強不凌弱、眾不暴寡，……而無死亡繫虜之患。"[33] 言外之意，如果沒有"亂"、"禍"，沒有"強凌弱、眾暴寡"，那就不必"正明法、陳嚴刑"了。漢人王充充分體會了韓非子的這個意思，他說："韓子任刑獨以治世，是則治身之人任傷害也。韓子豈不知任德之為善哉？以為世衰事變，民心靡薄，故作法術專意於刑也。"[34] 這是對法家政治主張的最好解釋之一。所以，漢初史學家司馬談（司馬遷之父）對法家學說"可以行一時之計而不可長用"[35] 的評價是很恰當的，法家追求的就是這個一時之計，就是解決眼前問題，就是救眼下之"亂"，起今日之"衰"，來不及考慮子孫後世的事。

這種"法為救世"之具的觀念，到後來發展得更明顯、更徹底。人們都認為，理想的世界是"威屬而不試，刑措而不用"[36]。是"賞無所施，法無所加"[37]。所以，法律這東西在人們心目中的形象一直不怎麼好。東漢人崔寔說："夫刑罰者，治亂之藥石；德教，興平之梁

---

33 《韓非子・奸劫弒臣》。
34 《論衡・非韓》。
35 《史記・太史公自序・論六家要旨》。
36 《荀子・議兵》引《尚書・大傳》。
37 《鹽鐵論・詔聖》。

肉。"[38] 藥石是萬不得已時用來救命的，而粱肉則是日常營養品。孰
優孰劣，一目了然。晉人葛洪説，任用"法"或"刑"來治國，正像對
"病篤、痛甚、身困、命危"的人"不得不攻之以針石，治之以毒烈"
一樣，所以"刑法凶丑而不可罷者，以救弊也"[39]。他把"刑"或"法"比
喻為"針石"、"毒烈"，大概就是手術刀、砒霜、拔火罐一類的東西。
即便是一個健康的人，老是看到藥石、針刀這一類的東西，也會感
到有些不吉利。漢人鄭昌説："立法明刑者，非以為治，救衰亂之
起也。"[40] 明太祖朱元璋説："仁義者，養民之膏粱也；刑罰者，懲惡
之藥石也。舍仁義而專用刑罰，是以藥石養人，豈得謂善治乎？"[41]
明人顧炎武説："法制禁令，王者之所不廢，而非所以為治也。"[42] 這
是把這一觀念推向了極點，認為法律不是真正的致治工具，制訂法
律原本就不是想以此達到一種理想的治理狀態。清人紀昀更明確地
聲稱："刑為盛世所不廢，亦為盛世所不尚。"[43] 事實上，不但盛世不
尚，就是在衰頹之世，也很少有人崇尚法律。宋人蘇東坡説他"讀書
萬卷不讀律"[44]，可見對法律何等鄙棄！[45] 明人丘浚"刑乃不祥之器"一
句話可以作為這一節所述古人觀點的總概括。

---

38 ［漢］崔寔：《政論》。轉引自《後漢書·崔寔傳》。

39 《抱朴子·外篇·用刑》。

40 《漢書·刑法志》。

41 《明史·刑法志》。

42 ［明］顧炎武：《日知錄·法制》。

43 《四庫全書總目提要·序》。

44 陳邇冬選編：《蘇東坡詞選》，人民文學出版社 1981 年版，第 85 頁。

45 這種判斷，今天看來也是有問題的。蘇東坡《戲子由》詩的原話是："讀書萬
卷不讀律，致君堯舜知無術。"原意是調侃子由雖飽讀經史，卻不研讀當代的
律法（特別指新法的條文）；所以想要實現"致君堯舜"為國服務理想，卻無能
為力。而我當時的理解顯然有誤！——修訂註

"刑乃不祥之器"的觀念正是把法僅當成刑的必然結果。古人看到的法，若是今人所講的這種意義上的法，即含有債、合同、所有權、租賃權、公民權、委託、代表、繼承、監護、親權……等內容的法，則何"不祥"之有？若是只有"刑"，那當然就是不祥的、凶丑的了。

統一大腦，均平才智

古人認為，法律的作用除了前述那些以外，還有兩種作用，即：統一人們的思想，甚至進而統一人們的大腦活動本身；均平國民的才智，限制少數人冒尖，以維持社會相安無事。

關於前一種作用，講得最多、最明確的是墨子。墨子的專用術語是"尚同"。他認為，法律就是為了"尚同"而產生、存在的。他說，在人類社會初期，也就是沒有"刑政"之時，社會一片混亂，人們相互爭鬥、殘害，有如禽獸一般。為甚麼會有這種混亂產生呢？這是因為人們的價值標準、思想不統一。"一人一義"，"十人十義"，各人有各人的是非標準，各人憑着自己的標準去攻擊他人的是非標準，於是相互爭論，後來發展為相互怨恨，最後發展為相互殘害。這時，天帝實在看不下去了，乃"選天下之賢可者立以為天子"。"天子"上台後所做的第一件事就應該是"發政於天下百姓"，也就是造出人類第一個法律，公佈於天下。這個法律的內容應該是："聞善而（或）不善，皆以告其上。上之所是，必皆是之；上之所非，必皆非之"，"上立此以為賞罰"。墨子以是否積極向上司打"小報告"和是否積極地與上司保持一致作為是非與否和應否賞罰的標準。所以，他認為：

"古者聖王為五刑，請（誠）以治其民。譬若絲縷之有紀，網罟之有綱，所以連收天下之百姓不尚同其上者。"[46] 這就是墨子對法的作用的看法。他認為法的最大作用就是"尚同"。這個"尚同"，我們不敢貿然翻譯成"統一思想"，因為"統一思想"尚有這樣的含義：先有許多個別的不同思想，然後通過命令或協議統一到一種思想上（分歧還可能各自保留）；但墨子的"尚同"斷無此意。所以，只好把它翻譯成"統一大腦"，也就是統一大腦活動本身。墨子所主張的，實際上是要全國所有人的大腦跟着天子的指令運轉；法，就代表着天子的指令。既然大腦的活動都統一了，那麼大腦活動的結果──思想，當然也就一致了。

關於法應有"統一大腦"這種作用的見解或主張，當然不是墨子所獨有。早在《尚書》的時代，就有人持此種主張。據《尚書·大禹謨》載，禹討伐苗人時，曾"奉辭發罪"，即公佈了苗人的六大罪狀："昏迷不恭，侮慢自賢，反敗道德，君子在野，小人在位，民棄不保。"這六條中，前三條都或多或少地帶有"態度惡劣犯"和"思想反動犯"的性質。另據《尚書·伊訓》載，當時社會風氣敗壞，形成了"三風十愆"，即三大歪風、十大罪過。其中，有所謂"亂風"："侮聖言，逆忠直，遠耆德，比頑童，時謂亂風。"這"亂風"所包含的四大罪過，都可以説是"思想犯"、"態度犯"──對聖人的教導不恭敬，不聽忠直之人的勸告，疏遠德高望重的老人，像頑童一樣搗蛋不理政務，都被視為犯罪。國家為此"制官刑，儆於有位"，專門立法威懾那些有官職的人。若是他們違犯了此"官刑"，就嚴加懲罰："臣下

46 《墨子·尚同》上、中。

不匡，其刑墨。"這就是《尚書》關於法應有"統一大腦"作用的主張。

韓非子也持這種觀點。他認為，法律的"禁止"作用不能只是禁止人們的行動："太上禁其心，其次禁其言，其次禁其事。"[47] 在他看來，法律的最大作用，歸根到底是禁止人們與朝廷不一致的思維活動；至於懲強暴、救亂世、定分止爭、作規矩繩墨等，那就是表層的，不是根本的或深層的作用。只有達到"禁其心"，法律的作用才算真正實現了。

據《荀子・宥坐》、《孔子家語・始誅》記載，仁慈的孔子攝魯國相 (代理宰相) 七日而誅"思想反動犯"少正卯。此事雖不可考信，但是，據說孔子宣佈的少正卯該殺的五條罪狀，卻是歷代正統儒學代表人物都贊同的。孔子說：天下有五種最嚴重的罪惡，而偷盜之類卻排不上號。這五種罪惡是"心逆而險"、"行僻而堅"、"言偽而辯"、"記醜而博"、"順非而澤"。"此五者有一於人，則不免於君子之誅，而少正卯兼而有之"。[48] 因此，少正卯該殺。這五條罪狀，可以說都是思想性的而不是行為性的。特別是第一條，"心逆而險"。"心逆而險"就該殺，這比韓非子的"禁心"還厲害。這表明，儒家正統人物 (可能自孔子始) 也主張法律應有"統一大腦"的作用。被譽為"漢代孔子"的董仲舒的主張，更可以證明這一點，更說明儒家正統思想視法律為統一國人大腦的工具。董氏說："春秋大一統者，天地之常經，古今之通誼 (義) 也。今師異道，人異論，百家殊方，指意不同，是以上亡 (無) 以持一統；法制數變，下不知所守。臣愚以為諸不在六藝之科孔子之術者，皆絕其道，勿使並進。邪辟 (僻) 之說滅息，

47 《韓非子・說疑》。
48 《孔子家語・始誅》。

然後統紀可一而**法度可明**，民知所從矣。"[49] 在他看來，法度與異端思想勢不兩立、不共戴天，必須用法度的嚴厲手段消滅異端思想。

在這方面最乾脆、最徹底的是韓非的老師荀子。荀子的心腸似乎最硬："元惡不待教而誅"、"才行反時者死無赦！""才行反時者"就是有"奸言、奸說、奸事、奸能"[50] 的人，這些人是"奸人之雄"，於是"聖王起，所以先誅也"[51]。

關於後一種作用，即法的"均平才智"作用，古人言論中直接講的不多。

最明顯地表達這種觀點的要算假託是戰國哲學家尹文所作的《尹文子》一書。該書《大道上》篇說："所貴聖人之治，不貴其獨治，貴其能與眾共治。……今世之人，行欲獨賢，事欲獨能，辯欲出羣，勇欲絕眾。獨行之賢，不足以成化；獨能之事，不足以周務；出羣之辯，不可為戶說；絕眾之勇，不可與征陣。凡此四者，亂之所由生也。是以聖人任道以通其險，**立法以理其差**，使賢愚不相棄，能鄙不相遺。能鄙不相遺則能鄙齊功，賢愚不相棄則賢愚等慮。此至治之術。名定則物不競，分明則私不行。"

大概不用任何翻譯、解釋，讀者對這段話裏的意思已經領會無遺了。"立法理其差"，也就是通過法律剗平賢愚、能鄙的差別。目的是要達到"賢愚等慮"、"能鄙齊功"的效果，就是要使聰明人和笨人考慮一樣的問題（不許聰明人倚仗其聰明才智胡思亂想而危害王朝"安定"），使有才能的人和平庸無能的人做着一樣的事（不許能人

---

49 《漢書‧董仲舒傳》。

50 《荀子‧王制》。

51 《荀子‧非相》。

倚仗其才幹做的事太多而影響大夥兒的情緒）。"獨行之賢"、"獨能之事"、"出羣之辯"、"絕眾之勇"……，一句話，就是才能、智力兩方面"冒尖兒"，竟被認為是"亂之所由生"，被認為是動亂的禍根。這種見解的確令人驚訝！於是，法律竟被賦予了"均平才智"、剷平差異的功能或作用！

管人與管事的差異

古代中國人從上述六個方面或角度去理解或説明法的作用，其思慮不可謂不周全。但是，他們獨獨沒有站到另一個重要的角度上去看待法律的作用，這就是法對社會生活過程的科學組織和科學管理作用。這不能不令人注意。也就是説，古代中國人論述法的作用，過分注重法對它的實施對象（即人）的作用，而忽略了法對社會生活的過程、秩序的作用。我們把前者稱為"管人"作用，後者稱為"管事"（理事）作用。我們看到，古人講的作用，"定分止爭"也好，"規矩繩墨"也好，逼人向善也好，懲暴救亂也好，"統一大腦"或"均平才智"也好，總之一句話，都是為了控制客體或對象，其側重點在於"管人"，而不在於使社會生活科學化、有序化，不在於積極地調節社會生活過程和環節中出現的矛盾衝突，疏通阻滯[52]。講到法的作用，馬上想到的是使人不得為非，使人們服服帖帖、安分守

52　這種判斷，今天看來也是誤解的。前述中國古人關於法律的作用的六大觀點，其實都可以説與古人心目中的社會生活的科學組織和管理追求有關，管人亦是為了理順社會生活過程的秩序。不過，怎樣才能叫做"科學的組織和管理"，怎樣才能叫做"科學有序"的秩序，不同國家、不同民族、不同時代、不同人羣，看法是不可能一樣的。——修訂註。

己，使人們都不在乎甚至主動放棄自己的合法利益（重義輕利），窒抑慾望，以圖達到人人都"克己奉公"的理想狀態。俗語說"是非只為多開口，煩惱皆因強出頭"，又說"退後一步自然寬"，正是勸人們在矛盾出現時，都退後一步，都不出頭、不冒尖。這樣一來，哪裏還會有爭奪、鬥訟發生呢？這就是所謂的"無刑"盛世。而要達到這一目的，就非用法的固有手段刑罰不可。只有常常利斧高懸，才能使所有的人都懾於刑罰的淫威而提心吊膽、夾緊尾巴。法的作用就在於經常性地向人們展示這種威脅，使人們老老實實。法是"管人"的見效最快的手段，所以《尚書》說"折民惟刑"，商鞅說"民本，法也。故善治者塞民以法"[53]。

古代西方人是怎麼看待法的作用的呢？早在公元前 5 世紀，古希臘的智者普羅泰戈拉就把法看作"政治的技術"，認為法是"治理城市的原則"。[54]柏拉圖認為："在各種政府形式中，只有一種政府形式是最妥當的，它是真正的政府：這種政府的統治者懂得科學，而不是不懂科學。"[55] 因此，在他看來，"法治"也好，"人治"也好，"哲學王"之治也好，關鍵都在於何者最能體現科學、智慧或理性。亞里士多德也認為，"法律是最優良的統治者"，"由法律遂行其統治，這就有如說，唯獨神祇和理智可以行使統治"[56]。這都是在強調法的冷峻的、客觀的、排除情感的科學作用 —— 科學組織和管理社會生活過

---

53 《商君書・畫策》。

54 北京大學哲學系外國哲學史教研室編譯：《古希臘羅馬哲學》，商務印書館 1982 年版，第 137~138 頁。

55 張宏生主編：《西方法律思想史》，北京大學出版社 1983 年版，第 35 頁。

56 ［古希臘］亞里士多德：《政治學》，吳壽彭譯，商務印書館 1983 年版，第 169、171 頁。

程的作用。

中世紀神學大師湯瑪斯·阿奎那（Thomas Aquinas）説得更明確：“法律不外是對於種種有關公共幸福的事項的**合理安排**，由任何負有管理社會之責的人予以公佈”，“法律是……以共同福利為目的的理性的命令”[57]。從這裏我們可以看出，古代西方人對法的作用的認識，與古代中國人相比，其側重點明顯不同。西方人比較強調社會生活過程的理順、調節本身，而不是把重心放在控制、壓抑社會生活過程的參與者上。

舉個例子來説吧，“管人”與“管事”的差異，有些像不同風格的交通管理情形。在交通擁擠的季節或時刻，苦於交通事故太多，堵車太厲害，甲交通管理部門乾脆下一道指令給各單位：某某時間，非特殊情況（經特別批准），哪些類型的車輛不得上街，或不過經行某某路段。這一下可大大地減少了參與到運行中的車次，降低流量，也可以使事故減少。乙交通管理部門則不然，他們盡量安排路面的合理秩序，如誰走快道，誰走慢道，車速是多少等，還力爭擴寬馬路，或採用機動車道與自行車道雙用制（即在汽車流量大時可把自行車道劃一半過來作機動車道；在自行車流量大時又把機動車道劃一半過去作自行車道，規定在每天幾點至幾點作這樣有規律的輪換）。一個注重約束參與者，一個注重改進運行過程，使程序合理化，風格大不一樣。

這當然不是筆者的憑空想像。實際的例子也不難找到。公元前

---

57 ［意］湯瑪斯·阿奎那：《阿奎那政治著作選》，馬清槐譯，商務印書館 1982 年版，第 106 頁。

6世紀，中國的第一位在野法學家、"律師"鄧析先生的故事就是一個例子。鄧析先生對他所在的鄭國的法律進行了種種非難和挑戰：他先是盡可能地挑當時立法的毛病，鑽了很多空子，幫人打贏了許多官司，以至於老百姓都爭相去找他幫忙打官司，他也因此收了些辯護費。後來，他實在覺得當局的立法漏洞百出，水平太低，乾脆自己動手起草了一部法律草案——《竹刑》。這些做法，對鄭國現行法制的諷刺和非難實在是太嚴厲、太不留情面了。四、五百年以後，在羅馬帝國，也出現了這麼一大批鄧析式的人物：拉別沃、卡皮托、普拉庫拉、薩比尼、蓋尤斯、烏爾班、伯比尼安、塞爾蘇斯等。這些人大多也是在野人士，他們與鄧析一樣，靠向人們提供法律諮詢，幫人寫書契、訴狀並收取酬金過日子。他們也常常有意地鑽當時法律的空子，非難當時法律的不足，並常提出許多修改補充意見，並撰寫法學書籍，闡明現行法的缺陷及理想法律的內容輪廓。

鄧析和羅馬法學家所做的事非常相似。但是，他們的下場卻極為不同。鄧析的所作所為，觸怒了當時鄭國的執政駟歂，也不為古代中國的文化環境所容忍，"於是（駟歂）殺鄧析而戮之，民心乃服，是非乃定，法律乃行"[58]。這可是釜底抽薪的做法。"駟歂殺鄧析，而用其竹刑"[59]，這足以說明鄧析所挑出的當時法律的毛病是事實，不是無中生有。因為如果不是《竹刑》比鄭國原有法律（前任執政子產所鑄"刑書"）更科學，何至於要棄後者而用前者，更何況是採用一個"罪犯"的"作品"！相比之下，羅馬法學家們則幸運得多。起初，法學家們對訴訟當事人提供的關於法律的解釋意見，雖不發生法律效

58 《呂氏春秋·離謂》。
59 《左傳·定公九年》。

力，但也沒有受到限制；後來，皇帝乾脆頒佈"引證法"，授予若干法學家"公開解答法律的特權"，還責令裁判官務須尊重法學家的意見；最後，法學家的解釋乾脆成了法律的淵源之一。正因為吸收了法學家的批評意見，羅馬法及羅馬法學才有了長足的進步，成為人類文明史上的一大奇蹟。

第三章　牧師與劊子手："德"與"刑"

魯昭公二十年（公元前 522 年），鄭國國相子產病重將死。臨終前，他對繼任者子大叔說："我死後，你肯定要當相國。我對你提點忠告。只有道德崇高的執政者才能用寬仁、慈愛或道德教化去使老百姓服從，一般的執政者可做不到這一點，所以只能退而求其次，用猛烈、嚴酷的刑罰去使百姓屈服。比喻說，**火**這東西危險、猛烈，老百姓一見就怕，故很少有人被火燒死；**水**這東西看上去懦弱，一點也不可怕，老百姓對它常漫不經心，常喜歡跳進裏面去玩，故有很多人被水淹死。所以用寬仁的一手是很難的。"他的意思是，執政者的統治手段應該像火而不應像水。寬仁慈愛的一手當然好，但應看看可不可行，要看時機。不得已時還是應當用猛烈的一手。他死後，子大叔繼任。這位新相國原本很仁慈，"不忍猛而寬"，對犯罪的百姓不忍心施以嚴刑峻法。於是，鄭國本來就有的"盜寇之禍"在這種寬容政策的縱容下，更加厲害。其中有一夥人，寇聚於萑苻湖畔，打劫過往行人，給國家造成了嚴重的威脅。子大叔悔悟了，說："我要是早些聽了子產的忠告，採取嚴厲打擊的措施，就不致於有今日之禍了。"於是，他把在監的犯人武裝起來，去攻打萑苻的"盜寇"，"盡殺之"，一個也不留，然後秩序好多了，盜寇也收斂了許多。孔子聽說了這件事後，對子大叔大加稱讚，他說："幹得好啊！政治手段如果太寬仁，久而久之老百姓就會怠慢、放縱，不守規矩，這時就應該用猛烈的一手去加以糾正。但猛烈的手段用的時間長了或是用濫了，老百姓又會受到不應有的殘害，或

▲ 戲曲中的“包公三鍘”——龍頭鍘、虎頭鍘、狗頭鍘，主要用以顯示執法的公正無私及刑罰的威懾力。

是使老百姓變得暴戾殘忍，就會逼他們上山為寇，這時就應該改用寬仁的一手。寬仁輔助猛烈，猛烈輔助寬仁，這樣才能達到和平安定的理想政治狀態。”[1]

　　這個故事說的是甚麼呢？就是“德”與“刑”的關係；用子產和孔子的話說，就是“寬”和“猛”的關係。這是中國古代政治史、思想史上的一個極其重要的問題。“德”，就是用道德教化的方式去“說服”人民、“感化”人民，也即用“仁慈”的一手去欺騙人民，這就是所謂“寬”，又叫“文”；“刑”，就是用刑罰威懾的方式去鎮服人民，

1　《左傳·昭公二十年》。

使其恐懼、害怕而不敢為非，這就是所謂"猛"，又叫"武"。所以，歷史上所謂"德主刑輔"、"德刑並用"、"寬猛相濟"、"文武並用"等，決不是講法律與道德（兩種規範）的關係問題的，而是在講德禮教化與刑罰威懾這兩種統治手段或策略的輕重主次的選擇問題的。列寧曾說，剝削階級的國家有兩種職能：一是牧師的職能，一是劊子手的職能[2]。所謂"德刑關係"或"禮刑關係"問題，實際上就是國家在不同的時期或場合應該主要扮演甚麼角色、擺出一副甚麼面孔的問題——是當牧師，還是當劊子手？

"教化派"與"刑威派"：共同的"準則法"

在"德"、"刑"關係的爭論中，法家及其後繼者的言論常給人造成這樣一個錯覺：似乎他們不要道德，要毀棄道德。同樣，儒家及其後繼者的言論也常使人誤以為只有儒家承認和維護道德，並絕對摒棄法律。其實不然。

在中國歷史上，"德"、"刑"關係或"禮"、"法"關係之爭一直持續不斷。這種爭論，看起來針鋒相對、水火難容，其實並沒有甚麼根本的利害衝突。我們把重視教化的一派稱作"教化派"（自周公至先秦儒家直至近代的重教化論者），把重刑威的一派稱作"刑威派"（自先秦法家至清末近代所謂"新法家"）。我們發現，這互相為敵的兩派在基本原則、指導思想、政治理想或目標等實質性問題上竟基本相同；所不同的，只是各自主張採用的實現這些理想、原則的策略、

---

2 《第二國際的破產》，載《列寧選集》第二卷，人民出版社 1972 年版，第 478 頁。

方法而已。正因為如此，才有了所謂"德"、"刑"關係（或"禮"、"刑"關係）之爭論。

"教化派"的政治理想是"道德流行於世"，是使道德充滿世界，達到一個"無刑""無訟"的治平之世。

他們所要實現的"道德"，具體說來，不外包含下列這些內容："為仁之本"的"孝弟（悌）"[3]；"君使臣以禮，臣事君以忠"[4]；"君君臣臣父父子子"[5]；"教以人倫：父子有親、君臣有義、夫婦有別、長幼有序、朋友有信"[6]；"父慈子孝，兄良弟弟（悌），夫義婦聽，長惠幼順，君仁臣忠"等"十義"[7]。實際上，也就是被董仲舒以後歸納為"三綱五常"（君為臣綱、父為子綱、夫為妻綱，仁、義、禮、智、信）的那一套根本準則。如果用法國現代法學家狄驥（Leon Duguit）的"準則法"與"技術法"的兩分法來觀察，上述這些"道德的項目"，這些"綱"、"常"、"經"、"義"，就是傳統中國法律體系或法律文化中的"準則法"[8]（亦即中國法律的根本原則、準則或最核心的規範）。

對於這些"準則法"或"道德的項目"，那些通常被視為"刻薄寡恩"、"反道敗德"的"刑威派"也並不反對。

法家先驅管仲及其門徒雖曾主張"治國使眾莫如法，禁淫止暴莫如刑"[9]，但也把"禮"、"義"、"廉"、"恥"作為"國之四維"（維

53

第三章　牧師與劊子手：「德」與「刑」

3　《論語・學而》。

4　《論語・八佾》。

5　《論語・顏淵》。

6　《孟子・滕文公上》。

7　《禮記・禮運》。

8　參見王伯琦：《近代法律思潮與中國固有文化》，台灣"司法行政部"1958 年版，第 25 頁。

9　《管子・明法解》。

繫國家存在的四大支柱或紐帶），認為"不恭祖則孝悌不備，四維不
張國乃滅亡"[10]。極端重刑主義者商鞅及其門徒雖曾認為"禮樂"、"詩
書"、"修善"、"孝悌"、"仁義"、"誠信"、"貞廉"、"羞戰"為
"國之虱"[11]。但他們又贊成"為人臣忠，為人子孝，少長有禮，男女有
別"[12]的道德秩序，並聲稱他們"行重法"的最後目的是"偃武事，行
文教，……以申其德"[13]，是"德明教行"[14]。"刑威派"的集大成者韓非
及其門徒雖曾主張"不務德而務法"[15]，但他也贊成"臣事君，子事父，
妻事夫，三者順則天下治，三者逆則天下亂"的"天下之常道"[16]。"獨
任法治"、"摒棄道德"的秦王嬴政（後稱秦始皇）前後的官方政治教
科書也照樣主張："為人君則鬼（讀為"懷"。和柔也，意即"慈"或
"禮"），為人臣則忠，為人父則慈，為人子則孝。……君鬼臣忠，父
慈子孝，政之本也。"[17]

　　這些證據足以證明，"教化派"與"刑威派"在"準則法"（即基本
的道德原則、政治理想、道德目標）方面是一致的。

"技術法"的差別

　　在"技術法"方面，亦即在實現上述"準則法"的程序、手段和策

---

10 《管子・牧民》。
11 《商君書・靳令》。
12 《商君書・畫策》。
13 《商君書・賞刑》。
14 《商君書・一言》。
15 《韓非子・顯學》
16 《韓非子・忠孝》。
17 《雲夢秦簡・為吏之道》。

略、技術方面，兩派的主張卻形同冰炭，水火難容。

"教化派"的主張是以"導之以德、齊之以禮"為尚，是"為政以德"，是"先教後誅"，是"大德小刑"、"重德輕刑"、"德主刑輔"或"先德教後刑罰"，是"德禮為政教之本，刑罰為政教之用"，是"德本刑末"（均見前引）。就是説，他們主張國家首先要當好"牧師"，其次才當"劊子手"。

"刑威派"的主張是"不務德而務法"[18]，是"任法而治"[19]，是"明必死之路者，嚴刑罰也；開必得之門者，信慶賞也"[20]，是"不貴義而貴法"、"刑不善而不賞善"[21]，"刑多而賞少"、"求過不求善，籍刑以去刑"[22]；是"眾其守而重其罪，使民以法禁而不以廉止"，是"不養恩愛之心，而增威嚴之勢"[23]。西漢以後，"刑威派"雖披上了儒學的外衣，但仍掩飾不住那騰騰殺氣。如東漢人王符説："法令賞罰者，誠治亂之樞機也，不可不嚴行也。……罰不重則惡不懲。故欲變其風俗者，其行賞罰也，必使足驚心破膽！"[24] 晉人葛洪説："役（之以）歡笑者，不及叱吒之速；用誘悦者，未若刑戮之齊。……故仁者，為政之脂粉也；刑者，御世之轡策。脂粉非體中之至急，而轡策須臾不可離也。……當怒不怒，奸臣為虎；當殺不殺，大賊乃發。……多仁則法不立，威寡則下侵上。"[25]

---

18 《韓非子·顯學》。
19 《商君書·慎法》
20 《管子·牧民》。
21 《商君書·畫策》。
22 《商君書·開塞》。
23 《韓非子·六反》。
24 《潛夫論·三式》。
25 《抱朴子·外篇·用刑》。

為了實現同樣的道德理想或政治目的(準則法),"教化派"與"刑威派"各自主張使用的手段、方法、策略或經由的途徑(技術法)竟是如此不同,這不能不令人驚訝!既然"同歸",為何"殊途"若此,勢不兩立?

在古代中國政治史上,"教化派"確實扮演着"牧師"的角色,"刑威派"扮演着"劊子手"的角色,互相補充的二者的確顯得不共戴天。

"教化派"與"刑威派"差別的原因

這一差別的原因可以從幾個方面去看。一方面,是兩派對"人性"的認識不同;另一方面是兩派對刑罰威懾的作用的認識不同;再一方面是兩派對當時各自所處的社會形勢的認識不同。

首先,是對於人的本性的認識不同。

"刑威派"一般持"性惡論",認為老百姓就是那種"吃硬不吃軟"的"賤貨"。如管仲及其門徒説:"以愛民(的方式)用民,則民之不用明矣。"[26] 韓非及其追隨者説:"民固驕於愛而聽於威"[27],"仁義愛惠不足用"[28],"民固服於勢,寡能懷於義"[29]。他們認為,"仁義道德"説教、小惠小恩不足以感化老百姓。"仁者能仁於人,而不能使人仁;義者能愛於人,而不能使人愛。"[30] 只有嚴刑重罰才能叫他們老老實

---

26 《管子・法法》。
27 《韓非子・六反》。
28 《韓非子・奸劫弒臣》。
29 《韓非子・五蠹》。
30 《商君書・畫策》。

實。老百姓為甚麼吃硬不吃軟、不堪教化呢？這是因為他們太愚頑、太冥頑不靈。他們根本聽不懂道德說教那種"微妙之言"："夫微妙意志之言，上智之所難知也。夫不待法令繩墨而無不正者，千萬之一也。故聖人以千萬治天下。"[31] 成千上萬的人當中才只有一個人（即所謂"賢者"、"智者"）能聽懂道德教化的大道理；其他的人都聽不懂，只懂得刑罰之威造成的皮肉之苦可怕。國家當然不能為遷就那一兩個人而去重用德教的方法，應該用對成千上萬的人都起作用的刑威方法來治國。

相形之下，"教化派"對人性的估計樂觀得多。孔子認為"導之以德、齊之以禮"能使百姓"有恥且格"[32]，能夠使老百姓道德昇華，知恥而不犯罪。孟子認為"人皆有不忍人之心"，"人人皆可以為堯舜"，人皆有"良知良能"，皆有"仁義禮智""四端"[33]；朱熹認為人人心中有"天理"（"此心渾然天理全具"[34]）。所以，他們認為，對這種有情感、有理智的生靈，當然不能用對待無感情無理智的牲口的辦法去管理。所以他們特別重視"教化"，特別重視使人們"心悅誠服"地接受道德的原則、教導。

其次，是對刑罰作用的認識不同（相應地，對德教的作用的認識也不同）。

"刑威派"迷信刑罰的作用，認為只有"刑"才能達到立竿見影的效果。《管子》認為："夫至用民者（最好的役使老百姓的方式），殺之

---

31 《商君書‧定分》。

32 《論語‧為政》。

33 《孟子‧盡心上》。

34 《朱文公文集‧答林擇之》。

危之，勞之苦之，飢之渴之。"[35] 商鞅認為："重刑連（誅連）其罪，則民不敢試，故無刑也。……故禁奸止過，莫若重刑。"[36] 韓非認為，"嚴刑"、"重罰"是"民之所畏"，可以馬上"使國安而暴亂不起"，又說"仁義愛惠不足用，而嚴刑重罰可以治國也"[37]。他們迷信"重一奸之罪而止境內之邪"[38] 的效果，認為只有"斷斬以威之"，才能使老百姓"莫不奮擊"[39]（莫不奮勇向前衝鋒而不敢後退）。他們簡直認為刑罰萬能，根本沒有考慮到嚴刑重罰還會帶來許多不良的副作用。他們甚至認為，刑威不僅能解決當務之急，治目前之急病，還可以澤及久遠，造福將來："法之為道，前苦而長利；仁之為道，偷樂而後窮。"[40] 他們貶低德教的作用，對它的作用不屑一顧，這與他們對刑罰的迷信是相伴隨的。

"教化派"的看法恰好相反。他們曾認為刑罰在非常時期能起到"救亂止衰"的作用，認為在社會秩序特別混亂之時也可能不得不以重刑來達到"猛以濟寬"[41] 的效果，但他們畢竟比"刑威派"更加深謀遠慮，他們看到刑威"可以行一時之計而不可長用"[42]，看到了刑威的嚴重缺陷和副作用，也即同時看到了德教的深遠意義、長久作用。如漢人賈誼說："凡人之智，能見已然，不能見將然。夫禮者，禁於將然之前，而法禁於已然之後。是故法之所用易見，而禮之所為生

---

35 《管子・法法》。
36 《商君書・賞刑》。
37 《韓非子・奸劫弒臣》。
38 《韓非子・六反》。
39 《抱朴子・外篇・用刑》。
40 《韓非子・六反》。
41 《左傳・昭公二十年》，孔子語。
42 《史記・太史公自序》。

難知也。若夫慶賞以勸善，刑罰以懲惡，……豈顧不用哉？然而曰禮云禮者，貴絕惡於未萌，而起教於微眇，使民日遷善遠罪而不自知也。……（故）以禮義治之者，積禮義；以刑罰治之者，積刑罰。刑罰積而民怨背，禮義積而民和親。故世主欲民之善者同，而所以使民善者異。或導之以德教，或驅之以法令。導之以德教者，德教洽而民氣樂；驅之以法令者，**法令極而民風衰**。"[43] 我們不能不承認，這裏所代表的"教化派"的見解的確比"刑威派"高明得多，且更有大政治家之風。"刑威派"的見識的確不及"教化派"。這裏的"民怨背"、"民風衰"就是刑威的副作用，這也就是《老子》所說的"法令滋彰，盜賊多有"、"民不畏威，則大威至"，也就是《尹文子·大道上》所說的"刑者，所以威不服，亦所以生陵暴"的效果，亦即秦朝末年"一夫振臂，天下土崩"那種情形。

再次，兩派對各自所處的社會背景的估計不同。

"刑威派"常常把他們立論所依據或針對的歷史時代視為不可救藥的亂世，認為唯有刑威才可以勉強使其維持一陣子。如子產說自己重視刑法是"吾以救（亂）世也"；商鞅說"古之民樸以厚，今之民巧以偽"[44]；韓非評價他所處的時期是"今世巧而民淫"，認為"效湯武之時而行神農之事"[45]（即實施教化）以圖救亂根本不管用。晉人葛洪說："至醇（淳）既澆於三代，大樸又散於秦漢；道衰於疇昔，俗薄乎當今，而欲結繩以整奸欺，不言以化狡偽，……盤旋以逐走盜，揖讓以救災火，……未見其可也。"[46]

---

43 《漢書·賈誼傳》。
44 《商君書·開塞》。
45 《韓非子·五蠹》。
46 《抱朴子·外篇·用刑》。

"教化派"雖然也比較悲觀，也常把當時的世界看成是"亂世"、"衰世"，但他們並不認為世道已衰敗到了必須主要依靠嚴刑峻法而必須把道德教化暫時擱置不用方可挽救的地步。如孔子雖然認為當時"禮崩樂壞"、"天下之無道也久矣"[47]，孟子認為當時"世道衰微"[48]，但他們仍然主張要"為政以德"，"導之以德，齊之以禮"[49]，仍然認為"善政不如善教之得民"[50]、"不以仁政不能平治天下"。[51]

---

47 《論語・八佾》。另，《論語》之《公冶長》、《季氏》、《子罕》篇均有孔子認當時世道為"亂世"之評語。

48 《孟子・滕文公上》。

49 《論語・為政》。

50 《孟子・盡心上》。

51 《孟子・離婁上》。

第四章 "非禮，是無法也"："禮"與"法"

　　"禮"到底是甚麼？這個問題實際上有兩方面含義。一是問"禮"在古代中國事實上起了甚麼作用，二是問它在古人心目中被當成甚麼。從前探討"禮"與"法"的關係，討論"禮"是不是法律的人們，常常只偏重於某一個方面，忘了將兩方面結合起來看。本章既要探討"禮"在古人心目中是否被當成了法律，也想探討"禮"在古代中國政治中實際起着甚麼作用。總之，我們是想探討"禮"的特有法律屬性。

▲ 山東鄒縣孟府禮門及"禮門義路"牌匾。儒家主張"為國以禮"，即以禮義治國齊民。

古人常從"德禮教化"的意義（即程序、手段、方式、策略的意義）上使用"禮"一詞，如說"為國以禮"。這時的所謂"禮"，實為前章所說的"德教"。它主要不是指規範本身，而是這種規範的運用活動。但古人也常從"規範"或"儀章"這種意義上使用"禮"一詞，這種意義上的"禮"到底是甚麼呢？這種意義上的"禮"和"法"之間是甚麼關係呢？

"禮"是社會規範，這毫無疑問。但它是甚麼性質的規範？是法律，是道德，還是宗教戒律，或是習俗？

目前學術界一般持"總和"說，即認為"禮"是道德規範、法律規範、宗教規範、風俗習慣等的總和。這種論點有個別地方易引起誤解，有加以補充完善的必要。

"總和"是各部分相加的結果。"總和說"的背後無疑隱藏着這樣一種觀點："禮"之中，有的是道德規範，有的是法律規範，有的是宗教規範，有的是風俗習慣……。也就是說，持此說者認為"禮"是可以分揀為上述幾堆（類）的。

這是一種誤解。"禮"到底是甚麼？關鍵是要看古人到底把它當做甚麼，看它在古時實際起到了甚麼樣的規範作用。

可以說，"禮"是一個混沌的整體，它一身多任：習慣、道德、法律、宗教。其中並沒有一條條純粹的法律規範或道德規範，它無法分揀。這種不同性質的社會規範渾然一體無法區分的情形，是各民族早期歷史的通例。

我們還是來看看古人的思想言論吧。從下列言論裏，我們將看到，在古人心目中，禮是"一身多任"的。古人認為"禮"曾起着習慣、禁忌、法律、道德、宗教多重作用（但這裏我們只注意法律和道德的作用)。

"禮"和"法"：各有兩重含義

在古人的言論裏，"禮"有抽象、具體兩重含義，"法"也有這樣
兩重含義。

子產說"夫禮，天之經也，地之義也，民之行也。天地之經而
民實則之"[1]；《禮記·樂記》說"禮者，理之不可易者也"，"禮者，天地
之序也"；荀子說"禮者，法之大分(本)，類之綱紀也"[2]；朱熹說"禮
者，天理之節文"[3]。這都是從抽象或普遍意義上去講"禮"的。這時
的"禮"，不是任何一條具體禮儀規範，而是抽象的原則、原理、準
則，是作為各種規範、制度、禮儀、設施之理的"禮"，也就是"理"。

另一種意義的"禮"，是具體的"禮"。如《管子》說"禮者，因
人之情、緣義之理而為之節文者也"[4]。《禮記》說"分爭辯訟，非禮不
決；君臣上下父子兄弟，非禮不定；宦學事師，非禮不親；班朝治軍，
蒞官行法，非禮威嚴不行；禱祠祭祀，供給鬼神，非禮不誠不莊"[5]，"三
王異世，不相襲禮"[6]，"夫禮之初，始於飲食"[7]。這些當然指的是"喪祭
之禮"、"婚姻之禮"、"鄉飲酒之禮"等具體的禮儀、規範，直接規
定了對人們言談舉止的具體要求。所以荀子又說："禮者，人主之所

1 《左傳·昭公二十五年》。
2 《荀子·不苟》。
3 《論語章句·顏淵》。
4 《管子·心術上》。
5 《禮記·曲禮上》。
6 《禮記·樂記》。
7 《禮記·禮運》。

以為人臣寸尺尋丈檢式也。"[8]

在古人的思想言論裏，"法"同樣有抽象、具體兩重含義。《管子》說"法者，天下之至道也"[9]，"法者，天下之程式也，萬事之儀表也"[10]，"法者，天下之儀也"[11]；宋人李覯說"禮樂刑政，天下之大法也"[12]；朱熹說"法者，天下之理"[13]等，這無疑說的是抽象的或普遍意義上的法，是法上之法，即法的準則，有些接近抽象的"禮"。然而"殺戮禁誅謂之法"[14]，"尺寸也，繩墨也，規矩也，衡石也……，謂之法"[15]，"治國使眾莫如法，禁淫止暴莫如刑"[16]，"制定於平昔者謂之法，施用於臨時者謂之罰"[17]，等等，則無疑講的是具體的法，是規定了人們言行舉止具體要求的"法"，有些接近具體的"禮"。

"禮"就是法律

"規範"意義上的"禮"和"法"之間到底是甚麼關係（這裏說的不是手段或策略意義上的"禮"與"法"、"德"與"刑"的關係）？古人是從兩個方面去看的。

一方面，在古人心目中，抽象意義上的"禮"就是具體意義上的

8　《荀子・儒效》。
9　《管子・任法》。
10　《管子・明法解》。
11　《管子・禁藏》。
12　［宋］李覯：《直講李先生文集・禮論一》。
13　《朱子大全・學校貢舉私議》。
14　《管子・心術上》。
15　《管子・七法》。
16　《管子・明法解》。
17　［宋］楊萬里：《誠齋集・刑法論》。明人丘浚《大學衍義補》也有此語。

法的靈魂。

抽象意義上的"禮"不外乎上一節所講的那些"準則法"或"道德的項目"，即"三綱五常"之類。古人認為，它們就是法律規範的根本原則或靈魂。如《管子》說"憲律制度必法道"[18]，這裏的道，亦即"禮"或"理"。《管子》又說"法出於禮，禮出於治"[19]，"仁義禮樂者皆出於法"[20]，認為法中包含"仁義禮樂"之大義，法律施行即"仁義禮樂"之實現。荀子說"禮者，法之大分(本)，類之綱紀也"[21]，朱熹說"三綱五常，天理民彝之大節而治道之根本也。故聖人以治之為之教，以明之為之刑"[22]。這些話，說的都是以抽象意義上的"禮"為具體的法律的靈魂的意思。

另一方面，在古人心目中，具體意義上的"禮"簡直同時就是具體意義上的法。

儒家經典《禮記》就是把"禮"、"法"二者看作同義詞的，說明在其作者的心目中，"禮"就是法。如說"政不正則君位危，君位危則大臣倍(背)小臣竊；刑肅而俗弊，則法無常，法無常而禮無列"，"禮行於五祀而正法則焉"，"諸侯以禮相與，大夫以法相序，士以信為考"[23]。這裏都很明顯地把"法"當作"禮"的替換詞，以二者為同義。"法"壞了("法無常")，也就是"禮"壞了("禮無列")；"禮"得到貫徹了，也就是"法""正"了；使諸侯們"相與"(相交往)的"禮"和使

18 《管子·法法》。
19 《管子·樞言》。
20 《管子·任法》。
21 《荀子·勸學》。這裏的"類"就是所謂"有法者以法行，無法者以類舉"(《荀子·王制》)的"類"，實際上指在直接適用法律條義以外的比附類推或其結果。
22 《朱子大全·戊申延和奏札一》。
23 《禮記·禮運》。

大夫們"相序"(排座次) 的"法",不能不説是性質完全相同的行為規範、模式。這種同義詞交迭使用,在古漢語裏,是一種極常見的修辭,即"互文同義"或"互文見義",是為了避免行文單調並更好地闡明語義。《禮記》還説:"夫禮,先王以承天之道以治人之情。故失之者死,得之者生。"[24] 很明顯,這就是後世所説的"禮去刑取"、"出禮入刑"的意思。就是説,不守禮的人將有"大刑伺候"。既然如此,怎麼不能肯定古人實際上把"禮"當成法了呢?

不僅如此,《禮記》還舉出了兩條很具體的"禮"的規範,並同時説,犯了這兩條"禮"就是犯法:"故天子適諸侯,必舍其祖廟。而不以禮籍入,是謂天子壞法亂紀"[25];"古之禮,慈母無服,今也君為之服,是逆古禮而亂國法也"[26]。這兩條很具體的"禮",在古人心目中也就是具體的法律規範:一是説天子到諸侯國巡遊,必須下榻在諸侯的祖廟以示參祭之意。但如不遵守有關禮儀而進入,這就是天子"壞法亂紀"了;二是説君主對"慈母"(父親的妾,不是自己的生母但撫育過自己) 之逝世不服重喪,如有人為之服重喪,就是"逆古禮而亂國法"。在當時的人們看來,這些"古禮"就是"國法"。此外,《禮記》還用大家慣用來比喻**法**的那些事物來比喻**禮**:"禮之於正國也,猶衡之於輕重也,繩墨之於曲直也,規矩之於方圓也。故衡誠懸,不可欺以輕重;繩墨誠陳,不可欺以曲直;規矩誠設,不可欺以方圓。"[27] 看來,《禮記》的作者們心目中的"禮",有着與"法"相同的形

---

24 《禮記·禮運》。

25 同上。

26 《禮記·曾子問》。

27 《禮記·經解》。此外,《荀子》之《禮論》、《王霸》二篇中也把"禮"比作"衡石"、"繩墨"、"規矩"等。

象和作用。

荀子也説："好**法**而行，士也。……人無法則悵悵然。……禮者所以正身，師者所以正禮。……故非**禮**，是**無法**也；非師，是無禮也。"[28] 這裏，他就是把"禮"當成法，且頗有《韓非子》"以法為教"（以法為道德教條）、"以吏為師"[29] 的味道。可以推測，他這段話直接啟發了他的學生韓非提出"以法為教、以吏為師"的主張。宋人李覯説得更清楚："禮者，聖人之法制也。……有仁義智信（注意：無"禮"字！），然後有法制。法制者，禮樂刑政也。"[30] 直到清代，還有人認為："三千三百，無體之刑；三刺八辟，無體之禮。"[31] "三千三百"指《周禮》所謂"禮儀三百，威儀三千"，都是"禮"；"三刺八辟"指《周禮·秋官·小司寇》所載"以三刺斷庶民獄訟之中，一曰訊（詢）羣臣，二曰訊羣吏，三曰訊萬民"與"八辟麗邦之法"（對皇親國戚官僚貴族等八種人通過特殊審判程序使其減免刑罰）的刑事審判制度，指的都是"法"。這段話的意思是："禮"不過是不露骨的法，"法"是另一種形態的"禮"。

"禮" 未必是致刑之 "法"

當然，説古人心目中的"禮"就是具體意義上的法，是有一些條件的。第一，他們心目中的"禮"絕不是前面所述"法即賞罰"那種

---

28 《荀子·修身》。
29 《韓非子·顯學》。
30 ［宋］李覯：《直講李先生文集·禮論》（四、五）。
31 ［清］蔣彤：《刑禮論》，《國朝文彙》丁集卷三。

極其狹隘意義上的"法"，不能説他們把"禮"和"刑"劃了等號；第二，説他們心目中的"禮"就是法，指的是那種自發的**觀念上**的法，而不是自覺的**概念上**的法。就是説，古人認為"禮"是強制性的行為規範，違反了即應予處罰；至於這種強制力是來自國家還是家庭，無關緊要，因為古人從來認為家國一體，家庭內的強制力亦即國家強制力的體現。古人心目中的"禮"，既然具有了這樣的性質，當然就是"法"了，因為這些正是法的性質。第三，説古人心目中的"禮"就是法，並不排除在"禮"這種形式下的"法"(或這個法系統) 之外還有別的"法"存在；第四，古人心目中真正的"法"是"禮"與"刑"二者結合 (且以"禮"為主，"刑"不過是為保障"禮"而存在的)；這個"刑"，並不是"制裁"的等義詞，而僅指肉刑、死刑、徒刑，而不包括民事法律制裁、行政法律制裁手段 (如降薪、革職、賠償等)。所以，説"禮"實即今日所講的法的規範三要素中的"假定"、"處理" (或指導) 二要素尚可，但若説"刑"完全等於三要素中的"制裁"要素則斷斷不可。

《禮記·樂記》説："禮以導其志，政以一其行，刑以防其奸。""導其志"，就是"假定"、"指導"(處理)，"防其奸"就是"制裁"。故這裏的"禮"實際就是法，即便沒有"刑"緊緊伴隨，我們仍可以這麼説。因為直到今天，我們不是還有很多法規只有指導性規範而無罰則同時伴隨嗎？只要違反之就可能導致國家懲罰或制裁 (不只是刑罰制裁)，那規範便是法。

荀子説："治之經，禮與刑，君子以修百姓寧。"[32] 甚麼是"經"？

---

32 《荀子·成相》。

《左傳•昭公十五年》註云："經，法也。"因此，荀子實際上是以"禮"與"刑"合而視為"法"的。

類似的說法不勝枚舉。如《韓詩外傳》說"為下無禮，則不免於刑"[33]；《後漢書•陳寵傳》說"禮之所去，刑之所取，失禮則入刑，相為表裏者也"；《通典•刑志》說"失禮之人，刑以加之"；《隋書•刑法志序》說"禮義以為綱紀，……明刑以為助"；《唐律釋文》序說"夫禮民之表，刑者禮之表"；《宋書•刑法志序》說"惟禮以防之，有弗及，則刑以輔之"……，等等，全都是這個意思。這裏都是把"禮"當成"法"，而"刑"僅僅被當成推行這種"法"的手段、工具、方式而已，並不看成是法律規範本身有機的一部分、一要素。從這裏我們可以猜到古人把"法"或"刑"工具化、手段化的意圖了。因為他們從未抽象出一個法的"制裁要素"的概念來。

至於有些學者常常以違犯某些"禮"並不受刑事制裁（即"出禮"並未"入刑"）為理由說某些"禮"只能算是"道德規範"，我們認為這也是值得商榷的。

其實這些學者，像古人一樣，正好也犯了"以刑為法"或"法、刑不分"的錯誤，因為他們也把法僅僅局限為刑事法規。

關於這一誤解，我們可以提出三點理由來加以澄清。

第一，在古時種種性質的社會規範渾然一體的情況下，也有（刑事手段以外的）其他法律制裁手段存在，如行政法律制裁、民事法律制裁，具體有革職、降爵、奪邑、罰款、賠償、返還原物等。只要是依當時國家的統一規定強制地實施這些懲罰措施，怎能不叫做"法

---

33 《韓詩外傳》卷四。

律制裁"呢？

第二，在古人心目中，一切規範都有**法的意義**，這也是各民族早期法觀念的共同特點之一。他們並沒有把任何一條規範僅僅視為只有社會輿論作後盾而沒有國家強制力作後盾（這一點他們簡直不敢想像）的規範。這就是所謂"情理難容者，國法難容"。他們的認識水平還沒有提高到可以區分法律和道德的程度。

第三，違犯了一條規範，該不該懲罰是一回事，是不是真的給予懲罰了則又是一回事。如有人違犯了一條法律，但未受懲罰，我們當然不能倒果為因地說他所違犯的那一條本來就不是法。對"禮"也應作如是觀。如有時一條"禮"被違犯，而犯者又正是"問周鼎"的諸侯或"執國命"的大夫、陪臣，司法部門拿他沒辦法；或者有時雖違反了某條"禮"，但情節較輕，國家為示寬宏，未予制裁，有如今日之免予刑事處分，也不給行政、民事制裁一樣；或者國家認可或鼓勵由家長族長代行處罰。在這些情形下，我們都不能反過來說被違犯的規則不應視為法，此理甚明。更何況，據《左傳》等史籍記載，常常可見違犯同一條"禮"有時罰有時不罰，有人罰有人不罰，此地罰易地則不罰，我們總不能說此條"禮"有時是法有時不是法吧？[34] 所以，今日有些學者根據是否給予了刑罰來認定被違犯的"禮"是不是法，這實在是值得推敲的。

總之，"禮"就是古時的"法"，是古人心目中的法，也是"律"之外事實上存在和起作用的法。有"禮"無"法"時是如此，"法"從"禮"中分離出來時也是如此，"禮"、"法"重新合一後仍是如此。

34　參見栗勁、王占通：〈奴隸制社會的禮與法〉，載於《中國社會科學》1985 年第
　　4 期。

不過，這種法，是另外一個系統，是無法用西方傳來的"法"概念簡
模糊性，這或許正是古時法律不完善、法律與道德不分的表現。

第五章　良心與後果的權量：法律與道德

從趙娥小姐說起

東漢靈帝光和二年（公元 173 年），有位本來弱不禁風的姑娘，完成了一件轟動全國的壯舉，就是親手掐死了一位鬚眉大漢，為父親報了仇。她就是傳統劇碼中讚頌不絕的烈女趙娥小姐。

趙娥幼時，父親趙安（不知何故）被一個叫李壽的人殺害。趙小姐有三個兄弟，曾立志為父復仇，但不幸因瘟疫一齊亡故了。於是，復仇重任就落在趙娥這位弱女子身上了。趙小姐不顧鄉鄰的勸阻，發誓手刃仇人。終於有一天，她路遇李壽，她揮刀先砍李壽的馬，使李墜馬落地，然後又向李壽砍去。因用力太猛，砍在一棵樹上，刀被折成兩截。於是，她棄刀一躍騎到李壽的身上，死死掐住李的脖子，使其窒息而死。最後，她割下李壽的頭顱，投案自首。

當時的法律禁止復仇，凡復仇而殺人者，要處死刑。趙娥投案自

▲ 趙娥，東漢烈女，以手刃父仇並慷慨投案而著名。

首，如依法律，不難處置，但卻十分有趣地引起了一場不小的司法風波。受理此案的官員，十分敬佩趙娥的"孝行"和勇氣，竟在法庭上頻頻示意要趙娥逃走了事；自己也摘下烏紗帽、交出印信，準備逃走，因為他知道自己枉法放縱殺人犯，罪責難免。對於這位"好心"法官的這種處理方式，趙娥竟大為不滿，她說："匹婦雖微，猶知憲制，殺人之罪，法所不縱；今既犯之，義無可逃；乞就刑戮，隕身朝市，肅明王法。"就是要求法官依法處斷，不必法外原情。法官無奈，乃命人強行將趙娥車載回家。[1] 法官的這種做法，受到了當時社會輿論的一致稱讚。

堂堂法官，因同情復仇，竟不顧國家法律，甘願棄官不做並逃亡，也要放縱罪犯；區區文弱女子，因發誓報仇，竟不顧國家法律，私自持刀殺人。這是因為他們為一個共同的東西所驅使，這就是道德，特別是"孝親"的道德。趙娥姑娘以"父之仇不共戴天"的道德為信念，殺死了父親的仇人。雖然事後主動投案，請求制裁，但事前她已經藐視了法律，固執地認為遵守道德比遵守法律更重要；那位法官則認為如果對趙娥依法懲處，就有傷"孝"的道德，所以不惜棄官不做，也要違反法律。在他們內心的天秤上，道德明顯重於法律。他們的這種選擇，代表了古代中國人關於法律與道德的關係的一般見解和心態[2]。

1　〔晉〕皇甫謐：《列女傳》，又見《後漢書·列女傳》。
2　這一判斷是值得商榷的。對復仇的態度，是一個很複雜的深層倫理問題，不僅僅只是在法律和道德孰輕孰重的態度問題。——修訂註。

禮法關係問題的產生

有人説，"德主刑輔"、"先禮後刑"等就是古人關於法律與道德的關係的見解，這話不全對。前兩章説過，"德"和"禮"，在古人的用語裏，並不常表示通常意義上的道德規範。他們用來表示道德規範的，更多的是"天理"、"人情"、"情理"、"道"、"人心"等語。如果把"德"、"刑"關係，"禮"、"刑"關係之類的言論看成是古人關於法律與道德關係的全部見解，那未免貶低了古人，未免把他們的頭腦看得太簡單了。事實上，古人曾從立法、司法、守法各個方面對法律與道德的關係問題進行過深刻的思考。

所謂法律與道德的關係，指的是法律與道德這兩種**規範**之間的關係，而不是作為**手段**或**策略**的道德教化手段與法律懲罰手段之間的關係。這兩種規範在其**產生**過程中如何相互影響？在其**使用**過程中又如何相互影響？特別是，當二者衝突時應如何決定取捨？這就是法律和道德的關係問題所應回答的。

在很早的時候，道德就是法律，法律就是道德。或者乾脆説，那時根本無所謂法律或道德。所有規範、儀式渾然一體，叫做"禮"。在那種背景下，當然不會產生法律與道德的關係問題。如《尚書·康誥》記載：當時應該"速由（用）文王作罰，刑茲無赦"的"元惡大憝"不過是"不孝不友"，即兒子對父親不孝順使父親傷心，弟弟對兄長不恭敬等。而大禹伐有苗時，宣佈苗人的罪行不過是"昏迷不恭、侮慢自賢、反道敗德、君子在野、小人在位"[3]等。還有《尚書·伊訓》

---

3 《尚書·大禹謨》。

中記載的那個"三風十愆"，如"侮聖言，逆忠直，遠耆德，比頑童"等，那不過是當時的"不正之風"，也都要"制官刑，儆於有位"（即定為犯罪、確定刑罰用來威懾有官職的人）。這些都說明，當時違犯道德（姑且稱道德吧！）就是犯罪，法律與道德渾然無間、沒有分界。在這時，一般不會想到還有甚麼法律與道德關係問題的。只有當法律與道德分離的事實出現後，人們才開始在這一事實的壓迫下思索法律與道德的關係問題，以期使從道德禮俗中分離出來的法律與它的母體不過分矛盾並獲得某種協調。

我國古代法律與道德的分離可以說是春秋時期開始的，因為"法"、"律"的概念都產生於此時，而以前只有"禮"與"刑"。同時，自此時開始，有了關於法律與道德應如何協調的言論。自此以後，就法律與道德在其各自產生過程中的相互影響問題，以及它們在應用過程中的相互影響問題，人們發表了許許多多的見解。

立法應符合道德

法律與道德在其產生過程中的相互影響，在法理學的範疇裏，主要應該關注的是道德對立法的影響，其次才是立法對道德的影響。

法律應該符合道德，這是古人的一般認識。但法律到底應該符合甚麼樣的道德，這就有爭議了。

《管子》主張"憲律制度必法道"[4]，主張"法出於禮"[5]。這是我們所見到的最早的將從前渾然一體的"禮"規範理解為"道"（或"禮"）與

4　《管子·法法》。
5　《管子·樞言》。

"法"("憲律制度")二者，特別是最早將"禮"與"法"(而不是"禮"與"刑")並提的記載。它的意思是，法律應該符合道德，以道德為最高準則。商鞅説："聖人有必信之性，又有使天下不得不信之法。所謂義者：為人臣忠、為人子孝、少長有禮、男女有別……此乃有法之常也。"[6] 這就是説，法律就是以"忠"、"孝"、"別"這些"義"(即道德)為內容並用以保障這些"義"實現的規範。墨子主張"法天"，實際上就是要把他所主張的那些道德原則(他誑稱為"天之意"或"天志")塞入人定法之中："故子墨子之有天之意也，……將以度天下之王公大人為刑政也。……觀其刑政，順天之意，謂之善刑政；反天之意，謂之不善刑政。"[7] 也就是説，符合道德原則的就是好法律，否則便是惡法。對他來説，"天之志"或道德原則的實質內涵就是"兼相愛、交相利"："天欲人之相愛相利，不欲人之相惡相賊也"[8]。法律必須符合這些根本的道德。孟子説"上無道揆也，下無法守也，朝不信道，工不信度，君子犯義，小人犯刑，國之所存者幸也"[9]，意思是："道"或"義"是"法"、"度"的根本準則，在上之人一定要把握好。明人方孝孺説得更清楚："古之人既行仁義之政矣，以為未足以盡天下之變，於是推仁義而寓之於法，使吾之法行而仁義亦陰行其中。"[10] "仁義"就是道德。他的意思是要把"仁義"變成法的具體內容，使法律成為實現"仁義"的工具。此外，第一章"法不外乎人情"、"法與天理"等節所引種種思想言論，實際上也是講法律應該合乎道德的。

6　《商君書・畫策》。

7　《墨子・天志中》。

8　《墨子・天志上》。

9　《孟子・離婁上》。

10　〔明〕方孝孺：《遜志齋集・深慮論》(六)。

法律應合何種道德

法律應該合乎甚麼樣的道德？古人的意見很不一致，經常有爭論。這裏既有新舊道德之爭，也有高低不同層次的道德之爭。

新舊道德之爭，以血緣主義道德與國家主義道德的衝突為代表。在先秦時期，前者的代表，是儒家及夏商周以來的傳統思想；後者的代表，是當時以反傳統的面目出現的法家等。

以孔子、孟子及其繼承者為代表的一派，主張法律必須符合他們所崇尚的血緣主義道德，這從他們對復仇問題、容隱問題等的態度上反映出來。

據《禮記‧檀弓》載，孔子就贊成復仇，主張把為父兄報仇的道德行為變成法律上許可的合法行為。又據《韓非子‧五蠹》載，魯國有位士兵，三次從戰場上開小差逃跑，其理由是如果自己戰死了老父就無人贍養了。對這位士兵，"仲尼以為孝，舉而上之"，這說明孔子希望使"孝親大於忠君"這一道德為法律認可。類似的例子還有《論語‧子路》記載的孔子的"子為父隱、父為子隱，直在其中"的主張，也說明孔子希望把家庭關係大於國家秩序的道德變為法律上許可的東西。至於孟子所設的那個"舜竊父而逃"[11]的故事，更說明他們贊成家重於國、孝大於忠、血緣關係大於國家關係的道德，並希望這些道德變為國家的法律制度。

以商鞅、韓非等人為代表的另一派，則主張法律應符合國家主義的新道德。

---

11 《孟子‧盡心上》。

他們對前一派的法律應容忍復仇和"親親相隱"等主張十分反感；他們認為法律必須符合國家利益至上的道德，而不是遷就血緣關係至上的道德；他們主張忠君大於孝親，並主張將這些新道德直接變成法律的內容。他們甚至主張，通過法律來使這一套新道德深入人心。韓非子曾把新舊道德的具體衝突情形概括為"六反"：有六種應該受到法律制裁暨新道德譴責的行為（畏死逃戰、"學道立方"、"遊居厚養"、言辭詭辯、任俠好鬥、藏匿逃犯）卻受到當時社會輿論（即舊道德）的讚譽；相反有六種應該受到法律的獎賞暨新道德讚譽的行為（盡忠國家、服從命令、努力耕作、老實本分、膽小怕事、檢舉罪犯）[12] 卻不斷受到社會輿論的嘲笑、挖苦。他認為，這是多麼奇怪的逆反現象：對國家有害的受輿論讚譽，對國家有利的反而受輿論的嘲弄！他特別反對孔孟所主張的"子為父隱、父為子隱"或"親屬相為隱"，認為這樣會使"奸不上聞"，即危害國家的人和事，朝廷無從知道。他還特別反對孔孟所主張的"孝大於忠"（忠孝不可兩全時則"棄忠全孝"）的舊道德，認為獎賞"棄忠全孝"的行為會使國家安全受到威脅。[13] 他把當時的舊道德（血緣主義道德）與新法律暨新道德（國家主義道德）的矛盾稱為"毀譽、賞罰之所加相與悖繆"[14]。他主張用新的法律來統一思想、統一言論，消除這一矛盾；並通過新法律建立起一套國家主義新道德來。這就叫"以法為教"（以法律為道德標準去教化人民），使法律與道德在新形勢下吻合或統一。

商鞅更明確地主張："至治，夫妻交友不能相為棄惡蓋非，而不

12　參見《韓非子‧六反》。

13　參見《韓非子‧五蠹》。

14　同上。

害於親，民人不能相為隱。"[15] 他主張立法應消除"親親相隱"的舊道德的影響，鼓勵人們為國家利益而蔑棄倫理親情地"告奸"，甚至包括主動向國家告發自己的親屬。所謂"不害於親"，即告奸行為不應為親屬關係所妨害。他認為，這種否定部分舊道德的新法律若"天下行之"，則"至德復立"[16]，亦即有助於重建一套真正的道德(他心目中的"至德"就是國家至上的道德)。他的這一主張，韓非子總結為："聖人為法國者，必逆於世而順於道德。"[17] 也就是好的法律必須逆於世俗的舊道德，合乎新的國家主義的真正道德。

正是從這一國家主義的立場出發(或從新道德的立場出發)，法家先驅慎到才提出了"法雖不善猶愈於無法，所以一人心也"[18] 的著名論點。他的意思是：法律即使不符合傳統道德，不能盡如人意，但有這樣一套法律總比沒有法律要好，因為它畢竟可以用來統一司法官員的審理判決標準，能夠"去私塞怨"[19]。有這樣一個不太美妙的客觀的標準，仍然比沒有它而由官員"任心裁輕重"要好得多；因為這畢竟保證了國家司法的統一，維護了國家的正常秩序，避免了"天下怨憤"的局面。因此，這個用舊道德去評價是"不善"的法律，用國家主義的新道德來看，無疑卻是"善"的。如果連一個"不善"的法律也沒有，官吏會"無法無天"地去欺負百姓，百姓也會"無法無天"地造反，這一點慎到、商鞅、韓非等人都十分明白。

高低不同層次的道德之爭，在古時也十分突出。

---

15 《商君書‧禁使》。

16 《商君書‧開塞》。

17 《韓非子‧奸劫弒臣》。

18 《慎子‧威德》。

19 同上。又見《慎子‧君人》。

在前面第一章我們曾說過，無論是儒家還是法家(以及他們的後世追隨者)，都常常不自覺地犯着一個錯誤，即主張把很高層次的道德都變為法律，在立法上對人們提出了十分苛刻的要求。儒家正統思想本着"人皆可以為堯舜"[20]的認識，主張"制禮樂(包括法)……將以教民平好惡而返人道之正"[21]。亦即主張立法使民眾放棄個人平常的自然好惡(如好逸惡勞、好利惡害等)而達到倫理綱常的高要求。法家則常常本着"使大邪不生、細過不失"[22]的理想，主張制定嚴苛的法律規範。[23]最為典型的是"商君之法，棄灰於道者斷其手"[24]和《法經》"拾遺者刖"[25]的慘苛規定。

這種欲將很高層次的道德變為法律，對眾人提出過於苛刻要求的主張及做法，受到了歷代有識之士的批評。如《文子》的作者主張："高不可及者不以為人量，行不可逮者不以為國俗。"他認為，只有"末世之法"才會"高為量而行不及"、"重為罰而罰不勝"、"危為其難而誅不敢"[26]。這就是主張，立法要以一般人所能達到的水平為標準，不要強眾人之所難。《管子》的作者說得更清楚："明主度量人力之所能而後使焉，故令於人之所能行則令行。……亂主不量人力，令於人之所不能為，故其令廢。……故曰：毋強不能。"[27]漢人荀悅也說，制訂對老百姓提出過高要求的法律是"設必犯之法"，是"不

20 《孟子·告子下》。

21 《禮記·樂記》。

22 《商君書·開塞》。

23 參見《韓非子·內儲說上》。

24 《漢書·五行志》、《史記·李斯傳》。

25 ［漢］桓譚《新論》引《法經》。

26 《文子·下德》。

27 《管子·形勢解》。

度民情之不堪，是陷民於罪也，故謂之害民"[28]。清人吳鋌更把這一主張明確概括為"立法一以中人為準"。他批評當時的立法說："今之法不論其為何人，而一與君子之法待之。君子不得於什一，而中人與小人者什九。強天下之中人小人而俱為君子，是猶（欲）盲而知黑白之情，聾而欲清濁之聲也，必不可得矣。刑一人，天下孰不可刑？天下無不可刑之人，而人皆有可刑之法，從而誅之，是殘也。……予謂立法惟依舊律，一以中人為準。"[29] 這些主張，都是反對以較高層次的道德作為立法標準，而要求以較低層次的道德（"中人道德"）作為立法標準。這些見解直到今天仍有借鑒價值。（參見第一章"法不外乎人情"一節，它實際上也包含法應符合一般人即中等人的道德的意思。）

司法：屈法律以全道德

法律與道德在運用過程中的相互關係問題，主要指的是當法律與道德發生衝突時取誰捨誰的問題：是嚴守法律而違逆道德，還是嚴依道德而修正法律（通過判例法式的"法官立法"）？這在古時候一直是個很尖銳的問題。人們關於這個問題的見解主張，明顯地呈現出兩大派別或兩大思想傾向。

一種思想傾向是：道德重於法律。當二者衝突時，則主張屈法律而全道德。我們把持這種見解主張的人統稱為"重德派"。

這一派的典型主張是"原心論罪"（或"論心定罪"）："志善而違

28 《申鑒·時事》。
29 ［清］吳鋌：《因時論》，《涵芬樓古今文鈔》卷六。

於法者免，志惡而合於法者誅。"[30] 就是説，司法官員在審理判決案件時，應注重作案人的動機，以動機作為判決其有罪與否及罪刑輕重的最後根據。如果作案人的作案動機（"志"）是合乎道德（即"善"）的，那麼即使違犯了法律，也應免於處罰或減輕處罰。相反，如果其動機是不合道德（"惡"）的，那麼即使其行為客觀上沒有犯法，也應加以懲罰。所謂"原心"的"原"，就是"推究"，"心"或"志"就是動機。"原心論罪"有時也稱"原情論罪"或"原本論罪"，"情"和"本"也偏重於動機的考察，所以性質上差不多。

這是在法律與道德衝突的一般情形下人們的態度。既然用道德去衡量其動機為"善"的行為卻可能"違於法"，用道德去衡量其動機為"惡"的行為卻可能"合於法"，這充分説明法律與道德在許多場合存在衝突。

解決這一衝突的原則，據説早在西周時就被提出來了。《禮記・王制》載，西周的審判原則是"凡聽五刑之訟，必原父子之親，立君臣之義以權之"，就是所有案件都用"父子之親"、"君臣之義"這些道德原則去衡量。孔子也贊成這一原則，曾重複過這句話，並批評那種"罰麗於事，不以其心"[31] 的"聽訟"方式，也就是批評那種不考慮作案人的主觀動機僅僅根據行為的客觀後果來定罪量刑的"客觀歸罪"傾向。董仲舒更將這一原則加以發揮："春秋之聽獄也，必本其事而原其志。志邪者不待成，首惡者罪特重，本直者其論輕。"[32] "志邪者不待成"就是説只要行為動機是邪惡的（違反道德的），那麼

---

30 《鹽鐵論・刑德》。
31 《孔子家語・刑政》。
32 《春秋繁露・精華》。

即使僅僅是犯罪預備、犯罪未遂甚至僅僅只有"犯意"（有犯罪的念頭），都應加以懲罰；"本直者其論輕"，就是說動機為"善"的作案人應盡量從輕論處。在古人心目中，動機是"本"，行為是"末"，因此"原心論罪"又被稱作"原本論罪"。

"原心論罪"還習慣地被稱為"春秋決獄"。這是因為道德的原理原則盡在《春秋》等儒家經典中；要論證某一違法行為的動機為"善"（合乎道德），就須常引用大家都尊崇的《春秋》等經典。據說董仲舒就是如此，作為當時的最大的民間法律權威，他每回答一個官員就疑難案件提出的諮詢時，"動以經對"。並曾作《春秋決獄》一書，據說收集了 232 個經典案例。[33] 不過，還因為所引據來斷案的經典不僅止於《春秋》，還有《詩經》、《周禮》、《禮記》、《論語》等其他經典，故有時又被稱作"經義決獄"。

宋人朱熹對"原心論罪"原則作了更進一步的理論昇華，他說："聖人之法有盡，而心則無窮。故其用刑行賞，或有所疑，則常*屈法以申恩*，而不使執法之意有以勝其好生之德。此其本心所以無所雍遏，而得*常行於法之外*。"[34] 在他看來，好的法官可以"常行於法之外"或"屈法"，只要是為了盡"好生之德"或"申恩"這樣的道德目的。一句話，為了道德，隨時可以犧牲法律。

在古代司法實踐中，最能反映法律與道德衝突的，是復仇、容隱兩種情形。

在復仇問題上，法律與道德明顯發生衝突。

古時的人們一般主張：寧為合乎道德而犯法去殺死父兄的仇

---

33 《漢書·董仲舒傳》。
34 《朱子大全·雜著·大禹謨》。

人，不願為守法而循司法程序去控告。若採前一態度，為父兄報了仇，即便自己因犯法殺人而被誅，也名垂青史，成為英雄；否則，即便最後父兄的仇人得到了法律的嚴懲，仍不免被社會輿論嘲笑為＂儒夫＂、＂膽小鬼＂、＂沒骨氣＂。

這方面的案例及人們的言論不勝枚舉，這裏僅舉一例可見一斑。西漢成帝時，丞相薛宣受人彈劾，眼看就要丟烏紗帽。薛宣的兒子薛況為保住父親的名譽和地位，僱一刺客將彈劾人刺死。此案報到有關部門審理，意見頗有分歧。御史中丞（相當於副總檢察長）等人認為薛況和那刺客都應依法處死刑，因為當時法律規定：＂刱戮近臣，大不敬＂，應＂棄市＂。因為被刺死的彈劾人是位博士官，為皇帝近臣；殺近臣之罪是死罪。但當時的廷尉（相當於最高法院院長）卻以為：＂春秋之義，原心定罪。原（薛）況以父見（受）謗發忿怒，無它大惡。……當減爵完為城旦。＂[35] 在這裏，我們可以看到，行為動機的道德評價起着多麼重要的作用！高幹子弟為了保護自己父親的名譽地位，殺掉一位皇帝近臣，犯下了法律規定的應處極刑的＂大不敬＂之罪，僅因為其動機是合乎＂孝＂道德的，便竟然不算＂大惡＂，要減輕處罰，這就是＂原心論罪＂即捨法律而依道德的奇怪邏輯！

在容隱（即容許隱匿犯罪）問題上，法律與道德的衝突更加明顯。

告發自己親屬的犯罪，有違反＂親親＂、＂尊尊＂、＂孝＂、＂慈＂等道德的嫌疑；不告發吧，又有害於國家的法律秩序，使國家的奸賊逍遙法外，是對國家＂不忠＂。這一問題的解決，就是＂親親相為隱＂或＂同居相為隱＂的法律制度。這正是道德影響的結果。歷史上，

---

35 《漢書·薛宣傳》。

允許容隱的親屬範圍呈不斷擴大趨勢：最初只是"子為父隱、父為子隱"，後來是凡有親屬關係的都可以相隱，再後來發展為"同居相為隱"即只要生活在一起的非親屬也可以相為隱(如"部曲奴婢為主隱")。可見道德對法律影響之大。同時，非同居的無服親屬之間相互隱匿，"師徒相為隱"，"朋友相為隱"等，雖或不免於法律上的刑事責任，但仍為封建道德所讚譽，被譽為"知義"、"任俠"。法官們也常對此類罪犯"法外施仁"。

韓非子曾為此憤憤不平："活賊匿奸，當死之民也，而世尊之曰任譽(應為俠)之士"，而"挫賊遏奸，明上之民也，而世少之曰諂讒之民也"[36]。商鞅曾明確主張"至治，夫妻交友不能相為棄惡蓋非"，"民人不能相為隱"[37]。

然而法家的抗議和反對在歷史上並沒有起多少作用，讚譽"親親相隱"的呼聲淹沒了法家的聲音。我們僅舉孔子、孟子的主張為例。孔子對那位出庭證明自己父親偷羊的人十分反感，認為他不應受道德的讚譽，不能算真正的"直"。他認為："子為父隱，父為子隱，直在其中。"[38] 認為只有這樣才合乎道德。在他看來，合不合法是次要的，首先要合道德(孔子時並無"容隱"之法)。孟子在回答他的學生桃應假設的那個著名"故事"時也表達了道德大於國法的主張。桃應假設的故事是："舜為天子，皋陶為士(司法官)，瞽叟(舜之父)殺人。"他問孟子：案件發生後，舜和皋陶各自該怎麼辦？孟子回答說：皋陶應先把殺人犯瞽叟逮捕起來。桃應問：那麼舜能不能制止

36 《韓非子‧六反》。
37 《商君書‧禁使》。
38 《論語‧子路》。

皋陶的逮捕行動呢？孟子說：舜憑甚麼去制止？皋陶是在依法執行公務。桃應又問：那麼舜該怎麼辦呢？孟子答：舜應該把丟掉天子之位看作丟破鞋一樣，不作天子了，乾脆將父親從囚禁之所"竊"出來，背到遠遠的海邊去藏起來。父子兩人就躲在那裏，"終身欣然，樂而忘天下"[39]。孟子的態度很清楚：他不願要舜遵守法律眼睜睜地看着父親受法律制裁，寧願要舜為符合"孝"的道德而去犯罪（從監獄裏劫囚當然是犯罪）。這說明孟子尊崇道德而藐視法律。在這種情形下，孟子實際上也把法律當破鞋一樣地扔掉了，同時也把一位被殺的"陌生人"（非親非故）的生命看得跟一隻破鞋一樣輕。為了符合"孝"道德，讓"陌生人"白白地死了，讓他冤不能雪、仇不能報也在所不惜。

這就是"血緣主義道德"的真面目。孔孟的這些屈法律而全道德的主張，一直為人們所遵從。這類主張的言論，就不必贅舉了。"親親相隱"的制度，直到沈家本主持清末變法仍然堅持[40]，民國刑法訴訟法仍然保留，直到新中國時才被廢除。它統治了中國近 2000 年。

司法：寧屈道德不枉法律

另一種思想傾向是，法律重於道德。當二者衝突時，則應取法

---

39 《孟子·盡心上》。

40 在這裏，我們原來犯了一個極不該犯的錯誤。原文說"'親親相隱'的制度，直到沈家本主持的清末變法時才被廢除"，簡直粗心至極、武斷至極。其實，清末、民國，直至國民黨政權遷台後的刑法訴訟法，都保持了"親親相隱"制度。當時顯然是粗心大意想當然地作出判斷。其實，只要認真查一下資料就馬上澄清了。可笑，可恨！——修訂註。

律而不取道德。我們把這一派稱為"重法派"。

這一派的主要觀點是：法律本身就體現着主要的道德；嚴格地執行法律，就是成全了最大的道德。所以，在嚴格依法審判的過程中即便違逆了道德，那也不要緊。因為那不過是法外的道德，比起法律本身這個"大德"來只能算是"小德"（即次要道德）；為了成全"大德"而犧牲一些法外"小德"，是可以的，不要大驚小怪，這不過是執法過程中不可避免的一些副作用。

先秦法家的主張是這一派的典型代表。《管子》主張，執法者應該做到"不淫意於法之外，不為惠於法之內，動無非法"[41]。就是說不應該依法外的道德去審判。法家把這種法外道德評價稱為"善言"或"私議"，慎到主張"法立則私議不行"[42]，商鞅認為："釋法而好私議，此國之所以亂也"[43]，主張"法既定矣，不以善言害法"[44]，主張"信廉、禮樂、修行、群黨任譽清濁，…… 不可以評刑"[45]，這都是堅決反對法外道德評價干擾司法審判，認為決不能用這些道德評價作為定罪量刑的標準。《管子》所說的"不為愛民枉法律"[46]多少也有這個意思。因為用法外道德為標準去審判，常常更顯得"愛民"或"合乎民心"。韓非認為，"斷割於法之外"是國家之"危道"[47]。他要求執法者"不以私累己，寄治亂於法術，託是非於賞罰，屬輕重於權衡"，要求使"禍

---

41 《管子・明法》。
42 《慎子・佚文》，[唐] 馬總《意林》輯錄。
43 《商君書・修權》。
44 《商君書・靳令》。
45 《商君書・賞刑》。
46 《管子・法法》。
47 《韓非子・安危》。

福生於道法而不生乎愛惡"[48]。

關於這一點，西晉法學家杜預的見解十分精闢。他説："法者，蓋繩墨之斷例，非窮理盡性之書也。……刑之本在於簡直，故必審名分。審名分者，必忍小理。"他認為，法律並不能十全十美地包含所有道德，因為它只是個簡明扼要、抓大放小的處事規範。要執行法律，當然就不得不為顧全大局而忍痛犧牲掉一些小的道德，這就叫"忍小理"，又叫做"伸繩墨之直，去析薪之理"[49]。也就是認為，只要嚴格依法辦事並在大方向上符合大道德就可以了；不要在"小德"上斤斤計較，那樣會因小失大，破壞法律的完整和統一，使有法等於無法。

西晉另一位傑出的法學家劉頌對這一問題有更為精闢的論述。他認為，"刑書徵文，徵文必有乖於情聽之斷"。就是説嚴格依法律條文的邏輯做判決，常不免有違背法外道德人情的判斷，這是很正常的。執法者如果想絕對排斥這種"乖"(違背)，追求道德評價上完美無缺的判決——"曲當"，就會嚴重破壞法的尊嚴和統一："……每盡善故事，求曲當，則例(法)不得直，盡善故法不得全"，"上安於曲當，故執平者因文可引，則生二端。是法多門，令不一，則吏不知所守，下不知所避。奸偽者因法之多門，以售其奸"。因此，他主張：執法者應嚴格依據法律條文，且應嚴格到這樣的程度："雖不厭情，苟入於文，則循而斷之。……故善用法者，忍違情不厭聽之斷，輕重雖不允人心，經於凡覽若不可行，法乃得直。"這就是主張，要嚴格依照法律條文的邏輯去判決，不要照顧法律之外的道德

---

48 《韓非子‧大體》。
49 《晉書‧杜預傳》。

人情；判決即使看起來好像是不合乎道德人情，但只要符合法條的邏輯，就要硬着心腸堅持下去。好的執法者就是要敢於做這種貌似不合人情的事。依照法律條文判決案件，雖然不合於“人心”，在一般人看來好像簡直不能這麼判，但仍舊狠心地依法這麼判了，這樣才保證了法的嚴肅、完整和統一。所以，劉頌説：“諳事識體者，善權輕重：不以小害大，不以近妨遠；忍曲當之近適，以全簡直之大準；不牽於凡聽之所安，必守徵文以正例。”[50] 這些見解，十分可貴！與西方歷史上的分析法學主張極其近似。

50　以上引文均出自《晉書・刑法志》所引劉頌《刑法疏》。

第六章 “有治人無治法”：賢人與法律

　　有一個“不才之子”，胡作非為。父母用愛去感化他，要他改過自新，不管用；村裏德高望重的長輩們以他們的高尚德行去感化他，要他改惡從善，也不頂用；老師們以智慧和做人的道德去教育他，要他做個好人，也不見效。三種美好善良的因素去影響、教育他，都絲毫不見效。後來，地方官吏帶着手持武器的員警下鄉執法，“求索奸人”，這小子一見就馬上老老實實：從此“變其節，易其行”，一改前非。

　　這是戰國思想家韓非在其書《五蠹》篇中假設的一個故事。韓非先生編造這樣一個例子，是想向人們說明甚麼道理呢？這就引出了我們本章要討論的一個重要問題，也是中國法律思想史上的另一個重要問題：對治國理政而言，賢人與法律，誰更有用，誰更重要？

“君子者，法之原也”

　　傳統的中國人一般認為：賢人比法律更重要。如果就上面那個故事來說，肯定很多人會說：那個胡作非為的混小子看見“武裝員警”就那麼乖溜溜的，恐怕只是恐懼，並不是真的改惡從善了。父母、長輩、老師的教育感化才是最重要的、最根本的。即使一時不見效，但終究會見效的；而且那種效果是久遠的，不是一時的。我們把持這種見解的人稱作“任人派”（而把相反的一派叫做“任法派”）。他們認為國家政治主要應依賴賢人，其次才依賴法律。荀子說：“君子者，法之原也。"[1] 意思是說，賢人是法律的根本、基礎和保障。賢人是第一位的，法律是第二位的。這句話是"任人派"觀念的典型體現。

賢人為甚麼比法律更重要呢？具體說來，任人派有三個理由。

第一，法要賢人來制定。立法出自賢人之手才是良法，否則便是惡法。荀子說："官人守數（數，即法制），君子養源。源清則流清，源濁則流濁。"[2] "養源"即立法，只有君子才能制定善法，不肖之人只會立惡法。君子的德行智慧是良法的源泉，所以荀子又說："君子也者，道法之總要也。"[3] "總要"就是根本、樞紐、關鍵的意思。孟子也認為，"惟仁者宜在高位。不仁而在高位，是播其惡於眾也"[4]。就是說，立法執法者如果不是賢人君子而是小人，就會通過不良的法制和司法把罪惡撒向人間。

第二，法要賢人來執行。不善的法有了賢人在執行中把關，會糾正其弊端，使其禍害減小；善法如果讓小人來執行，照樣會假公濟私、禍害無窮。孔子說：當官的如果是賢人，品行端正，那麼即使沒有法令的威逼，老百姓也會聽話；如果在上的人品行不端，那麼雖有法令，老百姓也不一定服從。[5] 孟子說："徒善不足以為政，徒法不能以自行。"[6] 就是說，光有賢人的德行影響不夠，光有法律也不夠，兩者必須互相輔佐，但他更多地是強調後者。荀子說："有

1　《荀子・君道》。
2　同上。
3　《荀子・致士》。
4　《孟子・離婁上》。
5　參見《論語・子路》："其身正，不令而行；其身不正，雖令不從。"
6　《孟子・離婁上》。

治人，無治法"，"法不能獨立，類不能自行。得其人則存，失其人則亡"[7]，"有良法而亂者有之矣，有君子而亂者，自古及今，未嘗聞也"[8]。這更是明明白白地宣佈：只有賢人才是達到天下大治的根本因素，法律則算不上。

第三，賢人可以憑自己的德行、智慧彌補法律的缺陷。荀子說："故有君子，則法雖省，足以徧（遍）矣；無君子，則法雖具，失先後之施，不能應事之變，足以亂矣。不知法之義而正法之數者，雖博臨事必亂。故明主急得其人。"[9] 又說："有法者以法行，無法者以類舉，以其本知其末，以其左知其右。凡百事異理而相守也。慶賞刑罰，通類而後應。"[10] "類"是荀子使用較多的一個非常重要的概念，其本意是類比、類推、比附、變通。就是說，法律因其固有的機械性或缺陷，在執行中需要執法者用智慧去彌補。因為法律簡明扼要，不可能把萬事萬物都無一遺漏地規定進去，所以當遇到法律沒有明確規定的案件時，只有君子才可能根據法律的原理類推適用法律，彌補這一漏洞，這就叫"無法者以類舉"，"通類而後應"。如果沒有這樣的德才兼備的賢人作法官，那麼即使法律很完備，也常出亂子，因為那種蹩腳的法官不懂得法的根本道理，不曉得執行法律中的輕重主次先後，不能根據事情的變化調整法律的適用，只知機械地執行法律條文，這樣，後果也是不堪設想的。所以，荀子又把法官斷案時必要的類推、變通行為稱為"議"："故法而不議，則法之所不

7　《荀子·君道》。
8　《荀子·致士》。又見《荀子·王制》。
9　《荀子·君道》。
10　《荀子·大略》。

至者必廢。……故法而議，職而通，無隱謀，無遺善，而百事無過，非君子莫能。"[11] 荀子對法官的要求真是太苛刻了——要法官事事辦得合情合理合法（即使沒有法律也要合情理），一點錯誤也不能有。這的確"非君子莫能"，德智平平的人豈能做到？荀子這裏所涉及的，實際上是法官立法問題，也就是法官在司法過程中根據情理或社會道德去處理法律無明文規定的案件，這也就等於該法官制訂了此時此地此案之法律。

遠水難解近渴

在中國歷史上，也有許多人認為法律比賢人更頂用，更重要。這些人，我們稱之為"任法派"。他們以先秦法家為代表，包括漢以後的某些人。

任法派主張治國應主要依賴法律，不要把希望全部寄託在賢人身上。在他們看來，"賢人"雖好，但難以得到，是"遠水"；要"解近渴"，還只有客觀的法律最管用。

具體說來，他們的理由也有三點。

第一，賢智之人世上難尋，而法律的威嚴卻唾手可得。韓非說：像堯舜那樣的賢明君主，千世才出一個；像桀紂那樣的暴君，也是"千世而一出"。但世界上卻不乏智德平平的君主。這種智德平平的君主（"中主"）如果掌握好了法律這個武器，一定治得好天下。這就是說，即使沒有聖賢，只要有法律，仍然可達到長治久安。哪

---

11 《荀子·王制》。

怕萬一出了桀紂這樣的用法律作為"為惡之具"的暴君，那也不過是"千世治而一世亂"，因大失小。如果反過來，一定要等待賢人出來統治(而不重視法律)，那就有如等待拿高級食品來解救眼下的極度飢餓，等待遠水來解近渴，只會顯得愚蠢可笑，也會造成嚴重後果。法律，就是能止住眼下極度飢餓的粗糙的食品，就是能解近渴的不太乾淨的水。雖然質量上(絕對價值上)比不上"梁肉"、"遠水"，但總能應目前之急。所以他說："廢法而待堯舜至乃治，是千世亂而一世治也"，是因小失大。他還比喻說，法律猶如中原地區不怎麼會游泳的人，賢人好比吳越沿海地區的"善游者"。譬如中原地區有人落水正在喊救命，如果一定要去請沿海地區的游泳高手來救人，那麼落水者早就淹死了。不如在現場的中原人趕快跳到水裏去救人，也許還有些希望。他嘲笑那些"尚賢輕法"的人正像盼望"越人之善游者"來救中原的落水之人一樣愚蠢可笑[12]。

第二，賢智雖好，但沒有使人不得不服從的威力。只有法律或刑罰才能立竿見影地使人們順從。韓非說：如果沒有刑罰的威脅，如果放棄法律，即便是堯舜那樣聖明的君主，挨家挨戶去做百姓的思想工作，教老百姓服從，都會有人敢頂嘴，有人敢不理睬，連三戶人家都可能管理不好。但桀紂那樣道德敗壞的君主，仗着法律的威嚴，卻能教天下的人不敢不服從。所以法律遠比賢智之人的感化力更頂用、更見效[13]。他又說，孔子被公認為"天下之聖人"，道德高尚，智慧超人，但被他感化而服從他的不過70人(指孔子弟子中有"賢人七十")，而真正被感化過來達到了仁者境界的，不過只有顏

12　參見《韓非子·難勢》。
13　同上。

淵一個人。但是，與孔子同時的魯哀公，缺德少才，卻能仗着法律的威嚴教"境內之民莫敢不臣"。這說明法律更管用。法家一般都認為，"民固服於勢，寡能懷於義"[14]，就是說，老百姓吃硬不吃軟，不懂甚麼道理，只怕法律的懲罰，就如前面講到的那個"不才之子"。其實老百姓都是這樣的。

第三，憑藉賢智處理案件，主觀性太大，容易讓法官假公濟私，老百姓也容易生怨恨情緒；法律正好相反，有客觀性，可以"去私塞怨"。賢，就是道德高尚、良心好；智，就是聰明、機巧。法家認為，沒有客觀的法律準則，僅依靠人的賢智來處理案件，就可能產生三種危害。第一種危害是官吏可能假公濟私，借執行公務的機會徇私情、泄私憤。因為沒有客觀的法律可依，他就正好鑽這個空子。所以《管子》說"有法度之制者，不可巧以詐偽，有權衡之稱者，不可欺以輕重"[15]；《商君書》說"吏明知民知法令也，故吏不敢以非法遇民"[16]。這都是說，有了法律，法官想欺詐、愚弄百姓、假公濟私，就不怎麼容易了。第二種危害是再聖明的執法者也可能有思慮不周的失誤之時，因而有時處理案件並不公正。因為沒有客觀標準可依，僅憑主觀判斷，難免有誤差。商鞅說，如果丟掉"權衡"、"尺寸"這些客觀的度量衡標準，僅憑心智去判斷輕重、短長，即使心智再聰明，商賈也不放心，因為不客觀、不固定，不可信。[17]慎到說，放棄衡量工具，叫大禹這樣聖明的人去判斷、估計很小很輕東西

---

14 《韓非子·五蠹》。

15 《管子·任法》。

16 《商君書·定分》。

17 參見《商君書·修權》。

的重量，他也無可奈何；但有了衡器，就不必等待大禹那麼聰明的人，智力平平的人就可以量出這東西的重量，且"厘髮之不可差"，準確得很。[18] 他們認為，法律就是像權衡、規矩、尺寸一樣的人設的**客觀標準**，它不會因人而異，不會有主觀隨意性。所以，韓非說，"釋法術而任心治，堯不能正一國；去規矩而妄意度，奚仲（古時良匠）不能成一輪。"[19] 第三種危害是憑着賢智處理案件，不能叫老百姓心服，容易使百姓生怨恨。《慎子》說：君主如果捨棄法律而憑心智來處理案件，"誅賞奪與"都"從心出"，亦即僅僅憑一人之心來決定的話，那麼"受賞者雖當，望多無窮；受罰者雖當，望輕無已"[20]。就是說，受賞罰的人都不服氣，都有怨氣。為甚麼呢？因為沒有一個客觀的標準可依，誰知道你決定賞罰的人（執法者）有沒有摻雜私心，誰知道你決定的賞罰適當不適當。你賞我十両黃金，為甚麼不賞十二両？我認為賞十二両才能與我的功勞相稱。你判我三年徒刑，為何不判兩年？我自己認為我的罪很輕只夠判兩年刑。這時，受賞罰者每個人心裏都有自己的標準，而又沒有公共的客觀標準，你能說誰是誰非？賞罰作出後，如果大家都有怨氣，都不服氣，那就危險了。所以，慎到說，使用衡量器具，並不是因為這些器具比人們的智慧更高明，而是用來"去私塞怨"的。這就使得受賞罰的人都能對照法律這個客觀標準來檢驗一下自己所受的賞罰是不是恰當，就不會怨恨執法者"以心斷輕重"[21] 了。這就叫做"法雖不善，猶

18　參見《慎子・佚文》。

19　《韓非子・用人》。

20　《慎子・佚文》，〔唐〕馬總：《意林》輯錄。

21　《慎子・君人》。

愈於無法，所以一人心也"[22]。一人心，就是統一人們的判斷標準。法律雖然沒有"賢智"(或"梁肉"、"越人之善游者")那麼好，但有法律總比沒有法律(或"餓死"、"淹死")要好得多。

法的絕對價值比賢人低

以上是先秦時期"任人"、"任法"兩派的爭論或不同見解。在所有貌似對立的言論中，其實有一個共同點，很有趣，很值得注意。

這個共同點就是："任人"(主要是儒家)、"任法"(主要是法家)兩家，其實骨子裏都承認法律的絕對價值不如賢人的道德和智慧，都認為賢人的絕對價值大於或高於法律。

"任人派"自不必說，我們單看"任法派"的言論，會很有趣地發現，賢人對他們來說仍是最有價值最有意義的，仍是政治的最重要、最根本因素。在他們的潛意識裏，賢人就如味美可口、營養豐富的"梁肉"，就如"越人之善游者"，對於政治來說，是求之不得的東西，是最理想的"致治"因素。但是，正因為這"東西"質量太高、太好，所以就很珍貴，很難得到，千載難逢。於是才不得不退而求其次，才不得不找出法律這個東西以救燃眉之急。所以，法家也承認法律為"不善"，也承認法律刑罰為"慘而不可不行者"。

"任人"、"任法"兩派的這一共同點，正是中國法理學自先秦直至清末的一貫精神。秦漢以後的正統思想家，正是融合了先秦兩派的思想，並牢牢地把握了這個共同點。所以，他們主張：當社會和

第六章 「有治人無治法」：賢人與法律

---

22 《慎子・威德》。

平安定時，主要依賴賢人；當社會動盪不安時，主要依賴法律。但從根本意義上講，他們認為賢人比法律更重要；若要達到國家的根本治理，只有賢人才是根本因素，法律不是最根本的。

這種思想，是秦漢以後最一般的思想。秦漢以後，再沒有人像先秦法家那樣貌似極端地鄙視賢人的作用，排斥"賢智"的運用或極端地崇尚法律或刑罰；也再沒有人像先秦儒家那樣貌似極端地崇尚賢人而鄙視法律。這就是秦漢以後正統思想中儒法合流的特徵。

如明人王夫之說："任人任法，皆言治也。而言治者曰：任法不如任人。雖然，任人而廢法，則下以合離為毀譽，上以好惡為取捨，廢職業，徇私名，逞私意，皆其弊也。於是任法者起而摘之，曰：是治道蠹也，非法何以齊之？故申韓之說而與王道爭勝。……蓋擇人而授以法，使之遵焉，非立法以課人……。"[23] 他的意思是，依靠賢人也好，依靠法律也好，都是為了達到良好的政治這個共同目標；但如片面依靠賢人，或片面依靠法律，都難免有弊端。他認為兩者都重要，都要依靠，但主要應依靠賢人，賢人是第一位的因素。首先要選賢任能，其次才是把好的法律交給他們去執行。他又說："治之蔽也，任法而不任人"[24]，"法者非必治，治者其人也"[25]。就是說，法律不是優良政治的充分條件，只有賢人才能導致優良政治。

明人方孝孺很強調任用法律的重要性。他說："有天下者常欲傳之於後世而不免於敗亡者，何哉？其大患在於治之非其法，其次患

23 〔明〕王夫之：《讀通鑒論・三國》。
24 〔明〕王夫之：《讀通鑒論・光武》
25 〔明〕王夫之：《讀通鑒論・晉》。

在守法非其人。……故法為要，人次之。"[26] 然而他又不怎麼堅決，又説："無法不足以治天下，然天下非法律所能治也。"[27] 這又自相矛盾了。其實，他的"法為要，人次之"，是僅就封建王朝存亡續絕的危急時期而言的，認為那時更重要的是有好的法律，法律的敗壞是王朝滅亡的主要原因。而"天下非法所能治"是就政治的一般情形而言的。

明末清初啟蒙思想家黃宗羲的思想，更體現出了"任人任法相結合"的封建正統思想特徵[28]。他説："自非法之法桎梏天下人之手腳，即有能治之人，終不勝其牽挽嫌疑之顧盼；有所設施，亦就其分之所得，安於苟簡，而不能有度外之功名。使先王之法在，莫不有法外之意存乎其間；其人是也，則可以無不行之意；其人非也，亦不至深刻羅網，反害天下。故曰：有治法而後有治人。"[29] 他的這些話，表面上看起來似乎是在傳統的"任人"、"任法"之爭中站到了"任法"一邊，其實不然，它已超出了傳統的"任人"、"任法"之爭的框框。他的思想不能納之於傳統的"任法派"範圍之中，因為他所主張的"法"不是傳統意義上的法，僅僅是"治法"（致治之法），也就是"先王之法"（"堯舜之法"）那樣的優良法律，而不是傳統的"任法派"（特別是先秦法家）所講的那種意義上的法律（即中等的法律甚至不善的

---

26 ［明］方孝孺：《遜志齋集·深慮論四》。
27 ［明］方孝孺：《遜志齋集·治要》。
28 明末清初啟蒙思想家的一般思想特徵就是批判現實，倡導復歸"傳統"即儒家人文傳統。有人以為這是中國反君主專制的民主啟蒙思想的萌芽，其實是拔高了顧炎武、王夫之、黃宗羲、唐甄等人的思想水平。多少有些牽強。黃宗羲關於人治、法治問題的看法，典型地體現了他們仍局限於儒家傳統理念中，沒有真正突破。──修訂註。
29 ［明］黃宗羲：《明夷待訪錄·原法》。

法律)。同時,他又反對法官受這種平庸法律("非法之法")的約束,主張法官應變通執法建立"度(法度)外之功名",應"有法外之意存乎其間",這又與先秦法家嚴格地(甚至是機械地)依照法律條文辦事的主張相違背了。所以,他主張的不過是"仕聖賢之法",這就是把賢人的因素融入了法律之中,是"任人任法"的又一種形式的結合,聖賢的因素更重要。

　　"任人"、"任法"問題,與西方歷史上的"人治"與"法治"問題有相似之處,但不相等,這是值得申明的。

刑事篇

第七章　孝道與刑法（上）：
　　　悖法行孝，君子無刑

縱容犯罪的大孝子

　　傳說中的聖王虞舜，是個大孝子，被古人尊為"二十四孝"之首。據說，在他成為天子之前，有三個惡棍——他的父親、繼母、異母弟——因為妒嫉他的才能，垂涎他的財產，屢次謀害他。有一次，這三個傢伙叫舜為他們修穀倉，待舜上了倉頂後，他們突然抽掉梯子，放火燒倉，企圖燒死舜。另一次，他們叫舜為他們掏井，待舜下到井底後，他們就砍斷井繩，往井裏填土石，企圖將舜活埋。還有一次，他們"請"舜去喝毒酒，企圖毒死舜，還準備了一把斧頭以備毒不死時就將昏醉的舜砍死。一次又一次，舜都憑着天神的幫助死裏逃生。

　　事情過後，舜對這三個惡棍竟不生一點怨恨，好像

▲ 虞舜，上古五帝之一。為布衣時即以大孝而著稱。

根本沒有發生甚麼事：對父親和後母孝敬如初，甚至倍加孝敬；對異母弟友愛如初，甚至倍加友愛。更令人驚訝的是，在上一次死裏逃生之後，明知下一次邀請又是一個陷阱，舜還是欣然前往；明明知道此去必有生命危險，且事前他也根本不知道將會有神靈在最危難時護佑他，但還是"義無反顧"地前去了，理由只是父母之命不可違。尤其令人憤恨的是，那個可惡的惡少爺象(舜的異母弟)，仗着父母的寵愛，三番五次挾父母之威來欺侮、謀害虞舜，甚至企圖殺兄奪嫂(舜有天子堯賜給他的兩個美麗的妻子——娥皇、女英，她們是堯的女兒，很讓象垂涎)，以遂淫慾。在這種令常人不能容忍的情形之下，舜仍然若無其事，不生怨恨。

這就是舜的孝友之行。在今天看來，簡直就是縱容犯罪，鼓勵殺人犯。但這正是中國古代某些道德家們所倡導的。如果是常人這樣加害於舜，舜肯定會自衛的，至少會訴諸"牧民者"，以求得到國家保護。但是，僅僅因為加害人是自己的尊親屬和弟兄，舜就從道德上失去了自衛權利，甚至自衛意識也沒有了。

這種孝行，雖曾受到後世一些有識之士的非議，但卻是被漢以後的封建正統思想所肯定的行為(後世有所謂"父叫子死子不能不死"之語)，也為封建法律所部分地肯定(如明清時期有父祖非理殺死子孫也可免於刑罰之例等)。

舜的孝行，"亞聖"孟軻先生甚至還嫌做得不夠，因此他和他的弟子們假設了一個"舜悖法竊父而逃"的故事。他們假設，舜的父親瞽叟犯了殺人罪被國家司法官依法逮捕監禁。孟子認為，作為天子的舜所要做的，不是支持依法辦事，而是要趕快設法把父親從監牢中劫走。[1] 這就是説，如果殺人犯是自己的父親，做公務員的兒子就從道德上產生了包庇罪犯的權利和義務，此即"子為父隱"。

後世也有人批評這種無原則無限度的"孝行"。他們認為，這樣做，明顯有"陷父母於不義"之嫌，並不算真正的孝。做子孫的不惜健康與生命去順從父母實踐孝道，但卻為父祖非理殺人、踐踏國法提供了方便。舜正是如此。

我們相信，在舜的時代，法制應已產生，父祖無條件、無原則地殺子孫應已被禁止，弟弟殺兄長更應被禁止。但是為了孝道友道，舜寧肯放任國法被人踐踏，也未曾想到要告發這些惡棍的暴行以捍衛國法、申張正義。退一萬步講，依當時的道德，父母不可告發，但平輩的弟弟還是可以告發的吧？舜大約是怕弟弟一進公堂必然牽連出父母的罪行來而不願告發。這孝也真算是"孝"到無可復加的程度了[2]。

從徐元慶到施劍翹：抗法復仇

舜以**消極**的方式藐視國法：寧肯為父母兄弟創造犯國法的機會或條件，也要謹守"孝道"，這是悖法行孝的一種類型。另一種類型，就是自徐元慶到施劍翹的"壯舉"：無視國法關於禁止私鬥私殺的禁令，勇於踐踏國法，處心積慮殺死父兄的仇人。這是以**積極**的

1　參見《孟子·盡心上》。

2　這裏的評論，太膚淺，有些想當然。舜的選擇，與法律是否允許告發父母兄弟無關，而在於國和家之間的輕重選擇。儒家所設想或歌頌的舜的孝友之行，其實是鼓吹家重於國，認為家庭內部的一切關係（甚至包括嚴重的刑事謀殺情形）都應該在國法的干預之外。為了保全家庭，可以違背國法。——修訂註。

方式悖法行孝。

徐元慶是唐朝武后當政時的人。他的父親徐爽，大約是因為犯了重罪，被依法判處死刑並由縣尉趙師韞依法執行。此後，徐元慶一直以趙縣尉為仇人，處心積慮謀殺之，以圖為父報仇。為了報仇，元慶隱姓埋名到官吏們經常出入的驛站做了差役。若干年後，已升任御史的趙師韞下榻該驛站，元慶親手殺死了他，報了父仇，然後投案自首[3]。

徐元慶的行為，依當時法律，應以殺人罪判處死刑。他本人對這一點十分明白；但為了復仇他甘冒踐踏國法而被殺頭的危險。他主動、積極地踐踏了國法，由此可見法律和"孝道"在他心中各自的輕重。依據"孝"道德的要求，"父之仇不共戴天"，必須分個你死我活；而法律又禁止私自殺人，並對私自殺人者規定了極刑。要做守法的良民，就不能做父親的孝子。在良民和孝子之間，元慶選擇了後者。這也是在古代中國極受推崇的選擇。

一千多年後的 1935 年，中國又出了一位赫赫有名的復仇女英雄，叫施劍翹。施劍翹的父親施從濱，曾為山東省軍務幫辦、直魯軍混成旅旅長。1925 年，施從濱在直奉大戰中被軍閥孫傳芳俘虜，慘遭孫部慢刀割頭之刑而死，並曝屍數日。當時，施劍翹 20 歲，作為一個弱女子，她發誓為父報仇。數年裏，她精心策劃，刻苦磨練本領，終於在父親死難後的第十年，在天津的一所寺廟裏親手持槍將孫傳芳擊斃，然後從容自首[4]。

施劍翹的行為與徐元慶的行為何其相似！所不同的只是，一個

3　《新唐書·列傳·孝友》。又見唐人柳宗元：《柳河東集》卷四，《駁復仇議》。

4　參見施羽堯等：《女傑施劍翹》，北方文藝出版社 1985 年版。

是男子漢，一個是弱女子；一個的父親死於和平時代的法律，一個的父親死於戰爭時代的非刑。然而，在法律和道德面前，兩人所作的選擇的性質是完全一樣的。他們都甘願冒絞首的危險，甘願犯法而去實踐孝道。劍翹為父報仇時，軍閥戰爭已經結束，依當時的法律，她仍應判處十年以上有期徒刑或無期徒刑、死刑。這一切她是十分清楚的，但也作出了輿論所推崇的選擇。這位弱女子因此而

▲ 施劍翹，民國烈女，親手擊斃大軍閥孫傳芳，為父復仇。

成了人們心目中的"偉丈夫"，無怪乎她入獄後上自國民黨軍政要人馮玉祥、于右任、李烈鈞，下至工人、農民、店員成千上萬的人紛紛聯名上書，一致要求對她實行特赦。

孝子不可刑，君子不可辱

悖法行孝的人，如趙娥[5]、薛況[6]、徐元慶、施劍翹等孝子，雖然藐視和踐踏了國法，卻被眾人視為真正的君子，備受推崇。不但社會

5　參見法理篇第五章"良心與後果的權量：法律與道德"之首。
6　參見法理篇第五章"良心與後果的權量：法律與道德"之"司法：屈法律以全道德"一節。

上的一般人如此看，就是負有立法、執法重任的人也常這樣看。

在薛況的案子中，當時的最高司法官廷尉就認為薛況的殺人行為情有可恕，"無它大惡"，應減輕處罰（見前）；在趙娥的案子中，法官竟不惜棄官不做也要放縱這位孝女使其逍遙法外（見前）。在徐元慶的案子中，武后（則天）就十分讚賞元慶的孝行，要赦免元慶的死罪而改判流刑。當時任右拾遺的陳子昂不同意赦其死，主張"誅之而旌其閭"[7]——就是既要依法判其死刑，又要在村裏立牌坊進行道德表彰。這種主張，今人看來十分荒唐，但在當時卻被認為是合情合理的。

施劍翹案也出現了類似的情形。天津地方法院初審判處施劍翹有期徒刑十年，河北省高等法院在社會輿論的強大壓力下進行重審，為其減刑三年，理由是施氏殺人動機出於"孝道"，"情可憫恕"。在施氏服刑期間，馮玉祥、李烈鈞、于右任等國民黨軍政要人二十餘人曾聯名上書，請求政府發佈特赦令，釋放這位道德高尚的"女中豪傑"，以配合當時國民黨政府倡導的"新生活運動"或道德重整運動；全國工商學各界也為施氏的壯舉所感動，紛紛上書要求釋放。在社會輿論的強大壓力下，國民政府主席林森於 1936 年 10 月 14 日發佈特赦令，對施氏實行赦免。令文說："施劍翹因其父施從濱曩年為孫傳芳慘害，痛切父仇，乘機行刺，並即時坦然自首聽候懲處。論其殺人行為，固屬觸犯刑法。而以一女子**發於孝思，奮力不顧，其志可哀，其情尤可原**。現據各學校各民眾團體紛請特赦，所有該施劍翹原判徒刑，擬請依法免其執行等語，茲依中華民國訓政時期

7　《新唐書·列傳·孝友》。

約法第 68 條之規定，宣告將原判處有期徒刑 7 年之施劍翹特予赦免，以示矜恤。"[8]

違背國法，為父親復仇，被社會輿論視為君子——道德高尚的人。按照儒家的埋想，道德高尚的人是不應用刑罰去加以侮辱的，這就是人們常說的"君子無刑"。古人一般認為，"禮以待君子，刑以威小人"，刑罰是專門用來對付卑鄙下流之人的。因此，每當徐元慶、施劍翹之類的事件發生，人們都會不假思索地認為應該減輕或免除刑罰。這種輿論評價，是非常有儒家倫理特色的。

為父兄復仇的行為，從國家和法律的立場上講，明顯是對國家的司法權的蔑視和侵犯。同時，對復仇的寬容，也極可能因縱容怨怨相報永無已時而造成國家和社會的動亂。因此，歷代政府不得不對復仇加以限制或禁止。但是，在人們心目中，復仇行為永遠是高尚的、合"法"的、無罪的。也就是說，在人們心目中，真正的法律是"父之仇不共戴天"之類的禮教信條。依據這種"法律"，孝子無罪，不應受刑。因此，好些法官都認為："與其殺孝子，寧失不經"。也就是說，寧可放縱三兩個真正的殺人犯，也不能錯殺一個孝子。趙娥一案的審判官的行為就說明了這一點。

還有一些案子很能表明這種"孝子復仇實質上無罪"的觀點。

東漢順帝時，有位叫侯玉的姑娘為父報仇，殺死了仇人。縣令梁配依法判其死刑。當地有位年僅 15 歲的少年才子對此不滿，上書朝廷為侯玉辯冤，說："玉之節義，足以感無恥之孫，激忍辱之子。不遭明時，尚當旌表廬墓，況在清聽而不加哀矜？"[9]梁縣令見 15 歲

8　施羽堯等：《女傑施劍翹》，北方文藝出版社 1985 年版，第 143 頁。
9　《後漢書·申屠蟠傳》。

少年尚知矜褒孝女之義，羞慚得無地自容，連忙上書皇帝請赦免侯玉，最後侯玉終得免死。在這個案子中，民間、官方都認為孝子復仇本質上是無罪行為。

東漢時，有位叫郅惲的人為朋友復仇而殺人，並坦然投案自首。當他說明原委，縣老爺竟感其節義，拒不受案。郅惲說："為友報讎，吏之私也；奉法不阿，君之義也。虧君以生，非臣節也。"說罷，就自行跑到監獄去。縣老爺急忙光着腳追趕到獄中，親自勸說郅惲回家。惲說卻甚麼也不肯走，於是縣老爺急中生智，撥刀指向自己的心窩，說："你不肯走，我就以死明心。"在他的要脅下，郅惲無奈只得出獄回家。[10] 這裏雖然是為友報仇、實踐友道，但其所表現出來的對法律的藐視、否定，與趙娥案、徐元慶案、張瑝兄弟案（見後）是一致的。

父祖為人冤殺，激憤之下，復仇殺人，此時從寬懲處復仇者，尚且情有可原。令人驚訝的是，為了鼓勵孝道，東漢章帝時竟規定兒子殺死以言語侮辱自己父母的人也可以赦免死刑，此即所謂"輕侮法"。[11] 這一規定給了孝子們多麼大的權利！法律竟然默許他們有殺死對自己父母出言不遜者的特權！或者說，法律默認了他們踐踏法律的特權！

更有登峰造極者。東漢時有個叫橋元的人，為齊國相。齊境內有孝子為復仇而殺人，被收監。橋元同情、讚賞此人，準備為之開脫罪責。不料縣令路芝提前行刑將孝子殺害。橋元大怒，深責自己

10　參見《後漢書·郅惲傳》。

11　參見《後漢書·張敏傳》。

有負孝子，令人將路芝縛來，大杖殺之，"以謝孝子冤魂"。[12] 下級司法官吏依法處死復仇殺人的孝子，上級司法官吏竟要處死下級官吏以慰孝子冤魂。這種對法律的否定更是無以復加了[13]。

唐天寶年間，巂（音絺，xī）州都督張審素被誣以謀反罪被收審。奉命審理此案的監察御史楊汪未審得實情即將張處死，並籍沒其家。張審素的兩個兒子張瑝、張琇，時年分別為 13、11 歲，也被流放到嶺南。幾年以後，兄弟倆自嶺南逃回，刺死了楊汪，並準備殺死與父親冤案有關的所有官吏，後因事未遂而歸案。案發後，都城中男女老幼皆認為二子幼年孝烈，應予寬赦；朝官中亦有許多人主張赦其死罪。但宰相李林甫等人堅持國法不可縱復仇，主張依法處死；唐玄宗也認為"曾參殺人，亦不可恕"，最終還是決定判處死刑。行刑之日，京師百姓皆為之傷悼，紛紛為孝子作哀誄（悼詞），大街小巷到處貼的都是悼詞輓聯。市民們還在兄弟二人受刑地點募捐厚葬孝子。士大夫們紛紛上書批評朝廷處置不當。如有位學者上表說："復仇，固人之至情，以立臣子之大義也。仇而不復則人道滅絕，天理淪亡……。"[14]

民眾的態度，學者的態度，表明了他們對禁止復仇之國法的否定。國法所否定、所誅殺的罪犯，在他們心目中成了了不起的大英雄；他們毫無顧忌地表達他們對"英雄"的敬佩和悼念（也無意與罪犯劃清界限），法律在他們心目中的地位就可想而知了。從這一事件

---

12 參見《太平御覽》卷四八一，引謝承《後漢書》。

13 這裏的判斷不全面。官員放縱孝子的做法，僅僅視為對國法的否定是不夠的。其實，他們在遵循他們心目中的更高的法律即"禮義"。——修訂註

14 《文獻通考》卷六十六。

看來，他們對法律簡直採取了敵視態度[15]。

　　勇於踐踏國家法律為父祖兄弟復仇者，被民間視為英雄；執法官吏受道德和輿論的影響，也常常對他們實行寬宥。總之，人們通過種種方式，表明了對這類罪犯及行為的實際上的肯定和褒獎。當然，有時某些官吏這樣做並不一定是因為他同情、讚賞孝子的行為，而是因為他想通過對孝子的禮遇、寬宥博得民間的讚揚，博得"仁民愛物"、"知禮義"的好名聲。

　　在這樣的社會輿論背景下，一個嚴格執行法律、排除道德輿論影響的法官，在人們心目中的形象通常是很糟的。依法對孝子判決和執行死刑的人，只能被視為商鞅一般的"刻薄寡恩"之人。

畏法不復仇，君子所不齒

　　勇於踐踏國法而復仇者被視為英雄。相應地，畏法而不敢復仇者，雖在法律評價上是良民，但卻為君子所不齒，為社會輿論所嘲笑，被視為"懦夫"、"小人"。這種"逆反現象"早在春秋戰國時代就存在了。據《韓非子》說，當時"行劍攻殺"的"暴憿之民"（亦即復仇勇士），本應為法律所懲罰，卻反而為世人而讚譽；相反，"重命畏事"的"尊上之民"，本應為法律所嘉獎，卻為世人所不齒，被認為是"怯懾之民"，是"膽小鬼"。韓非子為此憤憤不平，他把這種現象稱之為"反"[16]。即逆反現象。

　　這種逆反現象，自那時起一直持續到近代。施劍翹以一弱女子

15　這裏判斷也是有偏頗的。理由見前註 13。——修訂註。

16　《韓非子・六反》。

之身而有持槍殺死軍閥"孫大帥"的膽量，實與社會輿論的激勵有關。施劍翹的堂兄和丈夫，曾允諾代她報仇，但後來都膽怯退縮了。於是，報仇的重任這才無可選擇地落在了她的肩上。據施劍翹自己回憶說，在她尚未完成復仇大業之前，所到之處均有無地自容感，似乎有很多人在指着脊樑骨罵她和她的堂兄、丈夫是膽小鬼、是懦夫。這使得她一次又一次在沮喪的邊緣重新堅定決心[17]。

　　古時法律除了禁止復仇殺人以外，也設法敦促人們通過官府尋求正義。如歷代刑律一般規定有"私和罪"[18]，對那些私自與仇人和好而不告官府的人施以懲罰。國家的這一規定是要告訴人們，復仇的方式並非只有子弟持刀在法律程序之外手刃仇人、提着仇人首級投案自首這麼悲壯的一種。告發至官府，通過國家司法途徑也可以報仇雪恨。但是，這種方式的復仇並不為道德輿論所推崇。誰如果眼巴巴地指望官府而不自己去磨刀霍霍準備殺死仇人，他仍可能被社會視為"懦夫"。正因如此，才有一些孝子不惜潛入監獄殺死即將被判死刑的仇人；或劫仇人於發配之途中或死刑刑場，以手刃仇人為快事。這種公然向國家司法權力挑戰的行為，竟也經常贏得社會的推崇，這是值得我們省察的。也正因如此，才有人因為官府捕繫仇人後久拖不決，痛感父仇未報無臉見人抑鬱而死；也有人因報仇無門，不堪社會輿論之嘲諷，憤而自殺。

17　施羽堯等：《女傑施劍翹》，北方文藝出版社 1985 年版，第 157 頁。
18　《大明律‧刑律‧人命》："凡祖父母父母及夫若家長為人所殺，而子孫、妻妾、奴婢、僱工人私和者，杖一百徒三年。"

復仇的限制與禁止

古代中國社會輿論幾乎對所有復仇都持褒獎態度，但國家法律並不是這樣。自西周至明清，法律有時有限制地允許復仇，有時乾脆禁止任何復仇。總的發展趨勢是：對復仇，限制愈來愈嚴，禁止愈來愈厲。這一趨勢，與封建專制制度的發展、皇權的膨脹是同步的。但是，法律禁止並不表明國家從根本上否定復仇行為；禁止只是策略性的、權宜性的，因為復仇行為所奉行的精神原則與中國封建王朝所奉行的精神原則從根本上講是一致的。

《禮記·檀弓上》說"父之仇不共戴天"，這成為整個中國封建社會人們所奉行的總原則。如僅僅依這一原則，那麼復仇就應該是沒有限制的，是你死我活的鬥爭。但是，國家當然不應僅僅依這一道德原則放縱復仇，因為那將導致天下大亂。那麼，國家應怎樣地對復仇加以限制呢？怎樣把復仇限制在不致嚴重危害國家和社會安全的範圍內同時又能滿足孝子們的孝心呢？

對此，《春秋公羊傳》提出了一個原則："父不受誅，子復仇可也。"[19] 就是說，子弟為父兄復仇，應以父兄無罪被虐殺為前提。如父兄有罪當誅，則子弟不准復仇。這一原則，幾乎為後世所有的人接受。不遵守這一原則而復仇，那等於表示了對國法、對皇權的公開蔑視，國家是不允許的。

歷代曾有過一些限制復仇的制度。據《周禮·秋官》記載，西周時曾有"復仇者書於士"的規定，亦即要求欲復仇者先到司法官（士）

---

19 《春秋公羊傳·隱公十一年》。

那裏去登記仇人的姓名，説明自己原因理由，然後方可去殺仇人。這是要求復仇者履行一定的法律手續，我們猜想"書於士"的主要目的大約是通過這一程序進行審查和控制，以免過濫。又據《周禮·地官》記載，為了避免怨怨相報永無已時的復仇惡性循環，當時的法律還規定了避仇離鄉的制度，政府還專設了負責調解復仇糾紛的官職——"調人"。調人的職責是："掌萬民之難而諧和之。"就是負責進行調解，還負責督促有可能成為復仇逐殺對象的人遠離家鄉躲避："凡和難：父之仇，避諸海外；兄弟之仇，避諸千里之外；從父兄弟之仇，不同國……。"這就是"避仇"。這種迴避是強制性的，"弗避，則與之瑞節"[20]。就是説，如依法應遠避他鄉的人不願離鄉避仇，就應由官府派員持"瑞節"（一種玉製官符，表示授權）去將其逮捕送交官府，然後可能是強制送往遠方，或依法加以制裁。

　　東漢法律也禁止復仇。在趙娥的案子中，負責審理的官員雖十分讚賞和同情這位勇敢的女子，但除了棄官逃走外，別無開脱辦法，説明當時的法律是禁止復仇的，趙也説"死則妾分，乞得歸法"，説明當時的法律規定對復仇者可以處死刑。《晉書·刑法志》載，三國曹魏政權曾規定："賊鬥殺人，已劾而亡，許依古義聽子弟追殺之；會赦及過誤相殺，不得報仇。"這裏既有允許又有限制。實際上只是允許百姓幫助國家追緝捕殺負案在逃的殺人犯，作為國家司法權"鞭長莫及"時的補充。除此之外，復仇者不許越雷池一步。

　　到南梁和北周時，則乾脆一律禁止復仇。如北周保定三年（563年）武帝曾下詔："禁天下復仇，犯者以殺人論。"[21]到了宋代，法律

20　《周禮·地官·調人》。
21　《北史·周武帝本紀》。

規定又有變化，雖然禁止復仇，但又以容許防衛的方式許可一部分。《宋刑統·鬥訟》規定：“諸祖父母父母為人所毆擊，子孫即毆擊之，非折傷者勿論；折傷者減凡折傷三等，……至死者依常律。”這裏規定的實際上是正當防衛和防衛過當的情形，雖不是通常意義上的復仇，但畢竟對現場復仇而傷人者作了寬減的規定，這實際上是對復仇行為寄予了一定的同情。《大明律·刑律·鬥毆》規定：“凡父母祖父母為人所殺，而子孫擅殺行兇之人者，杖六十；其即時殺死者勿論。”這一規定，較宋代更寬，實際上是允許乃至鼓勵復仇：報仇殺人，僅僅杖六十；當場殺死了仇人，則完全不處罰。哪個想當“孝子”的人都會畏懼人言 —— 你因為害怕“杖六十”之痛就逃避復仇的責任嗎？當場殺死行兇之人，是指正當防衛，但那時對正當防衛的“正在進行”時態的理解肯定是比較寬鬆的，實際上簡直是鼓勵復仇。清代，除了在《大清律》中重複明代這一規定外，康熙二十七年（1688 年）和乾隆五十八年（1793 年）還先後定例（即制定刑事特別法），對復仇問題作了更詳細具體的規定：

第一，祖父母父母為人所殺，兇犯當時脱逃未經到官，後被死者子孫撞遇而殺者，照“擅殺應死罪人律”杖一百；

第二，某兇犯雖經官府判死刑尚未執行時或遇赦減等改為流刑發配時潛逃回籍，死者子孫擅殺之者，杖一百流三千里；

第三，兇手原判死刑後援引條例改判流刑並於流放時遇大赦釋放回來後，因國法已伸，子孫不當復仇；若再敢尋仇殺害者，仍照“謀殺人律”判死罪；但因是為父祖復仇，情有可原，可判為緩決，永遠監禁；

第四，若兇手被釋回之後復向死者子孫尋釁，或用言辭譏諷、有心欺淩、故意刺激者，即是怙惡不悛。死者子孫因而憤激難忍起意復仇殺死兇手，應杖一百流三千里。[22]

應該說，清代的法律對復仇問題，依可能出現的各種不同情況，作了比較全面嚴密的規定。既維護了國法的嚴肅性、一致性，又照顧了"道德人情"，給了孝子們一些寬大處理。顯然，如果一概不許孝子們復仇，對孝子們的復仇殺人、傷人行為完全視同一般殺人罪、傷人罪處理，顯然"有傷天理"，"有乖人情"。但如果一味寬大處理，則無異獎勵私自相鬥相殺，又危害社會秩序。封建國家在這一問題上所力圖做到的就是所謂情、理、法的統一 —— 合情合理合法。

子為父隱，也是孝行

除為父復仇外，另一類悖法的"孝行"，就是"子為父隱"。也就是子孫主動隱匿父祖的犯罪，決不告發，也不出庭作證。這類"孝行"，明顯也是違背國法的根本秩序或國家的根本利益的，因而總體上一直為國家立法否定，但卻為道德輿論所高度肯定。

我們說為父祖隱罪是"悖法行孝"，這僅是從廣義上說的。從根本上講，這種行為是與國家法律秩序相悖的，因為它是對國家司法權威的否定。所以，古代法律一般禁止在謀反等國事重罪上搞"親屬相隱"。但如從狹義上講，歷代法律也局部地允許親屬相隱，為父祖兄弟隱匿一般犯罪似乎並不悖法。我們也可以說，法律有限制地允

---

22 參見〔清〕薛允升：《讀例存疑》卷三十七。

許"父子相隱"，實際上是國家對倫理習慣的讓步。

孔子認為"子為父隱，……直在其中"[23]。他把隱匿罪犯的行為視為"正直"，這當然不是從事實上講的，而是倫理上的"正直"。倫理上的"正直"，在這裏也就是"孝"。古人認為，隱匿父親的犯罪行為才算"孝"，如不加隱匿或加以告發，就是"不孝"。

這種匿罪行徑，對國家法律秩序的破壞是再明顯不過了，但對血緣倫理秩序卻有明顯的保護和鞏固作用。正因如此，重視血緣倫理秩序的人們才十分重視"子為父隱、父為子隱"、親屬相為隱、同居相為隱；而重視國家法律秩序的人們如商鞅、韓非等則十分反感親屬容隱。

商鞅主張："至治，夫妻交友不能相為棄惡蓋非，而不害於親，民人不能相為隱。"[24] 因此，商鞅特別獎勵告奸，"告奸者與斬敵首同賞，匿奸者與降敵同罰"[25]。告發父祖之"奸"行，大約也在商鞅主張的應受獎勵之列。

韓非子也對"父子相隱"極為不滿。他認為，那種隱匿父親的犯罪行為的人雖是"父之孝子"，但卻是"君之背臣"。他認為，如果國家對那種主動揭露父祖犯罪的人施以打擊，那麼此後民間的許多奸事奸行朝廷就不會知道了。[26]

商、韓的這種主張在秦孝公至秦始皇、秦二世一百餘年間相當程度地實行過。商鞅變法，"首匿相坐之法"是其主要內容之一。它

23 《論語・子路》。
24 《商君書・禁使》。
25 《史記・商君列傳》。
26 參見《韓非子・五蠹》。

規定，父子兄弟等至親至戚間相互隱匿犯罪都要追究罪責，這顯然是對“父子相隱”的對抗。商、韓這種主張的影響還一直持續到漢初。漢武帝時仍在實施“首匿相坐之法”。直到漢宣帝下詔允許“親親得相首匿”，首匿相坐之法才算正式廢止。

在中國歷史上，重視“親屬相為隱”特別是“父子相隱”，幾乎是一貫的傳統。商、韓法家主張畢竟是支流，影響不是很大。即使在秦代，法律上也仍然局部允許子孫奴婢為父祖、主人隱匿。可見自西周以來開始形成到孔子時高度發達的儒家正統道德思想的影響之大。據《雲夢秦簡·法律答問》載，秦代法律（也可能是秦孝公至秦始皇之間的法律）曾把“子盜父母，父母擅殺、刑、髡子及奴妾”和“子告父母，臣妾告主”列為“非公室告”，不允許受理：“非公室告，勿聽；而行告，告者罪”。這就是禁止卑幼告發尊長；如果卑幼不聽勸阻，反覆控告尊長，就得治卑幼的罪。這裏體現的正是“親屬容隱”精神。

漢初，政府仍鼓勵告奸，直到武帝時，法律中仍有“首匿相坐”律令。《漢書·梁統傳》云：“武帝軍役數興，豪傑犯禁，奸吏弄法，故重首匿之科。”到了武帝中期，“罷黜百家，獨尊儒術”，儒家思想開始佔統治地位，“首匿相坐”律開始受到猛烈的抨擊，“親屬相隱”開始在實踐中被默許。昭帝時的鹽鐵會議上，賢良文學們以儒家思想為武器，猛烈抨擊了“首匿相坐”律：“自首匿相坐之法立，骨肉之恩廢而刑罪多。聞父母於子，雖有罪猶匿之。豈不欲服罪爾，子為父隱，父為子隱，未聞父子之相坐也。”[27] 這種思想代表了儒家思想的

---

27 《鹽鐵論·刑德》。

復興，代表了重視宗法血緣關係（秩序）、輕視國家法律關係（秩序）的思想抬頭[28]。到漢宣帝時，要求承認父子親屬間的隱罪權成為一種普遍的呼聲，在這種強大的社會輿論的壓力下，宣帝地節四年（公元66年）漢宣帝不得不下詔："父子之親，夫婦之道，天性也。雖有禍患猶蒙死而存之，誠愛結於心，仁厚之至也，豈能違之哉？自今子首匿父母，妻匿夫，孫匿大父母，皆勿坐；其父母匿子，夫匿妻，大父母匿孫，罪殊死，皆上請廷尉以聞。"[29] 據明人丘濬考證，"親親得相首匿"的法律制度真正開始於此。[30] 不過，此時容隱的範圍還只是父子、祖孫、夫妻。

相隱或首匿的容許範圍，到《唐律》中已經擴大了許多。《唐律》規定："諸同居，大功以上親及外祖父母、外孫，若孫之婦、夫之兄弟及兄弟妻，有罪相為隱，部曲奴婢為主隱，皆勿論。即漏露其事及擿語消息，亦不坐。"[31] 從這裏可以看出，容隱的範圍已經擴大到了僅"同居"而毫無血緣關係的部曲、奴婢。到明清時代，容隱範圍又擴大到了無服親屬，如岳丈和女婿間可以相為隱；還擴大到了僱工。總之，在一起居住生活有一定倫理關係的人之間差不多都可以相隱了。

自唐以後歷代法律還規定，對於依律得相容隱者，除了其相互隱匿犯罪可以免於處罰之外，還不得令他們出庭作證或出具證詞。

28　這種判斷不準確。國家允許"親親相隱"，並不等於輕視國家的法律秩序或法律關係。允許"親親相隱"也旨在建立一種新的更有儒家倫理特色的法律秩序。——修訂註。

29　《漢書·宣帝紀》。

30　[明]丘濬：《大學衍義補》卷一百七十。

31　《唐律疏議·名例》。

違背此一規定的法官將要受刑事處罰。[32] 同時，法律禁止告發得相容隱的親屬，告發者要受處罰。

親屬容隱之制顯然是對國家的無限權力作了一些限制，使國家的司法權力在家庭的帷幕前不得不止步，這是中國封建社會裏一個極有趣的現象。但是，這種限制有一個條件，就是在對國家的根本利益沒有過分傷害的前提下。如果超出這一限度，就不准相隱；相隱則有罪。自漢至明清，歷代刑律幾乎都明文規定謀反、謀大逆、謀叛等國事重罪不准相隱，親屬間告發亦無罪。在這時，國家也就顧不上"孝"、"慈"、"友"、"悌"那層溫情脈脈的面紗了 —— 國重於家，"忠"大於"孝"，才是封建中國最根本的、最後的原則。

"親屬容隱"制度的核心是"子為父隱"（包括孫為祖隱）。其他一切容隱範圍，均不過是"子為父隱"派生出來的。"子為父隱"的內在精神就是孝道。至於"父為子隱"，這是"慈"道，只不過是"孝"的回報；夫為妻隱、妻為夫隱，其邏輯等同於父子相隱；奴僕為主隱，等同於子為父隱，也是"孝"的推廣；無服卑幼為同宗尊親屬隱，同樣是"孝"的延伸。弟為兄隱，其義為"悌"，也是"孝"的延伸，因為"長兄當父"；兄為弟隱，其義為"友"，是"悌"的回報。總之，如離開了"孝"這個中國古代最根本的道德，容隱制度就根本不會出現。"孝"是貫穿在"親屬相隱"制度中的一條主線[33]。

"孝"的根本精神就是卑幼無條件地順從和護衛尊親屬，復仇制

---

32 參見《唐律疏議・鬥訟》。

33 以"孝"為親屬容隱制度的精神支柱或基礎，這種判斷是值得商榷的。親屬容隱制度的真正精神支柱或基礎，也許是家庭與國家有別、血緣關係與政治關係有別的觀念。這一關係問題是人類社會進化到國家階段後不可避免的共同問題，因而世界各大民族歷史上都存在過這樣的共同觀念。—— 修訂註。

度、容隱制度體現出的正是這種"護衛"。捍衛父祖的生命、榮譽、健康，這是"孝"道的出發點，也是人之常情。自這一人之常情出發，就必然產生出這樣的矛盾：當父祖的行為侵犯了他人利益和國家利益時，還應不應該為保護他們不受刑罰懲罰而隱匿包庇他們？這的確是古時一個難以解決的矛盾：主動揭發或證實吧，必然使父祖身陷囹圄，使其受刑戮之辱，做子孫的看着父祖受刑辱而無動於衷是不可能的。子孫必然也產生一種恥辱感，生出哀憐父祖（儘管是罪犯）之情，這是極正常的血緣情感所致；當然還因為與父祖生活利益一體化所致，父祖受刑自己也將利益受損。反過來，對父祖的犯罪不予揭露或積極隱藏吧，國家的一個奸賊又逍遙法外，別人的冤仇得不到伸報，眼看着皇帝的法律被踐踏而不報告，這又是對君主的背叛。這就是中國古代死結一般解不開的"忠"與"孝"的矛盾。

在儒家血緣主義倫理學說的影響下，民眾一般都很自然而然地選擇了"孝"，選擇了為保護自己親屬的利益而置國家和他人利益損害於不顧。在"忠孝不可兩全"時，一般會選擇"棄忠全孝"；只有少數特別重視國家利益的人們如商鞅、韓非等人才主張人們選擇後者。可惜他們的主張並未真正佔過上風。在歷史上真正佔上風的一直是"子為父隱、父為子隱"的觀念。依據這種觀念，子孫告發父母、證實父母有罪，都是傷天害理的事。例如南朝宋時人蔡廓認為："鞫獄（審訊）不宜令子孫下辭明言父祖之罪，（否則）虧教傷情，莫此為大。"[34] 這裏所虧之"教"，明顯是儒教；所傷之"情"，就是血緣親屬之感情。"父為子天，有隱無犯"[35]，這是儒家道德的一貫

---

34 《宋書·蔡廓傳》。
35 《唐律疏議·名例》。

121

第七章　孝道與刑法（上）：悖法行孝，君子無刑

教導。的確，果如商、韓之流所主張一貫堅持鼓勵親屬之間相互告發的話，只會使"骨肉之恩廢"，也必然動搖了封建國家政治根基。如果血緣親情都淡薄了，宗法制度就瓦解了。宗法制度是中國封建政治制度的根基，國家大廈就建立在這一基座之上。瓦解親情，則宗法制國家大廈將傾。因此，無怪乎歷代王朝的法律大多不得不承認親屬間相互隱匿犯罪的權利。

第八章　孝道與刑法（下）：
不孝之罪，刑之無赦

"不孝"為元惡

古代中國社會是以家庭為本位的農業社會。在這種以一家一戶的小農耕作為主要經濟形態的社會裏，自然而然地形成了一個特別的權威，而且必須特別維護這個權威。如果沒有這個權威，社會就會陷入無秩序狀態。這個權威，就是父權，也即家長權。與維護這一權威的需要相適應，形成了以"孝"道為核心的一個道德觀念暨規範體系：孝、慈、忠、禮、順、和、義、聽、友、恭，等等。這些規範，幾乎囊括了當時社會上可能存在的一切人際關係之準則。

"百道之行孝為先"，在古代中國，"孝"被視為一切道德中最根本的道德。因此，父子間的那種命令和絕對服從的關係被視為絕大多數人際關係的藍本。所謂"綱常"關係，在古時被視為人際關係的幾個通用公式，一切關係均可納入這些公式中。父為子綱、君為臣綱、夫為妻綱，"三綱"的核心是"父為子綱"，其餘兩"綱"不過是推論。依此類推，官為民綱、師為徒綱、主為僕綱，等等，都是命令和服從的關係。只有朋友之間互不為"綱"。雖然朋友關係被視為次一等的人際關係，但在朋友之中，也常常是"序年齒"，即按年齡來分主從的，年長者一般也具有兄長的地位。因此，社會上一切人際關係的道理、準則，幾乎都可以由父子間的關係準則（"孝"）推演出來。這就是古時的人們特別重視"孝"的原因。偌大一個"國",實際上只是一個"家"(因此才有"國家"或"家國"語):皇帝是大家長,臣民是子孫;其中官吏又是"子孫"中身份較高偶爾能代"家長"傳令者。對這個大家長的"孝",就叫做"忠",此即"移孝作忠"。一個在小家庭中孝順家長的人,當然對皇帝這個大家長也能孝順(除非他不承認某皇帝的合法性),所謂"事親孝,故忠可移於君,是以求忠臣必於孝子之門"[1]。只要全國所有的人都像孝敬自己的父親一樣孝敬皇帝,天下還有甚麼事難辦?因此,對於封建時代的中國來說,悠悠萬事,唯此為大:獎勵孝道。統治者們非常明白:"孝"是維繫"親親"、"尊尊"等級秩序的生命線,是維繫中國封建制度的生命線。

從歷史上看,朝廷向"子民們"灌輸"子道"(即"孝")的途徑不外兩者:一是獎勵"孝行",包括褒獎孝子賢孫,為他們樹碑立傳(如《二十四孝圖》、《孝友傳》等),選拔"孝廉"為官或旌表等;也包括容忍"孝子"們的某些非法行為,如前章所述復仇、容隱等。二是嚴厲打擊"不孝"者,也即打擊亂臣賊子,以絕其怠慢父權之心。

"元惡大憝,矧惟為不孝不友"[2]。自西周至近代,這一觀念一直是中國傳統倫理觀念的核心。最嚴重的罪惡就是"不孝",包括對皇帝這個全國總家長的不孝("不忠")。自這一觀念出發,古代中國人設計出了許許多多的法律制度,造出了許多嚴厲的刑罰去打擊謀反、謀大逆、謀叛、降、惡逆、大不敬、不孝等一系列(廣義的)"不孝"之行,打擊一切敢於藐視家長權威的亂臣賊子。即使是在"刻薄寡恩"、"反道敗德"即尊崇國家主義反對家族主義的商鞅、韓非們那裏,"孝"

1　《後漢書・韋彪傳》轉引《孝經緯》中孔子語。
2　《尚書・康誥》。

仍是最重要的道德之一，是法律的目標之一[3]。即使是崇尚法家的秦國和秦朝，"不孝"仍被列為嚴重犯罪。《雲夢秦簡》中可以見到這樣的法律規定：老年人控告子女不孝，不須經過通常的原宥手續，不須調查審理，直接把受控告的子女抓起來按老人的要求處置便可。[4]其他的朝代自不待言。

本節將要分析的"不孝"之罪，當然僅僅是指狹義上的"不孝"，即子孫對父祖權威的怠慢和侵犯。自漢代開始嚴懲"不孝"行為後，《北齊律》又把"不孝"列入"重罪十條"，"不孝"一直被視為不可赦免的"十惡"之一。對普通老百姓來說，所謂"十惡不赦"，首先是"不孝"之惡不可赦。

具體有哪些行為被視為"不孝"之罪呢？自西周至清代，數千年間，其規定很不一致，或者說它通常就是一個含混不清的概念。

西周時，兒子不聽父親的使喚，使父親傷心，就算是"不孝"罪，就要"刑茲無赦"。[5]西漢時，子孫告發父祖或在正當防衛中誤傷父祖，或在父母喪期行房事，都被視為"不孝"，犯者常被判死刑。[6]到了唐代，法律在"不孝"罪的條目下雖較為具體地列舉了一些行為，但仍然有模糊不清之感。據《唐律疏議·名例》"十惡"條所列，控告、詛罵祖父母、父母，祖父母、父母在世時子孫別籍異財及供養有闕，在父母喪期擅自嫁娶、脫掉喪服、尋歡作樂，祖父母、父母死

3　《韓非子·忠孝》："臣事君，子事父，妻事夫，三者順則天下治，三者逆則天下亂，此天下之常道也，明王賢臣而弗易也。"《商君書·畫策》："所謂義者，為人臣忠，為人子孝，少長有禮，男女有別……此乃有法之常也。"

4　參見《雲夢秦簡·法律答問》。

5　《尚書·康誥》。

6　參見曾憲義主編：《新編中國法制史》，山東人民出版社 1987 年版，第138~139 頁。

秘不發喪以及詐稱祖父母、父母死亡等，均被視為"不孝"，被視為嚴重的犯罪。但是，甚麼叫"詛罵"，爭吵到甚麼程度才算"詛罵"？甚麼叫"供養有闕"，對父母的生活照顧差到甚麼程度才算"有闕"？甚麼叫"作樂"？如此等等，都不過是橡皮尺了。法國思想家孟德斯鳩曾說："中國的法律規定，任何人對皇帝不敬就要處死刑。因為法律沒有明確規定甚麼叫不敬，所以任何事情都可拿來作藉口去剝奪任何人的生命，去滅絕任何家族。"[7]"不孝"罪也是如此：法律並未嚴格限定甚麼叫"不孝"，所以任何被朝廷視為有損父權（家長權）的行為都可招來殺身、流放等大禍。

與仇人私和

子孫私自與殺害父祖的仇人達成和解協議而不告官者，在古時被視為一種嚴重的"不孝"行為，唐以後直接規定為"私和罪"。國法雖不公開鼓勵復仇，有時甚至嚴厲禁止復仇，但卻決不會因為禁止復仇而鼓勵"私和"，不能不嚴懲"私和"行徑。

"私和"行為既不見容於道德，也不見容於法律。從道德上講，孝子與仇人應不共戴天。提着仇人的腦袋去祭父祖在天之亡靈，才算是上等的孝道之行。即使冒犯法殺頭的危險也在所不惜，這才是真正的好漢和孝子。退一萬步講，無力手刃仇人，也應立即告官，借助法律的力量為父祖報仇，這仍不失為孝子。但如果貪圖財利或畏懼豪強而與仇人私自握手言和而不告官，那就簡直豬狗不如了。

7　〔法〕孟德斯鳩：《論法的精神》，商務印書館 1982 年版，下冊，第 194 頁。

私和行為為道德輿論所唾棄，是很自然的事。從法律上講，受害人子孫紛紛擅自去"手刃父仇"雖不是一件好事而須嚴格限制或禁止，但他們與仇人私和、隱匿其事而不報官，比前者更壞、更可怕。因為前者雖損害了國家司法權，卻弘揚了孝道，有得有失；而後者則只會造成雙重損害：即讓國家的奸賊逍遙法外損害了司法尊嚴，又敗壞了"孝"道。

　　基於上述兩方面的原因，唐以後歷代王朝的立法都很注意打擊"私和"罪。其用意在於既部分地滿足孝子賢孫們復仇的願望，但又把其願望的實現限制在有利於而不是有害於國家司法權的範圍內。也就是説，法律公開賦予孝子們的有限"復仇"權，不過僅僅是向官府告發國家所要緝拿的兇犯的權利。

　　《唐律》規定："諸祖父母、父母及夫為人所殺（而與仇人）私和者，流二千里；期親（即與殺期親之仇人私和者），徒二年半；大功以下遞減一等；受財重者，各准盜論。雖不私和，知殺期以上親，經三十日不告者，各減二等。"[8]該條疏議説："祖父母父母及夫為人所殺，在法不可同天。其有忘大痛之心，捨枕戈之義，或有窺求財利，便即私和者，流二千里。"隨着親屬關係的逐漸疏遠，私和罪的責任也逐漸減輕。《明律》和《清律》也規定，祖父母、父母被殺，子孫與仇人私和者，杖一百徒三年；期親杖八十徒二年，大功以下遞減一等[9]。

　　"私和罪"所要懲罰的，是子孫卑幼的"無親之心"、"忘大痛之心"。就是説，要懲罰他們對父祖死亡（且是非正常死亡）滿不在乎

8　《唐律疏議・賊盜》。

9　參見《大明律》、《大清律例》的《刑律・人命》。

的態度。因為這種態度是對"孝"道的最大蔑視或背叛。如果人們都這樣輕視"孝"道，國家就失去了維繫的紐帶。當然，這種"無親之心"而引起的"私和"，可能有三種情形，一是貪圖財利，被仇人用金錢物資收買而答應不去告官；二是膽怯，害怕仇人加以更進一步的傷害；三是對父祖本就毫無感情，故而對其死抱無所謂態度，甚至覺得仇人幫了自己的忙。無論哪一種情形，都是倫理道德所譴責的。如果把區區財利看得比至高無上的骨肉之情、孝慈之義還重要，如果為了保全自己、苟且偷生而不願為父祖伸冤報仇，如果對父祖之死視若路人甚至幸災樂禍，那麼這種人將為萬眾所唾棄，法律也決不能容忍。

　　如果殺害父祖的仇人本來就是自己的親屬，那麼情況就更複雜了：告發吧，讓自己的親屬受刑，還可能株連自己；不告發吧，又犯了"私和"罪。依據"親親相隱"原則可以不告發，但依據"父仇不同戴天"原則又必須告發。中國傳統的法律與道德間的深刻矛盾在這裏暴露無遺。

　　有兩個典型的案例可以說明。清嘉慶二十五年，江蘇人胡覲堯為父無道，強姦子媳，被其子胡成琳毆傷致死。胡覲堯之妻胡姜氏因兒子苦苦哀求，又恐兒子受刑而死後自己無人贍養，於是隱匿不報，後被發覺。胡成琳被依律凌遲處死；胡姜氏因夫死隱匿不報（依禮，夫為妻之天），被杖六十、徒一年。道光三年，陝西人余均山之父被殺，兇手恰是其胞弟余長才，余均山因恐連累自己，即挾同隱匿埋屍。案發後，余長才被斬首，余均山也因"忘仇縱兇"而被杖一百，流三千里。[10]

---

10 《刑案彙覽》卷三十六。

在這兩個案子中，如依"親屬相隱"之道德原則或法律原則，胡姜氏、余均山都可以免於刑事處分；但是因為他們在適用這一原則或行使這一權利時侵犯了更重要的原則，即"父為子天"、"夫為妻天"，故皆被處以較重的刑罰。在隱匿自己的犯罪親屬和向殺父祖仇人（此仇人正是自己的至親）復仇這個二難推理中，封建時代的司法官們當然知道取重捨輕。

"干名犯義"

子孫告父祖、妻妾告夫，在明清時被稱作"干名犯義"，法律給予較為嚴重的懲罰。這裏的所謂"名"、"義"，實際上就是封建的倫理綱常；"干"、"犯"就是侵犯、損害。古人認為，告發自己的尊親屬是違犯倫理綱常的惡行，因此要予以制裁。告發父祖及夫時所"干犯"的"名"和"義"，實即"父為子天，有隱無犯"，"夫為妻天，有隱無犯"之義。

對於這種膽敢冒犯"天"的尊嚴，甚至忍心將自己的"天"（尊親屬）置於刑獄之中的行為施以懲罰，當然不自明清始，或許早在東周時就開始了[11]。在"崇尚法治"的秦代，法律仍排除不了西周以來傳統道德的深刻影響，仍規定子女不得控告父母；即使控告，官府也不應受理；如果他們反覆控告，那麼就要問他們的罪。[12] 顯然，秦代所

11　《國語·周語》載：東周襄王二十年（公元前 632 年），周襄王勸阻晉文公（時為諸侯列國盟主）聽理衛大夫元咺訟其君一案時說："夫君臣無獄。今元咺雖直，不可聽也。君臣將獄，父子將獄，是無上下也。"認為君臣、父子之間不得有訴訟。

12　參見《雲夢秦簡·法律答問》。

謂"非公室告"的規定，與後世"干名犯義"之法精神上是一致的。西漢時期，法律竟規定告發父祖者應處"棄市"（即殺而陳屍於市）之刑。如漢武帝時，衡山王劉賜與淮南王劉安一同謀反，劉賜之子劉爽跑到京師向武帝告了密，兩位諸侯王因而被誅。劉爽的行為對國家（朝廷）有利，捍衛了皇帝，避免了一場叛亂。然而，他非但沒有受到任何嘉獎，反而因此喪了命。朝廷認為他"告王父不孝"，應"棄市"。[13] 由此可見，對一個人行為的道德評價是如何凌駕於法律評價之上。法律上告發叛亂者的功臣，竟成了道德上的死囚。南梁武帝時，有個叫任景慈的人出庭證實母親有罪，法官認為："子之事親，有隱無犯，……陷親極刑，傷和敗俗，宜加罪辟。"最後將其流放。[14] 自北魏以後，法律大多都規定對告發父祖者處以死刑。特別是《唐律》，它把告發父祖的行為視為不可赦免的嚴重犯罪之一。《唐律》規定，詛罵或告發祖父母、父母者，是為"不孝"罪，應處絞首之刑；妻妾告發丈夫，是為"不睦"之罪，也應處絞刑或流刑。甚至還極不人地道規定：即使是嫡母、繼母（均為父親之正妻）殺死了自己的生身庶母（父親的小妾），亦不許控告，告者處絞刑。[15] 明清時代，法律正式把違犯"親親相隱"道德而告發祖父母、父母、夫的行為定為"干名犯義"之罪，但所處的刑罰較唐代為輕，只處杖一百徒三年之刑。但如是誣告，則要處絞刑。

　　值得注意的是，自唐以來，法律就明確規定子孫妻妾告發父祖、夫主的某些犯罪並不算"干名犯義"，不受刑事處罰。《唐律》規

13　參見《漢書・衡山王傳》。

14　《隋書・刑法志》。

15　《唐律疏議》之《名例》、《鬥訟》。

定父祖及夫犯謀反、謀大逆、謀叛等"國事罪"，子孫妻妾告發亦無罪[16]；《明律》規定，除上述三類犯罪外，父祖及夫窩藏奸細，子孫告發亦無罪；《清律》更在《唐律》、《明律》之上規定，父祖及夫犯"內亂"罪（即與親屬相姦）子孫及妻妾告發之亦無罪，從而將某些行為排除於"干名犯義"之外。《清律》還規定，這些犯罪不得相隱匿，如隱匿則有罪[17]。

"供養有闕"

父母、祖父母年老有病，成年子孫應供給飲食，給予生活料理，這是"孝"道的最起碼要求。古人認為，羊羔尚知跪哺，烏鴉亦知反哺，人如不能供養父母，則是禽獸不如了。所以，對那種不供養父母、遺棄老人的"違反天常、悖逆人理"行為，歷代法律都規定了一定的懲罰。

《唐律》規定，子孫對祖父母、父母供養有闕者，徒二年。但這條立法的用意在於懲罰那些能供養而不供養、無孝親報恩之心的"逆子"。若子孫家境實在貧窮而致供養不足，則不在此限。同時，《唐律》又規定，此類案子須祖父母、父母控告才受理。[18]明代以後，對供養有闕的處罰稍輕，只杖一百；[19]清代的律典中並未加重處罰，但律外之例中實際上加重了對供養有闕的處罰。順治三年（1646年）定

16　《唐律・鬥訟》。該條又規定，期親以下、緦麻以上親屬之間"其相侵犯，自理訴者，聽"，父母、祖父母侵害子孫仍不在可以告訴之列。

17　參見《大明律》和《大清律》之《刑律・訴訟》。

18　參見《唐律疏議・鬥訟》。

19　參見《大明律・刑律・訴訟》。

例："子貧不能營生養贍父母，因致父母自縊死者，依過失殺父母律杖一百流三千里。"乾隆二十七年（1762 年）又重申了這一條例。[20]道光二年（1822 年），廣東人謝升兒不能養贍其母，又向其母索錢花，其母氣極投河，被人救起。假如其母因此淹死，謝升兒即應照過失殺父母律，杖一百流三千里。幸而其母得救未死，謝升兒又被量減一等處徒刑。但後來因其母年老，謝升兒又是獨子，母親懇請官府免予發遣。最後，照存留養親的規定將謝升兒枷號示眾責打四十大板後釋放。[21]

關於"供養有闕"之罪，唐以後的懲罰似乎不是很重，但唐以前刑罰有重得相當驚人的，甚至重到可處極刑。例如南朝宋武帝時，有個叫尹嘉的人，家貧無以度日，靠借貸為生。其母熊氏眼看兒子無力還債，即典質自身換錢替兒子還債。有人以"不孝"之罪名將尹嘉告官，初審法官準備判其死刑。當時有名的清官何承天對此提出異議。他說，法律所規定的乃是"謂違反教令、恭敬有虧"的情形。在這種情形下，"父母欲殺之者皆許之"。而現在的情況是尹嘉的母親自求質錢為子還債。就尹嘉來講，雖然有虧"孝義"，但其母熊氏並沒有提出請殺之辭。她希望的是兒子活下去。如果現在殺他，是違背其母本來願望的。尹嘉因此得以免死。[22]此例說明，當時法律規定父祖可以請求官府將犯"供養有闕"的子孫處死。

---

20 參見〔清〕薛允升：《讀例存疑》卷四十。

21 參見《刑案彙覽》卷四十九。

22 參見《宋書・何承天傳》。

"別籍異財"

　　唐以後的法律規定，如果祖父母、父母尚在世，子孫**擅**自分家析產者，即是犯了不可赦免的"十惡"大罪之一——"不孝"罪，應予以懲罰。

　　中國的舊道德鼓勵大家族聚族而居，因而有所謂"十世同居"的"義門"（參見"民事篇"有關章節）。與此相對應，古時的人們特別鄙視那些"見利忘義"、不供養老人而鬧分家析產的"小人"。法律專門設置了"別籍異財"這一罪名來懲罰這些"小人"。

　　《唐律》規定，祖父母、父母在，子孫未經他們同意擅自別籍異財者，處徒刑三年。這種"別籍異財"罪，是"不孝"罪的內容之一，是"常赦所不原"的，是不可赦免的。《唐律疏議》就此一規定解釋說："祖父母、父母在，子孫……無自專之道。而有異財別籍，情無至孝之心，名義以之俱淪，情節於茲並棄。稽之禮典，罪惡難容。"[23] 這說明了這一罪名成立的理由，說明了它的"社會危害性"。就是說，祖父母、父母在，子孫不得自作主張。如自作主張分了家，那就是蔑視倫理、蔑視孝道，使道德禮教"淪喪"，因而是"罪大惡極"。《唐律》還規定，即使父母亡故，只要喪期未滿，仍不得分家析產，違者也要處一年徒刑。[24] 明代以後，處罰稍輕。《明律》規定，祖父母、父母在，子孫別籍異財者，杖一百。但須經祖父母、父母親自告發才追究（如同今日"親告乃論"）。《清律》也作了類似的規定[25]。

23　《唐律疏議·戶婚》。

24　同上。

25　參見《大明律》和《大清律》之《戶律·戶役》。

懲罰"別籍異財"旨在保障家長的權威，懲罰子孫的"無親之心"。因此，如果是家長（祖父母或父母）同意了的別籍異財，對子孫來説，似乎與擅自別籍異財一樣有虧"孝"道，但卻不受追究。因為家長的權威已得到了體現——別籍異財出自他（她）的意志。法律要保護的正是這種權威的實現。如《明律》規定，凡受父母之命分異財產但未別立戶籍者不追究刑事責任。《清律》也規定，居父母喪期間受父母遺命分家析產者亦不坐罪。[26]

不准擅自分家析產也不僅僅是子孫的義務，同時也是父祖的義務。父祖強迫子孫別籍異財，也可能受追究，因為這種強迫傷了子孫的"孝"心，有虧"慈"道。如《唐律》規定：祖父母、父母迫令子孫別籍異財或隨便將子孫過繼他人為嗣，也應處徒刑二年。[27]

"委親之官"

中國古代的道德教義認為，當父母達到一定年齡需要侍養時，作兒子的不管身居何等高位，哪怕遠在天涯海角，都應主動棄官回鄉孝養父母，以盡天職。《禮記‧王制》説，父母"年八十者，一子不從政；九十者，其家不從政；廢疾非人不養者，一人不從政"。這是道德經典對棄官回鄉養親問題的具體要求。即是説，父母年屆八十時，至少有一個兒子不被徵役，留在家裏侍養父母；年屆九十，諸子均不得被徵役；如父母有殘疾生活不能自理者，也至少應有一個

26　參見《大清律例‧戶律‧戶役》及註文。
27　參見《唐律疏議‧戶婚》。

兒子留在家裏侍養，不得被徵役[28]。依據這些教義，自西晉以後歷代都有禁止委棄老疾的父母而外出做官（做官也可以視為國家徵役之一種）的法律規定。

從廣義上講，"委親之官"也是"不孝"罪的內容之一。西晉時，法律規定，父母"年九十，乃聽悉歸"，如不歸家供養父母，輕則免官，重則處刑。例如，當時官為河南尹的庾純，與權臣賈充不和，賈充彈劾他"父老不歸供養"。庾純理虧，雖趕緊上書自請解職，但仍受到朝廷的申斥並被免官。[29] 北魏時曾作了一些變通規定，如"父母年八十以上，皆聽居官祿養，留親就祿"[30]。就是允許留職養親或攜親任職。《唐律》正式確定了"委親之官"的罪名："祖父母、父母老疾無侍，委親之官，……徒一年。"[31] 並規定，子孫應辭職居家侍養父母者，父母"老邁"的年齡標準為80歲以上；但父母有篤疾、生活不能自理時，則不限年齡。《明律》規定對"委親之官"者杖八十。《清律》也規定，"凡祖父母、父母年八十以上及篤疾者，別無以次侍丁，而棄親之任……，杖八十。棄親者令歸養，親終服闋降用。"[32] 處了八十大棍的肉刑後還要停職回鄉侍養；即便父祖去世服喪期滿後回到官場，仍須降級任用。這說明清代對"委親之官"者的處罰規定是很苛刻的。

---

28 這裏糾正了原書的一個錯誤。原書把"從政"僅僅理解為"做官"，大誤。其實，"政"通"徵"，就是"徵役"的意思。古時的"政（徵）"不外兩者，即徵發兵役徭役、徵辟為官吏。原書僅僅理解為後者，顯係望文生義所致。可笑。——修訂註

29 參見《晉書·庾純傳》。

30 《北史·魏宣武帝紀》。

31 《唐律疏議·職制》。

32 參見《大明律》和《大清律例》之《吏律·職制》。

值得説明的是，一般情況下，"委親之官"罪處罰的只是獨子棄親之官或眾子都棄親之官的情形。如眾兄弟中有一人留在家裏侍養父祖（只要他不是殘疾人），則其他外出做官的兄弟都不構成此罪。《禮記》要求父祖年屆九十時"一家不從政"（全家人都免除任何徵役），歷史上很少有人實踐過，也沒有看到這樣的法律規定[33]。

父祖老疾時棄親之官固然構成犯罪，但這並不説明法律無條件地鼓勵子孫以侍養父祖為理由不去為國家服務。相反，古時法律常明文規定，父祖未到應侍養的年齡或並沒有致令生活不能自理的嚴重疾病時，子孫如果欺騙官方，詐稱父母已達到應侍年齡或有篤疾，以求提前棄官或避役，回家侍養父祖，也構成犯罪。如唐代規定對"妄增（父祖）年狀以求入侍"者處"徒一年"。[34]《清律》也規定，對"妄稱祖父母、父母老疾求歸入侍者，杖八十"[35]。

這些規定是值得玩味的。古代中國崇尚孝道，但不是絕對的、無原則的。"孝"道還必須服從"忠"道。如果藉口"孝"道而逃避為國家服務，顯然有損朝廷利益。因此，封建法律既要處罰"委親之官"，也要處罰某些情況下的"逃役養親"。

33　這一陳述嚴重錯誤，當時真乃"無知無畏"矣。事實上，歷代法制多有關於"侍丁免役"的規定。如唐制規定，雙親年老，應有一丁不役而留家侍養："男子七十五以上，婦人七十以上，中男一人為侍。八十以上以令式從事。"（《新唐書·食貨志》）這裏所謂"令式"就是《戶令》："諸年八十及篤疾，給侍一人；九十，二人；百五，五人。皆先盡子孫，聽取近親，皆先輕色。無近親，外取白丁，若欲取家內中男者並聽。"（《唐令拾遺·賦役令》）——校勘註
34　《唐律疏議·職制》。
35　《大清律例·吏律·職制》。

"詐稱父祖死亡"

　　與"委親之官"相聯繫的是"詐稱祖父母、父母死"的犯罪行為。如祖父母、父母尚在而詐稱已死，以留戀祿位、逃避贍養義務或有其他企圖者，歷代法律一般都規定了相應的處罰。

　　祖父母、父母的生死，對子孫來說，是最最應該謹慎關注的事。父祖之死如天崩地裂，孝子賢孫應該痛不欲生。在漢語中"如喪考妣"一詞常用來形容人的悲痛之極，可見喪父喪母是人生痛苦的典型。對此當然得萬分嚴肅，絲毫兒戲不得。如果有人竟敢就此開玩笑 —— 或父祖健在而詐稱已死，或是父祖死了很久而詐稱新喪，都被認為是心存不孝，有虧人子之道，法律對此嚴加懲處。

　　詐稱祖父母、父母死亡者可能有多方面的動機。或是為了貪戀祿位、不願棄官回鄉侍養父母，並逃避"委親之官"之法的處罰；或是詐稱父祖死回鄉奔喪，以逃避官場上的某些責任或短期棘手問題；或者是為了演"孝子戲"給大家看以抬高自己的道德地位；或者是心存不敬，拿此事開個玩笑等。無論哪種原因，都為道德和法律所不容。

　　晉時就有對"詐稱父母卒"者處以極刑的法律。據《晉書‧殷仲勘傳》載，東晉時桂陽人黃欽生父死已久，有一天他忽然重新穿起喪服，說父親剛死要迎喪。事情被揭露後，法官先依"毆詈父母律"擬判棄市之極刑。但當時任司法官的殷仲勘表示反對。他說，法律所要懲罰的是父母在而詐稱其死亡的情形；但如父母已死而詐稱新喪，只不過是"大妄"，不應棄市。此案說明晉時對父母、祖父母尚在而詐稱其死亡者可以處至殺頭之極刑。《唐律》也規定，詐稱祖父母、父母死以有所企圖者，徒三年；若父母已死而詐稱新喪者，徒一年半。"[36]

"冒哀求仕"

古時禮制規定，祖父母、父母死，子孫要服喪一段時間以表哀傷。也就是在一個時期裏穿粗陋的衣服、吃粗糙的飯菜、不聽音樂不看戲、不說笑打鬧之類，總之要表現出特別悲戚的樣子。不這樣做，就要受到一定制裁。

為父母服喪的時間一般為三年。《儀禮‧喪服篇》云："父母死，當行三年喪。"在這段法定的喪期裏[37]，子孫如果不是終日悲戚痛悼亡親，而是別有所圖，則既為道德所譴責，也為法律所懲罰。對於官吏和正在求仕者來說，服喪期間，除了上述要求外，還有一項要求，即：喪期必須停職居家守喪或喪期不得外出求仕。如果有人貪戀祿位不願停職回鄉服喪，或不願因服喪而耽誤科舉應考或出任官職，都是心存不孝，都有常刑伺候。如《唐律》規定，為人子者如在27個月的喪期內擅自復職、應考、求官，應處有期徒刑一年；如此事發生在25個月的"正喪"期內，則應處徒刑三年。[38] 宋、明、清法律都有類似的規定。清道光二年，浙江監生邵霽申請參加科舉考試。學監大人查明他尚在母喪期內。因此，官府依喪制未終冒哀求仕律

---

36 參見《唐律疏議‧職制》。

37 所謂"三年喪"，一般以27個月計算。前25個月為"正喪"，其餘為"餘喪"。在"正喪"期間犯罪，情節重於"餘喪"期間之犯罪。

38 《唐律疏議》之《職制》、《名例》。

杖八十。[39]

當然，並非所有在父母喪期應考求仕或不停職回鄉者都要受處罰，如果皇帝和上司特許或特別慰留，就可以例外。唐以後法律多規定，父母去世，做官的子孫應該申報"丁憂"，即申請停職服喪；但如皇帝特旨批准免除"丁憂"而繼續留任官職，該官吏即應服從，這就叫做"奪情"。所謂"奪情"，大約是為國家利益而奪孝子之情的意思。一般"奪情"只是針對一些國家不可一日無之、皇帝不可須臾離之的"肱股重臣"使用。皇帝在"奪情"慰留時，被慰留的官員仍然要哀請多次，以示自己的孝心。如明萬曆皇帝時的宰相張居正居父喪，即三番五次申請"丁憂"，都由皇帝特旨"奪情"予以慰留。[40] 這表明"孝"要服從"忠"。

"匿不舉哀"

"聞父母喪匿不舉哀"，是不孝者的又一罪名。它與前述罪名在事實上有部分重合，只是側重點不同。

隱匿父母死亡的消息，動機可能有以下幾種：一是為了免除"丁憂"、貪戀祿位不願棄官；二是為了有利應考求仕。因為有"冒哀求仕"之律，父母喪期不准應試求官；三是為了有利於婚嫁，因為有"居喪嫁娶作樂"之律，不准人們在喪期結婚；四是為了選擇比較吉利的時間發喪，害怕正當喜事時發表喪訊有煞喜慶之氣。無論出於哪一種動機，在封建法律看來，都是犯罪。

39　參見《刑案彙覽》卷十一。

40　參見［美］黃仁宇：《萬曆十五年》，中華書局 1981 年版，第 22 頁。

《唐律疏議‧名例》將"聞父母及夫喪匿不舉哀"者，列入"常赦所不原"的"十惡"之一的"不孝"大罪之中，規定應處流放二千里之刑。如果父母死亡而詐稱是祖父母或伯叔、兄弟死亡（依律，祖父母、伯叔之喪不必報"丁憂"，亦不限制其求仕），也屬"匿不舉哀"，則處徒刑二年半。[41]《明律》、《清律》規定的處罰較唐代為輕。如匿前者喪，《明律》規定杖六十、徒一年；匿後者喪，《明律》規定杖一百，免其官永不錄用。《清律》仍之。[42]

　　清嘉慶二十四年（1819年），安徽人胡臨莊在廣東遊學，其父在京城為他捐了一個官職，他不知道。不久其父回籍病故，他回家治喪，發現捐官之有關文書，方知自己有官在身。依例，父親去世，他應到官府申報"丁憂"，但他愚笨而不知法例，未行申報。事發後，官府比照"匿父母喪不舉哀"律處其杖六十、徒一年；後因念其愚昧，減為杖一百，並將其所捐之官革去。[43]

"居喪嫁娶作樂，釋服從吉"

　　父母之死，對子女來說，應如天崩地裂。子女必須表現出極大的悲痛，否則便是不道德的。《禮記‧喪禮》要求人們："聞親喪，以哭答使者，盡哀而問其故。"就是說，真正的孝子在聽到父母去世的消息後，應該立即以嚎啕大哭來回答報喪者；要待呼天搶地的把悲痛都哭出來以後（也就是哭夠了以後），再去問父母的死因。為甚麼

41　參見《唐律疏議‧職制》。

42　參見《大明律》、《大清律例》中之《吏律‧職制》。

43　參見《刑案彙覽》卷十一。

要表現得如此呢？這是因為"父為子天"，因為"父母之恩，昊天莫報"，所以"荼毒之極，莫若聞喪"[44]——就是説，父母之死對於子女來説是最大的災難。

除了嚎啕大哭外，禮教經典還規定了一些衣食住行方面非常具體的表達悲痛的方式，如《禮記・喪服大記》要求孝子做到："居父母之喪，居倚廬（在墓旁搭草棚住）、不塗（草棚不用泥土糊封）、寢苫（睡茅草蓆）、枕凷（以土塊為枕，凷，音塊，kuài，土塊），非喪事不言。"此外還必須穿特製的喪服（詳後）、吃特別粗糙的飯菜、不聽音樂不看戲、不結婚、不與妻妾同房、不生子之類，相當苛刻、繁瑣。

在隋唐以前，這些還主要是一些道德戒條。能這樣做的，當然受輿論讚揚；不能做到這些的，雖為眾人所不齒，但也不致於因此遭受刑罰。唐以後，"禮法合一"，從前的道德戒條大多變成了法律義務。自《唐律》以後，各代法律大都規定了對違反這些戒條（義務）者的處罰。

在父母的三年喪期內，如果結婚、生子，尋歡作樂，脱掉喪服，都被視為"不孝"，被視為有"忘大痛"的"無父無母"之心。因此，法律規定了相應的輕重不等的刑罰。這類行為，因為屬於"不孝"，列入"十惡不赦"之列。它主要可分為以下幾種：

1. 居喪嫁娶。在父母喪期內，如果作子女的自我決定娶妻、出嫁，則構成"十惡"中的"不孝"罪，《唐律》規定處徒刑三年，而且婚姻必須解除。但如嫁娶是出於其他尊長的強迫，則不構成此罪，而只處罰主婚的尊長。此外，男子若在父母喪期內納妾（而不是娶

---

44 《唐律疏議・職制》。

妻），也構成犯罪，但不入"十惡"，應予"免所居官"的處罰。女子若在父母喪期嫁與他人為妾（不是為妻），也構成犯罪，但也不入"十惡"，應處徒刑一年半。其婚姻都得強令解除。[45]《明律》、《清律》繼承了《唐律》的精神，但處分較《唐律》為輕，只處杖八十。[46] 而且喪期所結婚姻不一定強令解散。如道光十一年（1831 年），貴州人周四居喪娶妻，依律杖八十以後須解散其婚姻。但刑部認為："居喪嫁娶雖律有明禁，而鄉曲小民昧於禮法、違律而為婚姻者亦往往而有。若必令照律離異，轉致婦女之名節因此而失。"因此決定對周四"依原議維持其婚姻"。[47]

2. 居喪生子。在父母的三年（實為 27 個月）的喪期內不僅不准結婚，而且已結婚者在此期間還不准生孩子，甚至不准懷孕。《唐律》規定，在父母喪期內懷孕生子，構成犯罪。有官者免所居官；無官者，處徒刑一年。《唐律疏議》還為此特別解釋說："在父母喪期生子者，皆謂二十七月內而懷胎者。若父母未亡以前而懷胎，雖於服（喪期）內生子者，不坐；縱除服以後始生，但計胎月是服內而懷者，依律得罪。"[48] 這無疑是說，在喪期內，夫妻不得行房事；因為行房事是尋歡作樂，是忘了喪父（母）之痛，當然要受罰。東漢人趙宣在父母墓旁結廬而居多年，成為遠近聞名的大孝子，並因此被舉為"孝廉"（待職官員）。但後經人揭發，他在喪期生了幾個兒子，因此，名聲掃地，並丟了官。唐代的處罰似比漢代更重。

45　參見《唐律疏議》之《名例》、《戶婚》。
46　參見《大明律》、《大清律例》之《戶律·婚姻》。
47　參見《刑案彙覽》卷七。
48　《唐律疏議》之《戶婚》、《名例》。

3. 居喪作樂。服喪期不得自己奏樂，也不能令別人奏樂，還不能聽音樂、看歌舞。否則就是"不孝"。《唐律》規定：若父母喪期未滿，子女"忘哀作樂"，不管是自己奏樂、唱歌跳舞，還是遣別人奏樂、唱歌跳舞，都要處徒刑三年。此罪也被列入"十惡"大罪的"不孝"之中。[49] 即便不是歌舞音樂，而只是自玩或遣人玩點雜戲，也要處徒刑一年。甚至"遇樂而聽"(偶然遇到歌舞音樂而不主動迴避者)、"參預吉席"(參加喜慶的宴席)者，都要打一百大棍。[50]

4. 釋服從吉。在父母喪期裏必須穿特製的喪服。如果有人脫掉喪服，改穿平時的衣服，就構成"不孝"之罪，被列入"十惡"。《唐律》規定，"喪制未終，釋服從吉"者，處徒刑三年。還規定，在祖父母、高曾祖父母、伯叔父母喪期(一年)之內"釋服從吉"者，也要"杖一百"。[51] (關於喪服的等級、式樣詳見後章)

5. 居喪犯姦。在服喪這個"沉痛哀悼"時期裏犯姦淫之罪，其罪行當然比平時的姦罪更嚴重。漢代即有許多公侯子嗣因居喪犯姦而被賜令自殺；[52]《唐律》則規定居父母及居夫喪期，而犯姦罪者，加凡姦罪一等處罰。[53]

在父祖被囚時嫁娶

祖父母、父母犯法被囚，雖於國家來說是"除惡鋤奸"，但對子

---

49 參見《唐律疏議》之《戶婚》、《名例》。

50 同上。

51 《唐律疏議》之《職制》、《名例》。

52 參見《漢書・功臣表》。

53 參見《唐律疏議・雜律》。

孫來説仍是件值得悲痛的事，仍必須表現出悲哀的樣子，不得"大義滅親"地為此顯出任何高興來，否則法律就要加以處罰。封建法律就是這樣無微不至地維護着"孝道"，而絲毫不給蔑棄"孝道"者任何空子鑽。

《唐律》的規定甚為典型。它規定，如祖父母、父母犯了死罪被囚禁時，子孫擅自嫁娶者，應處徒刑一年半；如祖父母、父母是因犯了應判流刑的罪而被囚禁，子孫擅自嫁娶者，應處徒刑一年；如祖父母、父母犯的只是應處徒刑之輕罪而被囚禁，此間子孫擅自嫁娶者，應處杖一百。同時，此條律文之後又註明："祖父母、父母命者，勿論"[54]。即規定，如果是父祖命令子孫結婚的，就不追究。

此種法律規定，可見立意有二：一是認為子孫在父祖被囚期間結婚是尋歡作樂，有"無親之心"，有悖"孝道"，故應懲罰；二是認為子孫在此期間結婚可能是企圖迴避父祖對其婚姻的決定權。因此要打擊此種行為，以維護父祖的主婚權（這是父權的一部分）。所以，父祖的主婚權已經體現了的，就不追究。

犯父祖名諱

孝子賢孫應迴避自己父祖的名字，不可犯諱。如對父祖直稱其名，則為"不孝"。禮教向人們傳授了一大套避諱的辦法。例如，在別人面前提到自己父親時，稱"家嚴"或"家父"。在行文書信中萬不得已要寫到父祖名字時，則應用通假字或缺筆（如孔丘寫成孔丠）的

---

54 《唐律疏議‧戶婚》。

辦法來避開。更為有趣的是，子孫外出為官，一定不能擔任與自己父祖名字同音的官職，法律對此還規定了相應的處罰。《唐律·職制》專有"府號官稱犯父祖名諱"條。所謂"府號"，《疏議》說："府號者，假若父名衛，不得於諸衛任官；或祖名安，不得任長安縣職之類。"所謂"官稱"，《疏議》說："官稱者，或父名軍，不得作將軍；或祖名卿，不得居卿任之類。"該條規定，犯父祖名諱者，官職盡行革去，並處徒刑一年。甚至，文憑、出身跟自己父祖名字有同音字也視為犯諱。如唐人李賀的父親名晉肅，他終身不得應進士試。如果有人明知自己所任官職名稱犯了父祖名諱而不主動申請迴避、改任他職（這就叫"冒榮居仕"），一經查出，即予以處罰，並聲名狼籍。在古籍中，我們可以看到常有人在官場以此罪名指控他的政敵，並常常得手。

違反教令

"鞭撲不可一日馳於家，刑罰不可一日廢於國。"[55] 這是中國人治國治家的一句老話。"不聽話"是督治子女的永恆性理由。按照傳統孝道的要求，子女對父母應該是"樂其心，不違其志"，"父母所愛亦愛之，父母所敬亦敬之"，對父母的教訓、命令也應該是"勿逆勿怠"，否則即是"忤逆不孝"。所以在傳統社會中，"孝"同"順"總是連在一起的。對於"忤逆"也就是不聽話的子孫，唐代以後的各朝法律都規定了一條彈性非常大的罪名 —— 違反教令罪。由於在日常生

---

55 《舊五代史·刑法志》。

活中，父母長輩"教令"的內容是很廣泛的，這種"不聽話罪"也就包括了許多的內容。

按照《唐律》的規定，子孫對於祖父母、父母的教令，在可以順從而故意違反時，要科以二年徒刑。[56] 明代和清代則規定處以杖一百。[57] 這裏"可以順從而故意違反"是一個先決條件，意在排除一些父母長輩的"亂命"的情況。按照當時立法者的意圖，父母的"亂命"是不應該毫無異議地順從的。因此，在法律上，違背"亂命"即不合禮教或法律的命令，與違反正當的命令，有不同對待。

按照傳統倫理的觀念，"父為子天"，父母是子女的主宰，子女是父母的私產，祖父母、父母對於子孫擁有無可爭議的懲治教訓的權力。在傳統社會中，父祖家長對於"不聽話"的子孫，除自己動用笞杖教訓督治以外，還可以借助官府的力量加以懲治。"違反教令"的不孝子孫，除了可能受到國家法定刑罰的處罰以外，祖父母、父母還可以"送懲"——送請官府按自己的意志處罰子孫。對於此類請求，官府往往不加究問，即照父母所請辦理。

南北朝劉宋的法律即規定："母告子不孝欲殺者，許之。"[58] 按照這樣的規定，只要父母認定子女不孝，就可以請求官府代為執行死刑。唐時，似乎仍有這種"送懲"處死的規定。有個寡婦扭送其子到官府，控告他不聽話，要求官府予以懲處。當時河南尹李傑見其子的模樣不像個不孝之子，就問她："你是個寡婦，又只有這麼一個兒子，現在你告他，他是要被處死的，你不後悔嗎？"寡婦回答說：

56　參見《唐律疏議‧鬥訟》。

57　參見《大清律例‧刑律‧鬥訟》。

58　《宋書‧何承天傳》。

"子無賴，不順母，寧復悔乎！"李傑只命該寡婦快買棺材來準備收屍。後因查明該婦與僧人通姦，嫌其子礙事而欲除之，此子方得免一死。[59]

在清代，父母、長輩可以將不聽話的子孫、晚輩送到官府，請求官府將其遣送到邊遠地方作苦役。按照清代定例的規定，凡是由父母、祖父母呈請發遣的不孝子孫，非經呈請人的請求，一般是不能釋放回家的。只有在父母喪亡，案犯聞喪哀痛情切，孝心尚存的情況下，才可以由當地官員申請將其放回。而且由父母、祖父母申請放回的子女，若釋回之後仍有"忤逆"情事，經父母、祖父母再次請求遣送後，一般是再沒有釋放回家的希望了。以至許多被遣送他鄉的子孫，在父母喪亡以後再無理由申請回原籍，只好淒淒慘慘地終老他鄉。清道光十三年（1833年），直隸人趙老前因不務正業，整日酗酒遊蕩而被父親送到官府，並被官府發遣到邊關。趙老前身在他鄉思親情切，偷偷地跑了回來。時正值皇帝下旨清查全國此類案犯，被其父領回家中。但該犯回家後不思悔改，仍舊是每日遊蕩，大醉而歸，並每每頂撞其父。其父氣憤難忍，再次呈請官府將其發遣。官府即按不聽教訓、屢次違反教令、情節嚴重的罪由，將趙老前枷號兩個月以後發往極邊煙瘴之地充軍。後來趙父病故，趙老前在充軍之地聞知父親病故，非常悲痛，向官府申請回家服喪，但官府認為他是"怙終屢犯"的不孝之子，不從其請。趙老前因此終身未得開釋。[60]

實際上，違反教令之案並不要求所犯子孫有非常明顯的劣跡，

59　參見〔唐〕張鷟：《朝野僉載》卷上，轉引自瞿同祖：《中國法律與中國社會》，中華書局 1981 年版，第 11 頁。

60　參見《刑案彙覽》卷一。

往往只要是稍稍不合祖父母、父母之意即可治罪。而且，遣送充軍一般僅僅適用於普通"忤逆"案；假若因子孫不聽話造成心胸狹窄的長輩因此自盡身亡，處罰就要大大加重了。清代律例曾規定："凡子孫不孝致祖父母、父母自盡之案，如審有觸忤干犯情節，以致憤激輕生自盡，即擬斬立決。其本無觸忤干犯情節，但屬違反教令以致抱忿輕生自盡者，擬以絞監候。"[61] 在清代，有許多案件是因雞毛蒜皮的"細故"招致父母生氣，追着"教訓"子女而自行跌斃，但官府依然是依照此條例將倒霉的後輩們處以重刑。有些案件的責任甚至完全不在子孫，官府還是作出了同樣的判決。

清嘉慶二十二年（1817 年），河北人徐庚申覺得父親用上好的木料烤火取暖可惜，即上前用溫言勸阻。其父不聽勸告，反而喝令他快點多搬運些木塊來燒。徐庚申心中有氣而不予理睬，其父大怒，起身趕來毆打，不慎一跤跌死。官府不問情由即依照子孫違反教令致使父親自盡的例文，將徐庚申判處絞監候，亦即死緩，留待秋天再審。[62]

嘉慶十九年（1814 年），河南人陳自廊被父親使令倒茶。因茶不熱，其父大怒，將茶傾潑在地，並操起木棍毆擊陳自廊。追逐中，其父不慎踩到茶水潑濕之處跌倒身死。案到官府，法官將陳自廊處以絞監候。[63]

這兩個案件中，都是父親自己失足跌倒摔死，與兒子的行為沒有直接關係，頂多是個"間接因果關係"。兒子的態度不好，僅僅是

61 《大清律例・刑律・人命》附《條例》。

62 參見《刑案彙覽》卷三十四。

63 同上。

父親生氣的誘因，與父親跌倒乃至死亡沒有因果關係。這樣的情形也要判處兒子死刑，可見封建法制保護父權到了何等悖理的地步！

還有更加過分的情形。在一些尊長自盡的案件中，即使導致自盡的主要原因根本不是子孫"忤逆"不聽話，而僅僅是尊長心胸過於狹窄，但官府在判決時也只是注重父母長輩自盡這一結果，而不考慮晚輩有無過錯。

嘉慶二十五年（1820年），陝西民婦牛高氏煮豆子給婆母蕭氏食用。因豆中有硬粒硌痛蕭氏牙齒，惹得蕭氏大怒，牛高氏趕忙改煮麵條送給婆婆吃。但蕭氏依舊叫罵不止，牛高氏低首不語。蕭氏認為兒媳不語就是"忤逆"，即操擀麵杖打兒媳，後被鄰人趕來勸阻。蕭氏越想越氣，乘人不備投井而死。法官認為，此案中，雖然牛高氏並沒有"忤逆犯上"情節，但蕭氏的死畢竟與牛高氏沒有把豆子煮爛有關，依法律依倫理都不能置牛高氏於不問。於是，遂判處牛高氏杖一百流三千里。[64]

道光三年（1823年），陝西民婦王氏想吃蕎麥麵，要兒媳柴趙氏做。兒媳考慮到蕎麥麵性冷，而婆母有腹痛的老毛病，忌食性冷之物，因而不肯順從婆母之意。王氏見其不從，氣憤之下懸樑自盡。柴趙氏最後被法官判處杖一百流三千里。[65]這個案子中，兒媳不但沒有過錯，甚至是在保護婆婆的健康；僅僅婆婆心胸狹隘自盡就要承擔刑事責任，簡直匪夷所思！

應該指出的是，在形形色色的"不孝"案件中，官府和法律對於不孝子孫施加重罰的根據，主要是由"孝道"而生的倫理義務，也

64　參見《刑案彙覽》卷三十四。

65　同上。

就是"名分"。按現代人的理解，定罪判刑應該主客觀統一，應該公平合理。也就是說，刑罰處罰的輕重標準，應該是主觀意圖指使下產生的客觀行為，而不能僅僅是依照身份（"名分"）關係。但以上所列件件"不孝"案件的處罰，都不是依據主客觀統一的歸罪原則，都是僅僅依據"名分"即倫理義務。這充分說明，在傳統中國社會中，法律及官府的關注點僅僅在於維護"父慈子孝，兄友弟恭"的倫理秩序，因此一項判決事實是非、輕重是可以不細究的。在很多官員看來，同"天地之常經，古今之通誼"的"三綱五常"神聖準則相比較，那些屈死在刑刀下或終老於異鄉的"不孝"子孫們的是非曲直和個人幸福是不值得一提的。在這裏，"國法"和所謂"人情"達到了最好的融合。但這種"人情"是封建倫理之情，而絲毫沒有人性人道之情或個人權利的味道。

毫無疑問，法律把種種行為規定為"不孝"罪，官府大老爺們幹勁衝天地懲戒不孝子孫們，其目的均在於"教孝"，即促使千千萬萬的子民們恪守孝道。而敦促芸芸眾生"行孝"的目的，最終還是為了造就、維持一種家長專制的社會秩序和家庭秩序，使社會上盡量少一些"亂臣賊子"。"忠高於孝，國重於家"的傳統說法為"不孝"罪的旨歸作了很好的註腳。

第九章　服制與刑罰：准五服制罪

親屬關係中的"差序格局"

在現今世界上，恐怕沒有哪一個民族的語言像漢語那樣有如此豐富的親屬稱謂了。在英語國家中，"uncle"一詞可泛指所有父輩男性親屬，如伯父、叔父、姑父、舅父等。但在漢語中，伯父、叔父、姑父、舅父、姨父、表叔等稱謂，都是有嚴格倫理分別的。據有人統計，在漢語中，親屬稱謂（包括本宗親屬和外姻親屬）共有 91 種之多。[1] 因此，清晰地辨認各種親屬關係一直是古代中國人的基本技能。連偏僻鄉村的黃口小兒，對各種複雜親屬關係的辨認能力，也足以使飽經世故的洋大人們目瞪口呆。而且，在中國傳統社會中，親屬之間親疏遠近差別之明顯、區別之嚴格，也是其他民族無與倫比的。著名社會學家費孝通先生曾用"差序格局"一詞來形容中國傳統的社會關係和家庭關係[2]，是非常精闢的。在兩千多年前，會通儒法的大學問家荀子也曾用一個"別"字來總結"禮"的基本功用。言"別"也好，言"差序格局"也罷，都充分說明了中國古代社會關係特別是家庭關係中的"差別"特性。古代中國人在確定自己同外界的社會聯繫時，常常是以自己為中心，其次是父母兄弟，再一層層向外推展，這樣就形成了一個社會關係網。在這個關係網中，處於中

1　參見胡士雲：《漢語稱謂研究》，商務印書館 2007 年版。——修訂補註。
2　參見費孝通：《鄉土中國》，三聯書店 1985 年版，第 21 頁。

心地帶的是自己的血緣親屬；這些親屬同自己的關係距離和親密程度，則是由血緣遠近決定的。在一個人的親屬關係中，親與疏、長與幼、尊與卑、本宗親與外姻親以及義親，差別是漸次的，構成了一個錯落有致、差別明朗的關係網絡。

在傳統中國，所謂親屬，包括本宗（父姓）和外姻（母姓）兩大系統，而以本宗親屬為基礎，外姻親屬從屬於本宗親屬，處於次要地位。按照正統的標準，本宗親屬包括自高祖以下的男系後裔及其配偶，即高祖至玄孫的九個世代，通常稱為“本宗九族”。在此範圍之內的直系、旁系血親，屬於“法定”親屬範圍。為了將這一親屬團體內各個成員的名分地位清楚地區分開來，也就是為了劃分親等，我們的祖先很聰明地把每個人死後一般應享受親屬們哀悼祭祀儀式的不同等級程度作為標準，創造了一種融宗法倫理於民事規範中的親等制度 ── 五服制度（見附圖）。

五服制度淵源於親屬成員間的哀悼和祭祀。大約從很早的時候起，對死亡親屬的哀悼和祭祀儀式，即依親屬間血緣關係的遠近親疏而有所區別。其區別，主要在於對不同的死者，哀悼者所穿服飾（喪服）不同，守喪祭祀時間（喪期）長短也不同。一般是，親屬關係越近，喪期即越長，所穿的服飾也越粗劣。反之，則喪期依次縮短，服飾也越是精細。

大約在西周時期，這種親屬之間的哀悼和祭祀儀式，即已形成固定的等級規格。後來的儒家，在《禮記》、《儀禮》兩部經典著作中，將周朝喪服禮制加以歸納，按哀悼人與死者的親疏遠近分為五個等級 ── 斬衰、齊衰、大功、小功、緦麻，正式形成了所謂“五服制度”，並且一直流傳下來。

同宗九族五服正服圖

				高祖 高祖母 齊衰三月				
			族曾祖姑 在室緦麻 出嫁無服	曾祖 曾祖母 齊衰五月	族曾祖父母 緦麻			
		族祖姑 在室緦麻 出嫁無服	從祖姑 在室小功 出嫁緦麻	祖父 祖母 齊衰不杖期	伯叔祖父母 小功			
	族姑 在室緦麻 出嫁無服		姑 在室期年 出嫁大功	父 母 斬衰三年	伯叔父母 期年	堂伯叔父母 小功	族伯叔父母 緦麻	
族姊妹 在室緦麻 出嫁無服	再從姊妹 在室小功 出嫁緦麻	堂姊妹 在室大功 出嫁小功	姊妹 在室期年 出嫁大功	己身	兄弟期年 兄弟婦小功	堂兄弟小功 堂兄弟婦緦麻	再從兄弟小功 再從兄弟婦緦麻	族兄弟緦麻 族兄弟婦無服
	再從姪女 在室緦麻 出嫁無服	堂姪女 在室小功 出嫁緦麻	姪女 在室期年 出嫁大功	長子期年 長子婦期年／眾子期年 眾子婦大功	姪期年 姪婦大功	堂姪小功 堂姪婦緦麻	再從姪緦麻 再從姪婦無服	
		堂孫女 在室緦麻 出嫁無服	姪孫女 在室小功 出嫁緦麻	嫡孫期年 嫡孫婦小功／眾孫大功 眾孫婦緦麻	姪孫小功 姪孫婦緦麻	堂孫緦麻 堂孫婦無服		
			姪曾孫女 在室緦麻 出嫁無服	曾孫 緦麻／曾孫婦無服	曾姪孫緦麻 曾姪孫婦無服			
				玄孫 緦麻／玄孫婦無服				

▲ 五服圖，自元朝開始置於律典之首，以便官員在審理涉及親屬關係的案件時
依據倫理標準作出判決。

五服制度，自《禮記》、《儀禮》固定以後，於唐開元年間、北宋政和年間、明洪武年間通過修訂禮典[3]小有變化。歷代服喪的等級、規格、守喪的要求及守喪者的範圍大致如下：

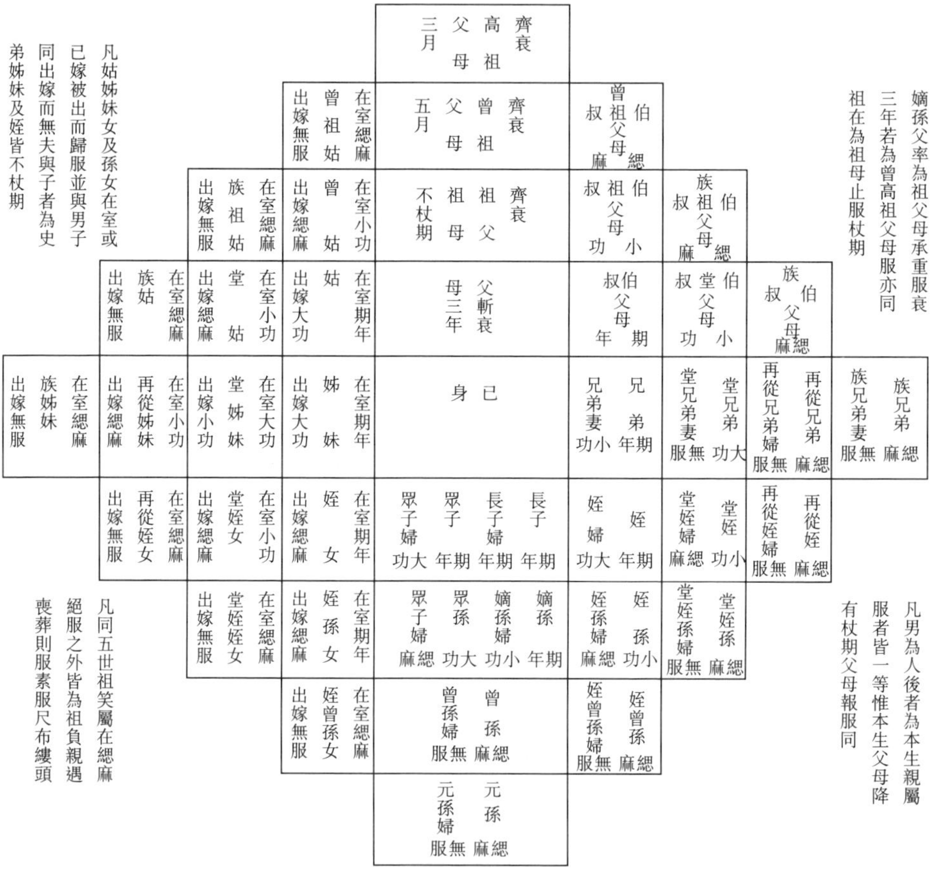

本宗五服圖

左側說明文字：
- 凡姑姊妹女及孫女在室或
- 已嫁被出而歸服並與男子
- 同出嫁而無夫與子者為史
- 弟姊妹及姪皆不杖期
- 凡同五世祖袒免在緦麻絕服之外皆為祖負親遇喪葬則服素服尺布纏頭

右側說明文字：
- 嫡孫父率為祖父母承重服衰三年若為曾高祖父母服亦同祖在為祖母止服杖期
- 凡男為人後者為本生親屬服者皆一等惟本生父母降有杖期父母報服同

中央譜系（由上而下、自左女系、中直系、右男系）：

第一代（高祖）：
- 高祖父母 齊衰三月

第二代（曾祖）：
- 曾祖姑 出嫁無服／在室緦麻｜曾祖父母 齊衰五月｜伯叔曾祖父母 緦麻

第三代（祖）：
- 族祖姑 出嫁無服／在室緦麻｜曾祖姑 出嫁緦麻／在室小功｜祖父母 齊衰不杖期｜伯叔祖父母 小功｜族祖伯叔父母 緦麻

第四代（父母）：
- 族姑 出嫁無服／在室緦麻｜堂姑 在室小功／出嫁緦麻｜姑 在室大功／出嫁小功｜姑 在室期年／出嫁大功｜父斬衰 母三年｜伯叔父母 期年｜堂伯叔父母 小功｜族伯叔父母 緦麻

第五代（己身）：
- 族姊妹 出嫁無服／在室緦麻｜再從姊妹 出嫁緦麻／在室小功｜堂姊妹 出嫁小功／在室大功｜姊妹 出嫁大功／在室期年｜身己｜兄弟妻 功小 兄弟 期年｜堂兄弟妻 堂兄弟 功大｜再從兄弟妻 服無 再從兄弟 功小｜族兄弟 緦麻

第六代（子女）：
- 再從姪女 出嫁無服／在室緦麻｜堂姪女 在室小功／出嫁緦麻｜姪女 出嫁小功／在室大功｜女 在室期年／出嫁大功｜眾子 年期 長子 年期｜眾子婦 功大 長子婦 年期｜姪 期年 姪婦 功大｜堂姪 堂姪婦 緦麻 功小｜再從姪 再從姪婦 服無 緦麻

第七代（孫）：
- 堂姪孫女 出嫁無服／在室緦麻｜姪孫女 在室小功／出嫁緦麻｜孫女 堂姪孫女 出嫁小功｜女 在室期年｜眾孫 功大 嫡孫 年期｜眾孫婦 嫡孫婦 麻緦 功小｜姪孫 功小 姪孫婦 緦麻｜堂姪孫 堂姪孫婦 緦麻 服無

第八代（曾孫）：
- 姪曾孫女 出嫁無服／在室緦麻｜曾孫女 在室緦麻｜曾孫婦 曾孫 服無 緦麻｜姪曾孫婦 姪曾孫 服無 麻緦

第九代（元孫）：
- 元孫婦 元孫 服無 緦麻

▲ 五服圖。《大清律例》之首有"五服八圖"，此為第一圖 —— "本宗五服圖"。此外還有"外親服圖"、"妻妾服圖"等七圖。

3　唐玄宗開元年間制定了《大唐開元禮》，北宋徽宗政和年間修撰了《政和五禮新儀》，明太祖朱元璋時期修撰了《明集禮》。—— 修訂補註。

斬衰（音 zhǎn cuī）

　　五服中最重一等。服此等喪服者，要以極粗的生麻布做上衣。麻布不縫邊，下擺斬斷處參差不齊，表示不加任何修飾，所以叫“斬衰”。按照《儀禮》的要求，服斬衰者，除喪服以外，還要頭戴以草繩為纓的帽子，腳穿粗麻草鞋，手持以粗竹作成的喪杖（表示因哀痛不能直立，只有“恃杖而後行”。這就是民間所説的“哭喪棒”）。斬衰服喪期為三年。在這三年內，服喪者（俗稱孝子）還應該在死者墓旁結草廬而居，臥茅草蓋苫蓆，以土塊石頭為枕，百般折磨自己，以示痛心疾首。依古禮，起初只有兒子為父親服此重喪。“父為子天”，父子為人倫之首，所以服此重喪。在先秦時期，兒子為母親不服此服，因為母親的名位是低於父親的。到唐代，武則天稱帝后，大為女性抱不平，下令兒子為母也須服斬衰三年。但武氏死後，主持修禮的男子們又恢復了原樣。到了明代，明太祖朱元璋當皇帝以後，認為父母對於子女的恩情應是相等的，在服制上有差別太不合情理，於是在洪武七年（1374 年）定下制度：子女為父母都服斬衰。按照明清制度，除子女為父母、兒媳為公婆服斬衰以外，屬於須服斬衰的親屬的還有：繼父母、養父母、慈母、嫡母、丈夫等。

齊衰（音 zǐ cuī）

　　在等級上僅次於斬衰，適用於哀悼略疏於父母的若干親屬。服齊衰者，須用較斬衰為好的粗麻布做守喪服裝，可縫邊及下擺，所以叫“齊”。齊衰又可以分為齊衰三年、齊衰杖期、齊衰不杖期、齊衰五月、齊衰三月等五等。這五等在喪服上是一樣的，只是在守喪時間長短上有差別。在明代以後再沒有齊衰三年這一等級了。齊衰杖期、不杖期都是服喪一年，區別是前者要持哭喪棒，後者則無此要求。應為之服齊衰杖期、不杖期的親屬，通常稱為"期親"。祖父母、伯叔父母、姑、兄弟姊妹都屬於"期親"範圍，為斬衰親屬之下的重要親等。

大功

為五服中第三等。此等喪服之服飾，用細麻布做成。因為經過加工，故稱"功服"。大功服喪期限為九個月。按照明清禮制，堂兄弟、未出嫁的堂姊妹、已出嫁之姑母、姪、姪女、孫子女、兒媳、姪媳等都屬於大功親屬。

小功

次於大功親一等。可用更細的麻布作為喪服，服喪時間為五個月。伯叔祖父母、堂伯叔父母、再從兄弟、姪孫、兄弟之妻等都屬小功親屬。

緦麻（音 sī má）

五服中最輕一等。可用熟麻布作喪服，服喪期三個月。適用於一些血緣關係比較疏遠的親屬。同族兄弟（共高祖者）、族伯叔父母等邊緣親屬屬於緦麻親。

依照禮制，在以上五等親屬之外，同自己共五世祖的親屬為袒免親。袒免親雖在五服之外，仍被看作屬於親屬範圍。同自己共六世祖的親屬則是無服親，一般不算是法律上的親屬關係，只算是同族共姓的族人。所以《禮記·大傳》說：“四世而緦，服之旁也；五世袒免，殺同姓也。六世親屬竭矣。”

從血緣遠近上看，外姻(母族)親屬也同樣與自己有很近的血緣關係。但在中國古代，因為父系中心，本宗親與外姻親是有嚴格區別的，母系親屬的地位大大低於本宗親屬。在外姻親中，外祖父母、舅父、姨母只是擬同本宗小功親，中表兄弟僅服緦麻。相對於血緣相當的本宗親，服制要輕得多。

喪服等差，以血緣關係的親疏為基礎。有如永恆不變的格式，每個人一降臨人世，甚至在未降臨人世時，即在這親屬網格中排定了自己的位置，即所謂“雖在繈褓之中，即有名分，產生之日，稱謂即定”[4]。一般是無法改變的。按照禮制，只有在加服(父死嫡孫代位祀祖，謂之“承重”)和降服(兒子過繼他人及女子出嫁)兩種情況下才可以改變原有的服制關係。[5]

五服制度以喪葬禮儀服飾為表現形式，承載了西方民法親等制度的法律內容，也包容了極為豐富的倫理屬性。它不僅能將親疏、尊卑、父子、兄弟之間的倫理原則借助具體的禮儀形式表現出來，而且能夠準確地標出血緣親屬的親疏遠近、尊卑上下，因此一直深深扎根於每個中國人的生活之中。中國傳統的親等計算尺度，即是五服制；常言所說的“五服親”，即是中國傳統的“法定”親屬。在此範圍之內，斬衰親、齊衰親、大功親、小功親、緦麻親即是標誌着遠近親疏不同的五個等級。這種親屬關係等級，構成了家庭關係中的“差序格局”。作為中國傳統社會中一種基本的親等標準和重要的

4　《服制頂駁》卷上，清鈔本。

5　參見《枕碧樓叢書·內外服制通釋》。

倫理範疇，五服制不僅在處理日常倫常關係中扮演着重要角色，而且也與中國傳統的法律、刑罰結下了不解之緣。

依服制定罪量刑

在中國古代刑法中，定罪量刑基本上是以綱常名教為準則，極端重視“名分”，特別是對於親屬間相互侵害行為，所採取的處罰原則同常人 (指沒有親屬關係者) 大大不同。一般說來，漢代中期以後，對於親屬相犯案件的處理，是否處罰、處罰誰、處罰輕重，主要依據是雙方親屬關係的親疏遠近和名分上的尊卑來定。實際衡量標準，即是傳統的服制關係。

早在魏晉時代的法律中，五服制即作為一種親屬關係衡量標準，與刑罰的輕重連在了一起。據《宋書•何承天傳》記載，東晉時余杭人薄道舉犯罪，按規定要株連他的“期親”(即齊衰) 以上親屬，要將他們籍沒為兵丁。依當時服制，伯叔父母屬於期親，從父兄弟只屬大功親。據此，地方官府將薄道舉的叔母並兩位大功兄弟抓走了。這種做法，遭到大臣何承天的反對。他認為，地方官不依法辦事，大功親不應被抓走。這個例子說明，晉代法律已將服制關係納入其中了。在以後的唐、宋、明、清各朝法律中，親屬犯罪幾乎毫無例外地都依照雙方的服制關係來決定罪之有無和刑之輕重。用“准五服以制罪”來概括說明中國傳統刑法中有關親屬犯罪的規定是不為偏頗的。

由於服制親疏、名分尊卑與刑罰密切相聯，元代以後各朝代都在法典中列出喪服圖表，把有服親屬之間的各種服制關係用明確的圖表勾畫出來。《元典章》中有喪服圖六種，明清兩代則將喪服圖置於律典之卷首。在《大明律》中，喪服圖一共有八個，包括《喪服總圖》、《本宗九族五服正服之圖》、《妻為夫族服圖》、《妾為家長族服之圖》、《出嫁女為本宗降服之圖》、《外親服圖》、《妻親服圖》、《三父八母圖》等，複雜至極！這些圖表，與《五刑圖》、《六贓圖》同列於律文之前。各司法長官在處理親屬相犯案件中，可從喪服諸圖中按圖索驥，找出犯罪人與被害人之間的親屬等級，依律治罪。

將服制圖表列於國家律典之前，足見服制對於倫理性法制的重要關係，足見國家的高度重視。明代醫學家兼律學家王肯堂在《律例箋釋》中曾說：“律首載喪服圖者，所以明服制之輕重，使定罪者為應加應減之準也。”[6] 元人龔端禮也在《五服圖解》一書中強調了服制與刑罰的重要關係，他說：“欲正刑名，先明服紀。服紀正，則刑罰正，服紀不正，則刑罰不中。”[7]

正因為在傳統法律中服制與刑罰密切相連，所以在實際司法中，官府斷案首先要問明雙方當事人相互是何稱呼，屬何服制，也就是弄清楚兩方面是否有親屬關係，親密程度又是如何，才能下手判斷裁定。對於親屬之間的爭訟，如果服制不明，法官是無從斷案的。

清乾隆年間，直隸人王必儉過繼給胞叔為子。胞叔死後，王必儉與胞叔的小妾王趙氏發生口角，一怒之下將王趙氏摔死。按禮制規定，王必儉過繼給胞叔，是大宗子兼祧小宗，所以只為胞叔服“期親”之服，而與胞叔的小妾是甚麼服制，禮制上並沒有規定。這種禮制上的缺漏，讓地方官們大傷腦筋。直隸總督再三考慮的結果，是

6　《律例箋釋》，顧鼎重輯刻本，《四庫未收書輯刊》第 1 輯第 25 冊，北京出版社 1997 版。

7　《五服圖解》，元杭州路儒學刻本。

將王必儉比照"妻之子毆死父妾以凡人論、鬥毆殺者處絞監候"之條例辦理。案子上報刑部以後，刑部官員認為服制圖表中並沒有規定兼祧子與兼祧父妾是何服制，而律典中也沒有兼祧子毆死兼祧父妾如何治罪的明文，委實難以處理，所以他們以服制問題應由禮部負責為由，將此案送交禮部，請禮部確定服制，以便刑部作出罪與刑的判斷。

因傳統禮制中沒有此種親屬關係的明文，禮部官員也不敢作明確的答覆，只好說"此案屬刑案，如何治罪應由刑部自行酌辦"，將皮球踢回刑部。刑台老爺們頗為憤怒，提出"服制攸關之案，必先定服制，乃可科以刑名。此案如何辦理，應由禮部援照成案辦理"，再次將此案送回禮部。最後禮部官員只好硬着頭皮斟酌再三，確定在這種情況下服屬小功，王趙氏應視為王必儉的小功尊長，這一結論同時上報請皇帝批准。在服制確定以後，刑部才將王必儉按毆殺小功尊長律處以絞監候，留待秋後處決。[8]

由於服製圖不可能把全部親屬關係包攬無餘，許多案件往往因服制上的爭議而久拖不決。清代道光年間，山東清平縣人呂起，隨父親過繼給本房叔祖。出繼後，仍對本生祖母呂宋氏非常孝順。後來，在繼祖母病危時，呂起無心得罪了本生祖母。呂宋氏心胸狹窄，一口氣難伸，懸樑自盡。官府按子孫違反教令罪名將呂起捕繫，但定罪量刑頗費躊躇。但因呂起出繼為人後，與本生祖母屬何服制，禮制上也沒有明確規定。應如何定罪，在縣、府、道三級官廳引起爭論，公文往來駁頂，鬧了數年仍無結果，致使呂起長陷縲

8　參見〔清〕《刑部通行章程》卷上。

繼而瘐死獄中。[9]

從立法上看，在漢唐以後各朝法典中，對於親屬相犯案件，其處理原則，與常人相犯是大不相同的。其中最重要的亦是考慮服制關係。一般說來，親屬相犯之案，以常人間同類相犯案件的刑罰度為基準，或依服制輕重關係而漸次加重（卑幼侵犯尊長時），或依服制輕重關係而遞次減輕（尊長侵犯卑幼時）。這一點，在親屬相殺傷、親屬相姦、親屬相盜幾種犯罪的處理中表現最為明顯。

親屬相殺傷

依中國傳統刑律，凡親屬相互殺傷案，若是尊長殺傷卑幼，其刑罰輕於常人間殺傷；而且服制越近，其刑越輕。反之，如果是卑幼殺傷尊長，其刑罰則重於常人間殺傷；而且服制越重，其刑越重。這兩種處罰原則非常清楚明確。

在人倫關係中，父子關係被認為是最近最親最重要的，因而父與子之間的尊卑差別也最大。古人常把父親比作兒子的"天"，父母與子女之間的殺傷，罪刑相差也最大。子女殺傷父母，在古代被看作是萬惡之首。古人把這種行為稱作"梟獍之行"。"梟"是傳說中的一種惡鳥，生而食其母；"獍"是一種惡獸，生而食其父。這兩種動物（禽獸）是最為無道的。人子如果狠心殺傷自己的父母，當然就如梟獍，理應受到最嚴厲的處罰。

在漢代，殺父母屬"大逆"罪，要處以棄市（在鬧市斬首示眾並

9　《服制頂駁》卷上。

曝屍三日）之刑。在晉代，法律規定，毆打、殺傷父母者要梟首，即斬首之後將首級懸掛起來示眾。《唐律》中，謀殺祖父母、父母行為被列入“十惡”中的“惡逆”，屬於“決不待時”之罪，即判死刑後應迅速處決，不必等待秋冬行刑。[10] 自宋代開始，殺祖父母、父母者，則更處以“千刀萬剮”的凌遲刑，即用慢刀零剮處死，酷烈至極。清代還規定，謀殺祖父母、父母的不孝子孫，即使在行刑前亡故，也要將其屍體搗碎，叫做“戮屍”，以示殺父母者不能容於天地之間。

162

實際上，傳統法律規定殺父母者處以極刑，其理論根據上更偏重於倫理、名分，於人道親情上考慮似不是很多。所以在實際司法中，往往只要是父母死亡同子女的過錯稍有牽連，子女便逃脫不了干係（參見第八章“違反教令”一節）。有些案件，父母的死亡同子女實際上毫無關係，但官府也能找出倫理上的根據將子女處以極刑。

清嘉慶二十四年（1819年），四川人寶瑛的母親劉氏因家貧難以生計，與兒子寶瑛一起投河自盡。寶瑛投河後被人救起，劉氏則溺水而死。此種情況，律例上沒有明文規定如何處理。四川省提督認為，案件攸關倫理，寶瑛罪大惡極：一則因家貧不能養贍其母，致其產生輕生之念；二則見母輕生並不阻攔，絲毫沒有人子之道，實際上同故意謀殺差不多。因此，他將寶瑛處以斬立決。[11]

反過來，對於尊長殺傷卑幼的案件，法律上的刑責就大為不同。

父母既為“子之天”，當然就對子女享有無限的督責訓導權力，

10　祖父母在服制上僅屬期親，但無論在血緣上還是在親情上都屬直系尊長，在家庭中地位往往高於父母。故唐代以後歷代刑律一般規定，對祖父母有犯，處罰同於侵害父母。這也是律文所定刑等與服制輕重稍有差異之處。

11　參見《刑案彙覽》卷二十三。

因此在他們殺傷子女時，其刑事責任極輕。即使在法家觀念影響很深的秦代法律中，父母擅用私刑殺死或殺傷子女及奴婢，只視為"家罪"，為"非公室告"，不予受理。漢代以後，法律隨同國家政權的強大而逐漸發達，生殺予奪的權力被國家收回獨佔，私自刑殺子女也逐漸受到法律禁止。但是，因為儒家倫理的影響，父祖殺或傷自己的子女，受到的處罰依然很輕；而且毆殺（多指徒手教訓，或以手杖督責）或因過怒而殺子孫者，責任更輕。唐律中，祖父母、父母毆殺違反教令的子孫，處徒刑一年半；用兵刃殺者徒二年；無故戕殺則加一等，徒二年半。如果是過失殺，可以完全不負責任。在同一條規定中，子孫過失殺祖父母、父母者要流放到三千里以外，過失傷者也要徒三年。兩相比較，其罪刑幅度相差如此巨大。

在實際司法中，父母即使出於不良動機而戕殺自己的骨肉，法官卻往往還是把注意力集中在父子關係的名分上，從輕處斷。清嘉慶十五年（1810年），貴州省人吳大文與村鄰查傳貴之妻楊氏通姦；查傳貴貪圖財利縱容他們的苟合。但吳大文的兒子吳延華對父親的行為和查傳貴的卑劣非常不滿，將此事在鄉鄰中大加傳播，並屢次譏笑詬罵查傳貴。查傳貴面上無光，無奈只好準備同楊氏搬往他處。吳大文恐楊氏搬走後續姦不成，遂起意殺掉吳延華，就串通查傳貴將吳延華騙到野地裏，由吳大文親手將兒子數刀殺死。吳大文殺子的動機是非常卑劣，手段殘忍的。該省巡撫認為"吳大文因戀姦將親子謀死，實屬殘忍"，但"惟死係子命"，從名分上考慮是父親殺死兒子，仍然只依照"故殺子孫"律將吳大文處徒刑二年半。[12]

---

12 參見《刑案彙覽》卷二十三。

像此類尊長（父祖）無故殺傷卑幼（子女）的案件，官府一般總是依名分和服制而判斷，很少考慮甚麼道義、公平。如果是子孫小有過錯而父母藉故殺死洩憤，官府一般也不去追究父母的刑事責任。據《服制頂駁》一書記載，清道光年間，直隸省民婦王孫氏有個兒子叫王汗紋，少時溺愛過了頭，長大後變成了一個無賴。他經常將母親的衣物竊走去換錢喝酒，多次遭到王孫氏的斥罵。在一次母子口角中，王汗紋回言頂撞，觸起王孫氏心頭之火，一怒之下將王汗紋重棒打死。官府認為王汗紋“忤逆”不孝，頂撞母親，實在罪有應得。王孫氏因兒子不顧倫紀而一時氣憤將其毆死，屬於正常合理教訓，因此將王孫氏無罪開釋。[13] 很明顯，祖孫父子間相互殺傷，因在服制人倫上屬最近最重要的親屬，所受的處罰相差也最大。這一點無論是在立法上，還是在司法中，都是一以貫之的。

在親屬圈中，祖父母、父母與子孫為最近一層親屬。此外由親至疏依次是期親、大功親、小功親、緦麻親。對他們之間的殺傷行為的處罰，也是區別尊卑，依次而斷的。《唐律》規定，凡人（普通人）犯謀殺罪，已傷者處絞刑，已殺者處斬。但謀殺期親尊長如伯叔父母，僅有預謀即處斬刑。謀殺大功、小功、緦麻尊長者則稍輕，處流三千里，已殺死者處斬。相反，有服尊長謀殺卑幼，各依相對應的服制減二等處罰。

13　參見《服制頂駁》卷上。

親屬相毆相罵

按照傳統道德的要求，親屬之間應相親相愛，不應有違背倫常、傷害親情的毆打、咒罵行為。對於親屬之間的毆詈行為，傳統法律也作了種種特別規定。毆父母者天理難容，要處以極刑。除此而外，其他親屬在日常生活中發生爭鬥口角，也要依照各自的名分、服制、尊卑關係，加以輕重不同的處罰。在《唐律》中，親屬之間相毆相罵，處罰的等級基本上是依照服制輕重而定的：

《唐律》中親屬相毆處罰對照表

侵害對象	犯罪類型 親屬關係	毆	折傷	毆殺
卑幼犯尊長	斬親（祖父母）（父母）	斬	罪無可加	罪無可加
	期親（兄姊）（伯叔父）	徒二年半 徒三年	徒三年 絞	斬
	大功（堂兄姊）	徒一年半	徒二年	斬
	小功（伯叔祖父）	徒一年	徒一年半	斬
	緦麻（族兄姊）	杖一百	徒一年	絞
常人相犯		笞四十	杖一百	絞
尊長犯卑幼	緦麻（族弟）	勿論	杖九十	流三千里
	小功（姪孫）	勿論	杖八十	流三千里
	大功（堂弟、妹）	勿論	勿論	徒三年
	期親（姪）	勿論	勿論	徒一年半
	斬親（子孫）	勿論	勿論	（有過失）勿論

從上表中我們可以看出，《唐律》對親屬相毆的處罰，以常人相毆的刑度為基準，而有輕重變化。尊長侵犯卑幼，刑罰呈減輕趨

勢：服制越重（親），刑罰越輕。卑幼侵犯尊長，刑罰呈加重趨勢：服制越近，則刑罰越重。這充分說明在《唐律》中，在處理親屬相毆罵之類的案件時，親疏、尊卑、長幼的名分差別，對於最後量刑有決定性的意義。唐代以後，各朝法律關於親屬相毆的處罰原則與《唐律》相同，只是在量刑上稍有差異。

子孫卑幼對父母及其他尊長的詬罵行為，也是為倫理和法律所不容的。歷代法律中多有罵詈尊長之處罰規定。晉朝時，詬罵父母要處棄市之刑。《唐律》中，罵祖父母、父母屬"十惡不赦"中"不孝"罪的行為之一。在明代、清代，法律規定，常人相罵僅處打十大竹板之刑，但罵祖父母、父母則要處以絞刑。罵期親兄姊也要杖一百、罵大功兄姊杖七十、小功兄姊杖六十，緦麻兄姊杖五十。若罵期親伯叔父母還要加刑。反過來，因長輩對幼輩的訓斥責罵是天經地義、理所當然的，所以不存在尊長罵卑幼的罪名。

親屬相姦

"萬惡淫為首"。"男女之大防"在傳統社會中是最受重視的。在"趙老太爺"們看來，非夫婦而有肌膚之親，即是罪惡之至。親屬之間的性禁忌，自然更為嚴厲。親屬相姦被認為是"行同禽獸"，最為人所不齒，法律規定的刑罰自然也重於一般人。

漢朝時即有"禽獸行"之罪名。許多公侯子嗣，如衡山王之子劉定國等，都在此種罪名之下被砍掉了腦袋。在《唐律》中，娶親屬為妻妾是非禮非法的，因為娶親屬為妻妾實際上也意味着對親屬間性禁忌的破壞。親屬間的直接通姦，更是不得了的犯罪行為。《唐律》

具體規定了親屬相姦的刑罰。因為親屬間名分的差別，親屬相姦的處罰輕重也是大致依次有差的。姦父祖之妾（指曾為父祖生子者）、伯叔母（期親）、姑（期親）、姊妹（期親）、兒媳孫媳（大功親）、兄弟之女（期親）者，處絞刑，即使姦父祖所幸之婢女，也要處徒刑三年；姦堂祖母、堂姑（小功）、堂伯叔母、姑（小功）、堂姊妹、姨母、兄弟之妻者，流二千里，強姦者處絞刑，姦其他有服親及有服親之妻妾、妻前夫之女、同母異父姊妹者徒三年。

在明代和清代，對於親屬相姦，不僅在量刑上重於《唐律》，而且把無服親屬也納入了親屬相姦從重處罰的範圍。由於親屬相姦敗壞禮教，悖於人情，所以在司法實踐中，對此類逆倫案的處罰更為嚴格。清代規定，凡親屬相姦之案，不得援用"親屬相容隱"律文為之隱匿，隱匿者即為犯罪。出繼為他人子者與本宗親屬有姦，亦不因出繼降服而減輕刑罰。

同治三年（1864年），湖北人李汶生過繼別人為子，其妻謝氏與汶生之胞弟李汶清勾搭成姦。後來謝氏同李汶清合謀將本夫李汶生殺死。案發後，謝氏依夥同姦夫殺死親夫之律文，凌遲處死。但如何處置姦夫李汶清，在官員中引起爭議。李汶清所殺的是過繼給他人的胞兄，依禮制應降服一等，屬大功親，因此有人主張應將李汶清依照殺死大功兄長律處斬刑。但該省巡撫認為，照常例凡親屬相姦之案，出繼者仍以本宗論，不得因出繼降服而有所僥倖。李汶清與胞嫂有姦，已屬傷天害理；繼而謀殺同胞兄弟，更是天理難容。如此悖逆之徒，自不應因胞兄出繼而致使逃脫凌遲之罪。因此，仍將李汶清依照謀殺期親尊長律凌遲處死。[14]

---

14 參見《刑案彙覽續編》卷十三。

親屬相盜

　　"親屬取財不為盜"，這也許是古代中國人的一種根深蒂固的觀念。按照傳統道德，既然親屬間倫理上為一體，那麼"親屬共財"就理所當然。所以在傳統法律中，親屬相盜案件的處罰原則，與其他親屬相犯行為的處罰大異其趣。唐代以後各朝法典對親屬相盜案件一般是採取處罰從輕原則的。

　　依《唐律》，若親屬之間盜竊財物，則不分尊卑長幼，只依服制親疏及贓數定罪，由親至疏，罪責漸降次低，總之低於常人相盜案之刑責。《唐律疏議·賊盜律》規定：凡盜緦麻、小功親屬財物者，減凡人(普通人)一等；盜大功親者，減凡人二等；期親，減凡人三等處罰。而凡人盜竊，不得財者笞五十，得財一尺杖六十，至五十匹外加役流。依此推算，親屬相盜的處罰是很輕的。但如果因盜竊財物而殺傷親屬，則照殺傷或誤傷律文論處。

　　值得注意的是，親屬相盜係指已別居(不住在一起)親屬而言，若是同居共財的親屬，其中尊長為一家之長，自然不存在盜竊家財的問題；若有卑幼竊用己家財物，則按照"同居卑幼私擅用財"律處斷，處罰更輕於一般親屬相盜。唐律中，卑幼私自動用家財，最大量刑幅度僅為杖一百。但若同居卑幼帶引外人盜竊己家財物，則應加重三等處罰，以示"內外有別"。

　　明清時代，親屬相盜從輕處罰的範圍擴大到無服親和外姻親屬。法律規定，凡不同居的親屬(包括本宗、外姻)之間相盜財物者，期親減凡人五等，大功減四等，小功減三等，緦麻減二等，無服親減一等並免予刺字。實際上，親屬間的財產糾紛往往被視為"細故"，常常在鄉鄰的調解之下即息訟。如果不是比較大的案件，官府也是不太理會的。

　　法律與倫理道德融為一體，天理、國法、人情水乳交融，在中國傳統社會中，通過親屬間相互侵犯之類的案件的處理，得到了極其生動的體現。中國傳統刑法作為國家至上權威的具體體現，尤其體現了這一點。在儒家政治理論和倫理觀念的影響之下，中國傳統刑法無論對親屬相殺、相毆，還是親屬相姦、相盜，都是以名分尊卑作為刑罰加減的分界，以服制親疏作為處罰輕重的準尺。原本是用於喪葬禮儀的五服制度，漸漸蛻變成了國家刑法用以確定罪之有無、刑之輕重的重要尺度。這也是中國傳統法律特別是刑法的風格和特色所在。

第十章 "仁政" 與司法："仁者之刑"

"志善者免"

"仁政"，自夏商周以來，幾乎沒有一個統治者不以此相標榜。其具體措施，除了"輕徭薄賦"之外，大約主要體現在司法活動上。凡以"王道"或"道統"自命者，大多要做些"約法省刑"、"矜老恤幼"、"泣辜慎罰"、"理大罪、赦小過"之類的樣子，以換取"仁民愛物"的好名聲。司法活動中所體現的這些"仁政"，古人也常稱之為"仁者之刑"。

"仁者之刑"有一個主要的原則，就是注重對被告人的行為動機的考察，主要依動機的善惡去決定其罪刑的輕重。這也就是所謂"志善而違於法者免，志惡而合於法者誅"[1]。古人認為，如果僅僅依據人們的行為後果定罪量刑，如果機械地依照法條去判刑，那就是"草菅人命"，是"不仁"，是"暴政"。商鞅、韓非、申不害、張湯、周興、來俊臣等人，大約主要因為這種"不仁"的主張而犯了眾惡。如商鞅就主張："雖忠臣孝子有過，必以其數斷。"[2]韓非亦主張："不恃人之為吾善也，而用其不得為非。"[3]這實際上就是公開反對對所謂動機"善"的人犯實行輕刑或赦免。

---

1 《鹽鐵論·刑德》。
2 《商君書·賞刑》。
3 《韓非子·五蠹》。

"志善者免"，就是古人指導司法中行"仁政"的主要原則。在這一原則之下，才有了幾千年來被稱頌的那些"仁聽仁刑"、"義刑義殺"，如"經義決獄"、"不用刑審判"、"理大罪、赦小過"等。

除這一主要原則之外，在古代司法活動中，還有一個次要的"仁政"原則，這就是"矜老恤幼"、哀憐篤疾廢疾等。也就是對老年人、兒童、婦女、殘疾人犯罪，盡量減輕處罰或赦免。對老弱病殘婦幼表示同情，這是人同此心，心同此理的事。如有人對這類人施以對付常人的刑罰，馬上會使眾人感到殘忍、不仁。況且，放縱一下這樣的人犯，也沒有多大危害，其重新犯罪的可能性遠比健壯的成年人要小。這是古時統治者十分明白的。

古人常要求司法官們判決案件要合情、合理、合法，但主要是要求合乎"理"和"情"，合"法"是次要的。符合"志善者免"的原則，大概主要就是"合理"，因為那合乎"三綱五常"、"忠孝悌順"之理；符合"矜老恤幼"的原則，大概主要就是"合情"，因為哀憐弱者是人情之常。只有"合情合理"（哪怕不合法），方可稱之為"仁政"。在司法實踐中比較好地貫徹了這兩個原則，才可真正叫做"仁者司法"或"仁者之刑"。

這裏有一個典型案件可供參考，從中我們可以看到古人是如何貫徹這兩個原則的。

北宋太宗端拱元年（987年），四川廣安人安崇緒來到京城（開封）控告其繼母馮氏，說在其父生前馮氏已被其父休棄，現在又趁其父亡故企圖全部霸佔其父的遺產，使他和生母蒲氏二人生活無着。大理寺受控後，不問情由，先依"告祖父母、父母者絞"[4]的律條，判

---

4 《宋刑統・鬥訟》。

處安崇緒死刑。宋太宗覺得此判不妥，就召集有關部門開會討論。會上，大臣們也爭論不休。

有人認為，此案的關鍵在於弄清馮氏是否確已與安崇緒之父安知逸離婚。因為如已離婚，則馮氏與安崇緒之間已無母子名分，安崇緒則無"控告繼母"之罪嫌。如果是這樣，案件就好解決了：應將馮氏逐回娘家，遺產全由安崇緒母子繼承。但後來調查結果表明，安知逸生前並未將馮氏休棄。

因此，大理寺仍堅持原判（絞刑）。但儘管案情如此，以尚書右僕射李昉為首的四十多位大臣仍反對大理寺的判決，理由是：第一，安崇緒生母蒲氏雖是安知逸小妾，但畢竟是崇緒的生母。與馮氏雖同為母輩，但親疏有別，安崇緒為生母狀告繼母可以理解。況且安崇緒又是因遺產被奪、生母生活無着，才將繼母（儘管她名分上高於其生母）告到官府，這是出於孝心，可以同情。第二，如判處安崇緒死刑，則其父安知逸就會無辜而受絕嗣（獨子被殺）的懲罰，其生母蒲氏亦將無處託身，於情於理都不應該。

這兩點理由，就是所謂"情理"。雖然與法律相矛盾[5]，但卻比機械地執行法律更符合"仁道"，也更合乎"人道"。此案的最後結果是依據李昉等人的建議作如下判決：遺產全部判歸安崇緒，繼母馮氏也由安崇緒供養，不得有缺。[6]

這一判決結果，是情理法的最完整結合，既依法保護了案中三位當事人應有的財產繼承權，又照顧到了儒家倫理和大眾人情的評

---

5 法律並沒有規定告父母者只要出於善的動機可以免除死刑——除了告發母殺父或告發父母犯國事罪之外。法律也沒有規定被告是獨子者就一定不能判處死刑。

6 參見《宋史·太宗本紀》。

判，超越訴訟請求的範圍解決了孤寡老人馮氏的贍養問題。這種判決，當然更為老百姓所稱道。

由此可見，所謂"仁者司法"或"仁者之刑"，在法律制度不健全的古代中國，的確是非常必要的——它是在司法實踐中對殘缺、僵硬的法律規範的必要補充或矯正。

存留養親與承祀

在古代中國司法中，還有一項頗能反映中國傳統法律特色而且非常有趣的制度："存留養親"與"存留承祀"。就是說，被判死刑或流刑但尚未執行的罪犯，若係家中獨子，如照原判執行會致其宗族斷了香火（絕嗣）或使其年邁的祖父母、父母無人侍養時，則有權申請免予執行死刑或流刑，留在家中以便其養親盡孝或傳承香火；待父母終老後再決定如何執行原判刑罰。

這種制度，正是儒家"仁政"學說的具體體現。按照儒家的說法，皇帝"奉上天之寶命，作兆庶之父母"[7]，應該"愛民如子"。他要教導人民順從天理，恪守孝道，當然就要對鰥寡孤獨體現出特別的"仁愛"之心。歷代君主莫不聲稱"以仁孝治天下"，而"孝"的基本含義，一為恭敬贍養，二為傳宗接代。因此，"存留養親"、"存留承祀"也就成為"仁者司法"之下的一項很自然的制度了。

早在北魏時期，法律就規定，凡已判處死刑者，如果父母年老無人侍養，可以申請免死留養。[8]後來的唐、宋、明、清諸律，都詳細

7　《唐律疏議・名例》。

8　參見程樹德：《九朝律考・後魏律考》。

規定了"存留養親"的制度。唐律規定，犯"十惡"以外死罪的罪犯，如其祖父母、父母年滿80或有嚴重疾病，而家中又沒有別的期親男丁（成年的伯、叔、兄、弟等）可以擔負起侍養責任的，可以向刑部申請留養，最後由皇帝批准。除個別罪大惡極的案件以外，一般是能夠得到皇帝恩准的。被處流放者也可申請留養，待家中有進丁（兄弟叔姪中有人已成年）或祖父母、父母喪亡一年之後再服刑。[9] 在明清時期，特別是在清代，"存留養親"作為一項"仁政"措施而頗受朝廷重視。清代律典上關於"存留養親"、"存留承祀"的規定，繼承了以前各代的主要制度，康熙、雍正、乾隆、嘉慶、道光等朝還就留養問題專門制定了許多條例，形成了比前代更為周密的制度。除律典外，清代歷朝定例還有以下補充：

(1) 兄弟二人都被判死刑，可讓一人存留養親。清康熙五十九年（1720年）曾專門降旨定此例。[10]

(2) 獨子殺人之案，若被殺者也是獨子，不准申請存留養親。因為如果被殺之家也是一根獨苗，那麼將殺人兇犯留下孝養其親，對於受害人一家來說顯失公平，於情理不合。雍正二年（1724年）刑部曾奉皇帝聖旨制定條例，規定此種情形下不准留養。[11] 但又規定，如果被殺的獨子是個不孝之人，平日遊蕩他鄉不事父母，則殺人犯還是可以申請留養。嘉慶二十四年（1819年），安徽人鮑懷友（獨子）傷害王宗成致其死亡。死者也是獨子，但平日不聽父親教訓，

9　參見《唐律疏議・名例》。

10　參見《大清會典事例》卷七百三十二。

11　同上。

不養父母，早已被趕出家門，鮑懷友以親老丁單無人侍養
為由向刑部提出留養申請。刑部認為"原以留養一條仁施法
外而例本人情。人各有親，親皆侍養。如死者之父母因其
子被殺以致侍養無人，則犯親自不得獨享晨昏之奉。定例
所載誠為仁至義盡。若死者平日遊蕩離鄉棄親不顧，或因
不肯養贍為父母所擯逐，是死者生前已不能孝養其親，並
非被殺之後其父母始無人奉侍"，因此"不必拘泥成例"，應
准鮑懷友所請。此案後來被作為成例令全國普遍遵行。[12]

(3) 殺人犯若原係在他鄉遊蕩的不孝之子，即使是一根獨苗也
不准留養。乾隆十七年（1752 年）曾定例，申請留養者如
查清是在家鄉以外的地方犯死罪，即是忘親不孝之人。雖
然符合申請留養的其他條件，也不准其留養。[13]

(4) 曾經忤逆父母，觸犯刑名，而被父母趕出家門者，不准留
養。若獨子所犯之罪屬於姦盜誘拐等惡性傷害倫理之案
件，亦不得留養。乾隆二十一年（1756 年）曾專門定此條
例。[14]

(5) 死刑犯被准留養後再犯罪，則不准再次申請留養。乾隆
二十一年曾定條例，規定：原擬死罪之人，因親老丁單照
例留養以後又犯罪，以及對父母有不遜行為者，無論輕重
罪名，都應照現行律例定罪處刑，不准再次申請留養。[15]

---

12 參見《刑案彙覽》卷三。
13 參見《大清會典事例》卷七百三十二。
14 同上。
15 同上。

(6) 死刑犯原有兄弟及姪輩出繼他人可以歸宗者，不准留養。
　　"存留養親"制度主要是針對親老無人侍養而言，如有期親
　　以上成年男丁可以歸回本宗，即可由其侍養年老有病之尊
　　親，因而此種情形下不准死刑犯申請留養。乾隆三十二年
　　（1747 年）曾專門定此條例。[16]

(7) 死刑之犯有兄弟出家為僧道者，不得申請留養。按照明、
　　清法典規定，凡僧、尼、道士、女冠雖然出家，但要同常
　　人一樣拜父母，祭祀祖先，親屬喪服等第亦同普通人一
　　樣。不得以出家為由不認父母、不認祖宗，否則要抓到官
　　府打一百大板，並強制還俗供養父母。[17]申請留養者如有兄
　　弟出家，自然不可准其留養。乾隆五十六年（1791 年），奉
　　天司呈報蒙古人明葛圖犯死罪，其母已年 85，因而向刑部
　　提出留養申請。但明葛圖有一兄弟充當黃教喇嘛，刑部因
　　此駁斥說："蓋以子雖出家為僧道，終無絕於父母之理，正
　　與出繼為人後可以歸宗者情事相等。……若論以充當喇嘛
　　不願侍養，即應照僧道不拜父母律擬杖，勒令還俗。"因
　　此，不准明葛圖所請。[18]

(8) 寡婦守節滿 20 年，雖未年老，獨子亦可申請留養。乾隆
　　十一年（1746 年）曾定例，婦女苦節育孤，守寡滿 20 年，
　　立志賢貞，可嘉可矜。因此若有獨子犯死罪，仍可准其留
　　養，以矜全貞烈之婦。但再嫁之婦沒有資格享受此待遇，

16　參見《大清會典事例》卷七百三十二。

17　參見《大明律・禮律・儀制》。

18　參見《刑案彙覽》卷三。

因為她們已無貞節可言。道光十年（1830 年），陝西人張自得犯死罪，其母守寡已有 20 年，因此提出申請。但刑部認為，張自得之母燕氏三易其夫，並非從一守貞之婦，雖然後夫身故已有二十餘年再未改嫁，且只有此一子，仍不可准其留養。後因情況比較特殊，將張自得歸入本年秋審緩決辦理。張自得死罪雖免，活罪難逃。[19]

以上這些規定說明，無論是在理論上、立法上，還是在司法實際中，"存留養親"、"存留承祀"制度都是以"教孝"或獎勵"善良風俗"為出發點的。這種制度的存在基於一種倫理關係和倫理感情：人人都有親屬，親屬年老都要由人侍養。特別是人到風燭殘年，桑榆晚景，頗為淒涼。掌握司法的"仁者"，自然應該體會、理解並矜恤這種"人情"，在處理此類案件中"曲法以伸情"。"存留養親"、"存留承祀"制度還說明，在中國傳統的法律文化中，立法、執法者所着重考慮的並不單是行為的直接因果聯繫，往往更注重於維護宗法社會人際關係和諧的"情"和"理"的貫徹。這些"情"、"理"既有特殊的民族倫理內容，也有一般的人道主義因素。

矜老恤幼

幾千年來，"尊老愛幼"一直是歷代統治者大力提倡並為民間社會所信奉的倫理規範。老幼婦孺、鰥寡孤獨、篤疾廢疾，是社會生活中的弱者，在社會上很自然地處於一種被憐憫的地位。這裏面既

---

19 參見《刑案彙覽》卷二。

有自然的"人情"的因素，跟傳統的"仁政"也很有關係。中國歷代的皇帝們向來很願意把自己打扮為"仁君"；即使是骨子裏殘暴狠毒的皇帝，表面上也不得不注意維護"作兆庶父母"的形象。所以，"敬老"、"恤幼"是皇帝行為規範中不可少的一部分。直到明清，從西周流傳下來的"三老五更"等敬老儀式仍被一代一代的皇帝們模仿、演習着。除了在政治、禮儀和經濟上（象徵性的）給予優待以外，傳統的法律也規定了對老幼減免刑罰的種種制度。

在西周時期，曾有對老、幼、廢疾之人減免刑罰的"三赦"制度。"三赦"是：一赦曰幼弱，再赦曰老眊，三赦曰蠢愚。就是説，凡未成年人、年邁者以及智障者犯罪不予追究。《禮記·曲禮》也説：人生七歲叫做"悼"，八十、九十叫做"眊"（一作耄）。悼與眊，雖犯死罪也不應加以處罰。

《禮記》、《周禮》是儒家代代相傳的經典，後世都是把其中許多主張作為"聖經"來遵奉的，因此西周時期的"矜老恤幼"制度亦為後世繼承和發揚。後世各朝的法律和皇帝的詔令都有對老幼廢疾寬減刑罰的規定。即使在"刻薄寡恩"的秦朝也不例外。漢魏晉時代，可受減免刑罰優待的年齡，一般在 70 歲（或 80 歲）以上，15 歲以下。至唐代更有比較系統的規定。《唐律》規定：凡年 70 以上，15 歲以下及篤疾者，犯流罪以下（即應處流刑以下罪名），可以金錢贖罪而不必受刑；年 80 以上，10 歲以下者，犯一般罪都可以免刑；年 90 以上，7 歲以下者，除受連坐以外，雖有死罪亦予免除[20]。這類規定，一直沿用到清朝末年的《大清律例》。而且，在唐宋明清諸

---

20 《唐律疏議·名例》"老小及疾有犯"條。

朝代，法律還規定，對老、幼、殘、孕不得動用刑訊，違者要受到處罰。

"矜老恤幼"制度的遺風至民國時期尚存。制定於 1935 年的《中華民國刑法》(至今沿用於台灣地區) 即仍然規定：年 80 以上犯罪得減輕刑罰。只有到了新中國的刑事法律中才沒有關於老年人犯罪減輕或免於處罰的直接規定。[21]

秋冬行刑

在清代以前，死刑的執刑往往只能在秋冬季節特別是冬至節前後進行，這也是同儒家"仁政"思想聯繫在一起的。

按照儒家的理論，君主絕不能專以刑殺為威。刑罰歷來被認為是"凶"的，不吉利的東西。古人認為，按照大自然的規律，春夏是萬物生長、創造生命的季節。因此在春天、夏天不能違背天的意志去毀滅生命。皇帝受命於天，自然應與"天意"相和諧，故在春夏之季只能施恩行賞，而不能刑人殺人。至於秋冬季節，萬木蕭條，大自然呈現一片肅殺之氣，許多自然生命在此時得以終結，可見上天是要"秋殺冬藏"的，因此刑人殺人放在秋冬季節才符合天意。

秋冬行刑之說最早見於《禮記·月令》。漢代儒生們將此說同陰陽五行聯繫起來，形成了一種比較嚴密的理論。號稱"漢代孔子"的

21　這種情形現在有了改善。最新的刑法修正案規定，對已滿 75 周歲的人不適用死刑；對未滿 18 周歲、被判五年有期徒刑以下刑罰的，免除其前科報告義務。現已獲全國人大通過。說明我國刑法在"矜老恤幼"方面已經有了進步。——修訂註。

董仲舒曾説：“天道之大者在陰陽。陽為德，陰為刑，刑主殺而德主生。是故陽常居於大夏，而以生育養長為事；陰常居於大冬，而積於空虛不用之處。”[22] 漢代的賢良文學們也認為：“春生夏長，利以行仁；秋冬殺藏，利以施刑。”[23] 自漢代以後，秋冬行刑便作為一種法律制度固定下來。《唐律》中規定，不得在立春以後、秋分以前執行死刑 (在此期間對謀殺祖父母、父母、夫，奴婢殺主者執行死刑為例外)，違者處徒刑一年。《明律》、《清律》規定，非時行刑者，杖八十。此外，按禮制要求，在行刑之日，皇帝和高官們還應該齋戒、節食、不聽吉樂等，以示“哀民不全”、“視民如殤”，亦即表現出一種為自己未盡職責以致百姓罔受刑戮而傷心嘆息的姿態，以感染百姓。

---

22 《漢書・董仲舒傳》。
23 《鹽鐵論・論災》。

民事篇

第十一章 "無訟"：一個永恆的夢

公元前 6 世紀，在魯國做大法官的孔子宣佈，他的從政暨審判信條之一就是："聽訟吾猶人也，必也使無訟乎！"[1] 意思是說：我雖像別的人一樣聽理各種糾紛，但我追求的是人世間根本沒有糾紛的境界。從此，"無訟"幾乎成了所有中國人的共同理想。為着它，世世代代的人們做過多少美好的夢，有過多少美好的憧憬！一個人人都是謙謙君子的和諧禮讓的世界是多麼令人神往啊！

雙面陶像的啟示

追求一個沒有糾紛的社會，希望所有的人都和睦相處、情同手足 —— 這種觀念，雖然由孔子最先將其概括為"無訟"二字，但不始自孔子。它由來已久！

1987 年 5 月，考古工作者在遼寧丹東後窪地區發掘出了一批珍貴文物。經鑒定，它們是大約 6000 年前新石器時代的先民部落的作品。那批文物中，有一個雙面陶像很令人注意。那陶像，一面是男人的面孔，一面是女人的面孔，引起了史學家們的極大興趣。這種奇特的造型意味着甚麼呢？有學者認為：它反映着原始社會的生殖崇拜和祖先崇拜觀念，說明早在 6000 年前作為中華民族哲學核心的陰陽相合生萬物的哲學觀念已經誕生。[2] 這種判斷是頗有道理的。男

1　《論語・顏淵》。
2　參見《光明日報》，1987 年 5 月 19 日第 1 版。

和女（或雄和雌）無疑是"陽"、"陰"概念的雛形。"陰"和"陽"，用今天的話來說，就是一對矛盾，是一對相互對立但又相輔相成的力量。古人發現，世界上所有的事物、現象都可以歸納為"陰"、"陽"兩大類。這兩類貌似截然不同的東西，竟有着內在的和諧與統一，而這種和諧和統一又正是萬物化生的原因。世界真是太奇特了。這一事實，深深地啟發了華夏世界的先民們。啟發了他們去追求調和矛盾，追求減少衝突，追求永無爭訟糾紛的和諧美好的世界。這些理想，無疑已被凝固在這奇特的雙面人頭陶像中了。

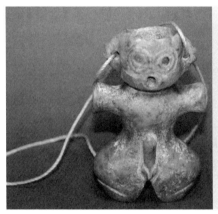

▲ 疑為 1987 年遼寧丹東後窪 6000 年前人類文化遺址出土的雙面陶像。左圖男像，右圖女像。

無爭訟便是天堂世界

那個奇特的雙面陶像代表了很早時候的華夏先民的觀念，也深深地啟示了後來的中國人：矛盾應調和，而不可使衝突加劇。為此，上古中國人很早即造出了一整套用以調和矛盾糾紛的"禮"。此即"禮之用，和為貴"[3]。就是說，"禮"這種根本規範，是用來使人世間所有的人都不發生衝突的。矛盾雙方調和了，萬物才能化育，世界才有和諧、寧靜、生機，這大概就是古人所常說的"天地姻媼，萬物化醇；男女媾精，萬物化生"[4]或"陰陽合德，萬物化生"吧。相反，矛盾雙方衝突公開化，發生鬥爭，就叫做"陰陽失和"、"天地失序"、"六氣乖戾"，就會引起無窮的災難，也就是戕滅世界上的生機，使世界衰敗。這是古人的一般看法。所以，《易經‧訟卦》說："訟，惕，中吉，終凶。"就是說：訴訟，值得人們提心吊膽，繃緊神經(惕)，且最終總是不會有好結果的——對個人而言是如此("終凶")，對整個世界而言也是如此。訟破壞了和諧、寧靜，故也是"終凶"。哪怕有一些人因"有理"而贏了官司，而另一些人卻因"理虧"而輸了官司，不會是一個"皆大歡喜"的結果。總之，訟是不吉祥的。

訟既如此不吉祥，於是在古人看來，理想社會首要的條件就是"無訟"，而不一定是物質生活的改善。孔子曰："不患寡而患不均(安)，不患貧而患不安(均)，蓋均無貧，和無寡，安無傾。"[5]他強調的正是這個意思。只要大家都"安貧樂道"，都能像顏淵那樣即使窮得只剩下一個吃飯的竹筒子和一把喝水的瓢仍然"不改其樂"[6]，那麼世界上的貧困又有甚麼可怕呢？最可怕的就是"貪圖財利"，最可怕的就是因計較"財利"而發生"訟爭"。所以，如果大家都對物質利益十分淡泊，都和和睦睦，從不為爭奪"財利"發生訴訟，那麼這個世界

3　《論語‧學而》。
4　《易‧繫辭上》。
5　《論語‧季氏》。
6　《論語‧雍也》。

就是天堂世界。所以，明人王士晉也説：“太平百姓，完賦役，無爭訟，便是天堂世界。”[7]

關於這個“天堂世界”的具體情形，古人有很多描繪，有着很多美好的憧憬。

老子的主張是“小國寡民……甘其食，美其服，安其居，樂其俗。……民至老死不相往來。”[8] 説“不相往來”，當然不是説鄉里鄉親之間不許有任何交往，而是主張老百姓之間不應有經濟、政治方面的交往。他認為那種交往是糾紛之源，如互做生意賺錢之計較及貨財糾紛打官司等。

《禮記·禮運》作者的憧憬是：“以天下為一家，以中國為一人”，“父慈子孝、兄良弟悌、夫義婦聽、長惠幼順、君仁臣忠”，“講信修睦”，是“人不獨親其親，不獨子其子。使老有所終，壯有所用，幼有所長，矜寡孤獨廢疾者皆有所養。男有分，女有歸。貨惡其棄於地也，不必藏於己。力惡其不出於身也，不必為己。是故謀閉而不興，盜竊亂賊而不作。故外戶而不閉，是謂大同”。這就是希望所有的人都像愛自己一樣愛他人，都不計較物質利益；希望再也沒有人在背地裏想鬼點子害人家(包括密謀告人家的狀)，希望永無貨財之爭紛等。

漢人陸賈的理想是：“是以君子以為治也，塊然若無事，寂然若無聲；官府若無吏，亭落若無民；閭裏(百姓)不訟於巷，老幼不愁於庭。”[9] 官府無吏，是説官吏簡直要失業了(古時官吏的最大業務便

7 〔明〕王士晉：《得一錄》卷一，《宗祠條規》。
8 《老子》八十章。
9 《新語·至德》。

是"斷訟"，"無訟"則官吏多餘）；亭落無民，是説再也沒有百姓為告狀或應訴來去匆匆地經過路中亭落，也沒有人在類似後來明朝"申明亭"的地方找鄉里長老告狀評理了；不訟於巷，是説鄉間村落街巷裏再也沒有人爭爭吵吵了。這是一個多麼美妙的境界啊！古人常云："威屬而不試，刑措而不用"[10]，就是説根本沒有人敢或沒有人願意訴訟了，所以法律成了夏天的皮襖，冬天的扇子，用不上了。

以上都是古人對這個"天堂世界"憧憬。至於這個"天堂"實質上是甚麼呢？古人有古人的解釋，今人有今人的認識。在那人人都溫良恭儉讓甚至"卿卿我我"的外形背後，到底是一種甚麼狀況呢？就是説，"無訟"之"名"下的"實"是甚麼呢？

孔子的解釋是："導之以德，齊之以禮，（民）有恥且格。"[11]荀子認為是："上好禮義，尚賢使能，無貪利之心，則下亦將慕辭讓，致忠信，而謹於臣子矣。如是則雖在小民不待合符節別契券而信，不待探籌投鉤而公，不待衡石稱懸而平，不待鬥斛敦概而嗇。故賞不用而民勸，罰不用而民服，有司不勞而事治，政令不煩而俗美，百姓莫敢不順上之法，象上之志，而勸上之事，而安樂之矣。"[12]董仲舒也認為是："古者修教訓之官，務以德善化民，民已大化之後，天下常亡（無）一人之獄。"[13]

綜合三位大師的話，其實説的是一個意思，就是説：這種美妙的"天堂世界"就是一個君子遍地而幾乎沒有小人的世界；也就是在

---

10 首見於《尚書大傳》，後人無數次重複。
11 《論語・為政》。
12 《荀子・君道》。
13 《漢書・董仲舒傳》董氏對策。

"牧民者"(君主和官吏)自身的高尚道德行為及他們苦口婆心的道德教訓的感化下,所有百姓都驅除了心中的一切邪念,恢復了本有的良知良能的世界。既然人人都成了大德君子,那麼就不會有不守信用、不履行義務的行為,就不會有人欺詐、貪佔,就不會有人在交易時缺斤短兩或斤斤計較。一旦人們之間都互相信任,則"符節"、"契券"這些法律手續或憑據,包括度量衡器具等,就顯得多餘了。人人都以相互爭奪利益(包括政治、經濟利益)為恥,都不願犯法或訴訟,天下當然就成了"無訟"的"天堂世界"。這完全是一個人人靠自己的良心自覺來生活的世界,外在的約束(如法和刑)只是備用的,是以防萬一的,這就叫"刑設而不用"。

這個美妙的"天堂",用近現代的眼光看,其實並不美妙。它無非是要求個人放棄應有權益,要求大家逆來順受,要求人們僅僅以倫理判斷為是非標準,而不許人們有自己的利害得失盤算。進一步說,就是要求人們機械地、習慣地、毫不質疑地接受和遵循祖祖輩輩傳下來的約束——"禮",以換來家庭、鄉里、國家的一種苟且的、一團和氣的、是非不明的"和諧"和"安定"。

近代法學家吳經熊先生對這種"無訟"理想進行了批判。他把中國舊法律秩序的基礎歸結為"天人交感的宇宙觀"、"道德化的法律思想"、"息事寧人的人生觀"三者。他說,中國正統思想中的"禮治"、"無訟"倡導,"有抹煞人格的趨勢";他因而尖刻地批判了孔子的"非訟觀"和"禮治思想"[14]。另一近代法學家曹德成先生則認為,儒家"無訟"的倡導實質上是"有義務而無權利,有家而無個人,有干涉而無

---

14 參見吳經熊:《法律哲學的研究》,上海會文堂新記書局 1933 年版,第 3~10 頁。

自由，有差别而無平等，重讓而非爭”[15]。這也是相當準確的概括，也即是對“無訟”狀況本質的較好説明。

社會學家費孝通先生説：“所謂禮治（或‘無訟’之治）就是對傳統的服膺，生活各方面，人和人的關係，都有着一定的規則。行為者對於這些規則從小熟習，不問理由而認為是當然的。……所以這種秩序注重修身，**注重克己**。……一個人可以為了自私的動機，偷偷地越出規矩，這種人在這種秩序裏是敗類無疑。……打官司也成了一種可羞之事，表示教化不夠。”[16]

這種“無訟天堂”，説穿了，就是個人權利和自由的“地獄”。就是要人們“克己復禮”、“重義輕利”、“滅人欲”、“尚謙尚讓”、“退後一步”、“先想想自己的不是”，其實就是吳經熊先生所説的“抹殺人格”，就是要使一切可能發生的糾紛在這些倫理原則面前先行化解。在這溫文爾雅的“天堂”背後，有多少人葬送了自己的才智、青春、利益、愛情和生命！這雖然不是孔子理想中的“無訟”，但卻是自孔子以後直至近代兩千多年間許多人、許多地區實際上已經實現了的“無訟”。這種“無訟”的歷史，也許就是官僚、權貴欺凌卑賤者而後者又不敢抗爭的歷史。

這種苟且的“無訟”，是維持封閉的男耕女織自然經濟下的鄉村秩序或鄉土國家秩序所必不可少的。倡導“無訟”，是維持此一秩序的最重要手段。若不倡導“無訟”，若百姓好爭好訟，則此一秩序難以維繫，國家即可能陷入混亂。正如明人顧炎武所説：“人聚於鄉易治，聚於城易亂。……聚於城，則徭役繁，**獄訟多**，欲民之有恆

15 曹德成：《中國法系研究發微》，載《中華法學雜誌》七卷四期，1948年。
16 費孝通：《鄉土中國》，三聯書店1985年版，第55~56頁。

心，不可得也。"[17] 人有恆心（安定之心）方可無訟；否則訟端百出。訟端百出，鄉村何能安寧？長幼何能有序？尊卑何能有別？"訟"對尊卑貴賤的封建等級秩序的巨大破壞作用，在古時是大家都清楚的。所以"興訟"者常被斥為"滅人倫"、"藐尊貴"、"無父無君"、"犯上作亂"。

此外，這種"無訟"秩序對維持封建專制主義的中央集權（特別是東方式的家長式專制）也是必不可少的。"無訟"的廣大鄉村，是專制朝廷最穩固的基礎。膽小怕事、安分守己、逆來順受、從不爭利益、不敢訴訟的"良民"、"順民"，從來就是專制國家的最好基石。相反，好訟"刁民"，是封建專制的"賊逆"。有那樣的順民、良民構成的寧靜無事的萬里鄉村，皇帝的寶座就無傾覆之虞，官吏們的烏紗也無丟失之虞。皇帝滿可以放心地到後宮去與"佳麗三千"縱情享樂，而不必肝食霄衣於"勤政殿"；達官貴人們也可以放心地去過"妻妾百數，良田千頃"的生活。這也許正是古時君主和官吏們格外地重視和倡導"無訟"、"息訟"、"止訟"的真正原因吧。

幾千年的"無訟"中國夢

在歷史上，大概沒有一個國家曾大力鼓勵訴訟，獎勵訟民；但大概也很少有像古代中國那樣害怕訴訟，對訴訟諱莫如深，因而竭盡全力向人們宣講訴訟的危害，勸止人們訴訟的。

中國的"賤訟"、"息訟"傳統的確是由來已久的。從比較可信的

---

17 ［明］顧炎武：《日知錄》卷十二。

三皇五帝的傳說中，特別是從虞舜的傳說，我們就可以看出先民們就以息訟、止訟、調解爭紛為理想。

據《史記·五帝本紀》載，舜在野作紳士時，歷山那個地方的農民常為田疆地界發生爭訟（"歷山之農者侵畔（畔即田界）"），雷澤那個地方的漁民也常為居所和漁獲而爭訟（"河濱之漁者爭坻"）。舜先後分別到了那兩個地方，與農夫漁夫們"同吃同居"，與他們促膝談心；苦口婆心地開導他們，啟發他們。不到一年，面貌大變："歷山之人皆讓畔"，"雷澤之人皆讓居"，大家竟然都像道德君子一般地謙讓了起來。當時在位的天子唐堯，正是因為看到舜這個年輕人道德高尚，善於感化他人，有"息訟"、"止訟"以至於建設"無爭訟"的"天堂世界"的特殊才能，所以才放心地把天子之位禪讓給了虞舜。

作為儒家尊崇的"八聖"（堯、舜、禹、湯、文、武、周、孔）之一，周文王（西伯）也以擅長調處訴訟、化解爭端而聞名於世。他善於治理邦國，使封國內"耕者皆讓畔，民俗皆讓長"，也就是農夫們主動出讓田界，主動謙讓長者、照顧長者。這簡直就是一個"無訟"的社會。因為治國名聲好，因為"解紛"本領大、信譽高，西伯獲得了周邊邦國部落的信賴。諸侯們一旦有糾紛，都雙方來找西伯調解仲裁。《史記》載，有兩個小國——虞國和芮國的國君發生爭訟，打算找西伯調解仲裁。兩個小酋長一同來到周國境內，見到一派"耕者皆讓畔，民俗皆讓長"和睦謙讓的景象，感到十分慚愧，無地自容，便說："我們所爭吵不休的那些，周國的人都以為是恥辱。我們還去見西伯幹甚麼，那只會自討沒趣，丟人現眼！"於是，雙方未及西伯接見問話，就趕快逃走了，而且是"俱讓而去"。也就是互相謙讓而去。

調解人或仲裁人尚未出場，一椿爭訟就煙消雲散了；而且功勞還得歸於這位未出場的調解人。這是多麼美妙的神話！

　　周公，是周文王的兒子，周武王的弟弟，是連“孔聖人”也自愧弗如的“超級聖人”。據說，他輔佐周成王、周康王，實現了至今仍傳為佳話的“成康之治”：“成康之際，天下安寧，刑措四十餘年不用”，“民和睦，頌聲興”[18]。這個最佳統治狀況的最大標誌，不過是通常用來懲處“刁民”的“刑”用不上了，也就是說，幾乎沒有甚麼訴訟，這就是“幾致刑措”的境界。後世所能達到的最“無訟”的境界，就是這“幾致刑措”——如《貞觀政要》説“貞觀之世”天下一年才斷死罪 29 人，“幾致刑措”。

　　這些半真半假的傳説或記錄，都反映着古代中國人對“無訟天堂”的良好願望或美妙理想。自此以後，後世所有想標榜自己政績的統治者，幾乎都不約而同地用“幾至刑措”、“刑措而不用”、“囹圄空虛”之類的話來為自己樹碑立傳。這體現了他們的一個共識：只有實現“無訟”，才是實現了真正的、根本意義上的理想世界，才算是真正的政績。即便不能完全實現，哪怕是稍稍接近這種狀態也了不起，也值得大書特書。

　　正因如此，我們看古時退休官吏們寫回憶錄時，很少看見他們吹噓自己成功地辦理了多少件民刑案件，抓了多少“盜賊”，而更常看到他們很在意宣揚其在任職期間如何竭力推行教化使得某某地方百姓“民風淳樸”，使得人們“皆以爭訟為恥”，使得當地“道不拾遺夜不閉戶”、“幾致刑措”等。清人劉禮松説：“夫聽訟而使民咸惕然內訟（自省）以致於無訟，此守土者之責也。”[19]清代的州縣衙門口，

18 《史記・周本紀》。
19 ［清］李鈞：《判語錄存》，劉禮松序。

經常會貼這樣一副對聯："爾小民有閒暇各勤爾業，眾百姓若無事莫進此門。"這是州縣官老爺們為勸百姓止訟息訟的忠告。"此門"就是指縣衙的大門。小民進此門，必是打官司。

這代表了古代中國政治中地方官員們的共同認識。就是說，地方長吏的真正職責並不是天天審理案件，而是要"胸懷大局"，能站到具體事務之上的更高角度上為實現"無訟"而努力；不可因沉溺於日常解紛事務而忘了這個根本目標。清代皇帝曾經常訓令地方官吏不要忘記這一目標："州縣為民父母。上之宣朝廷之德化以移風易俗，次之奉朝廷之法令以勸善懲惡。聽訟者，所以行法令而施勸懲者也。明是非、剖曲直、鋤豪強、安良懦，使善者從風而向化，惡者革面而洗心。則由聽訟以馴致無訟，法令行而德化亦與之俱行矣。"皇帝要求官吏們，在各自的治所力爭做到"訟庭無鼠牙省角之爭，草野有讓畔讓路之美，和氣致祥"[20]。也就是要求官吏們把每一個地方治理得像舜治理的歷山、雷澤以及周文王治理的周邦一樣，把她們都變成"無訟"之地。

更有一件反映着古人"賤訟"、"惡訟"理念的故事值得一提。

據《晉書·良吏傳·鄧攸傳》載，鄧攸為書生時，太守賈混想考驗一下他的才能，乃"以訟事示鄧攸，使攸決示"，就是叫他辦個案子試試看。鄧攸回答說：孔子稱聽訟吾猶人也，必也使無訟乎，您怎麼忍心叫我幹這樣的下流事？於是，這位書呆子"並(連)訟牘亦不肯視之"，就是對案卷看也不看一眼。真有古賢士遺風。賈太守聽了，十分驚奇、欣喜，覺得自己發現了一個了不起的大人才，趕忙

20 《欽頒州縣事宜·聽斷》，順治朝。

把自己的女兒許給了這位書生（"混奇之，妻以女"）。

這件事，不但在今天，即使在當時的明智之士那裏，只不過是添點笑料罷了。幸而再也沒有"行為不軌"的風流書生去效法鄧攸。要不然，賈太守該有多少閨女好呢？

直到近代，仍有許多人認為這種"無訟"狀態是一件極為美好的事情。例如民國時的法學家曹德成先生，他在將舊時的所謂"禮治"、"無訟"狀態概括為"有義務而無權利，有家而無個人，有差別而無平等，有干涉而無自由"等"幾有幾無"之後，不是反省其扼殺人民權利的內在弊端，反而認為："中國法系有一種其他法系所沒有的優點，…… 使全國人民**浸潤於自由氣氛之內**，而無須斤斤於權利之爭。"他又說中國古代法制"極富彈性，最合乎人性究極的要求"[21]。這又一個"無訟"的謳歌者！

我們以為，爭訟是古往今來不可迴避的現實，本身是不可怕的，也不必簡單褒貶的。訴訟中常夾帶着邪惡，但理訟解紛也經常伸張着正義。我們大可不必因噎廢食。許多不正義的事情因訟而矯正，公理常因訟而伸張，我們怎麼常忽視了這些呢？清人崔述說得好："自生民以來莫不有訟也。訟也者，事勢所必趨也，人情之所斷不能免也。傳曰：（有）飲食必有訟。"[22] 又說："兩爭者，必至之勢也，聖人者其然，故不責人之爭，而但論其曲直。曲則罪之，直則原之，故人莫肯為曲。人皆不肯為曲，則天下無爭，然則聖人不禁爭乃所以禁爭也。"[23]

21　曹德成：《中國法系研究發微》，載《中華法學雜誌》七卷四期，1948 年。
22　〔清〕崔述：《無聞集》卷二，《訟論》。
23　〔清〕崔述：《無聞集》卷二，《訟論》。

這種見解，比那些儒學大師們都高一籌。這就是說，爭訟行為本身是極為正常的事，聖人也在所難免。所以，對爭訟行為本身不應譴責，只應注意這個行為所攜載的內容或實質，也就是注意其中的是非曲直。所以，"止息訴訟"以達"無訟"的方法，不應是消極地"一刀切"地勸止、禁抑訴訟行為本身，不應是在沸騰的鍋上加嚴密的蓋子，而應該是釜底抽薪，也就是去細察訴訟雙方的是非曲直，使好人得以保護、壞人受到處罰。如果理曲者都受到了應有的處罰，如果為非者從來佔不了便宜，那麼誰還敢為非？哪裏還有訟端發生？

這就是崔述設計的"息訟"、"無訟"之途徑。這比起那種不問青紅皂白地認為"打官司的無好人"，因而對原被告"各打五十大板"的主張不知高明多少！這種"息訟"途徑，比那種旨在使不管有理的沒理的、理足的理弱的、合法的不合法的都撈不到甚麼好處，爭訟雙方都吃苦頭，讓他們將來再沒有興趣也不敢叩縣衙大門的"息訟"方式，自然要複雜得多，難以操作得多，當然需要法官有更高的品德和才能，也需要他們有更多的藝術和耐心。

第十二章 "賤訟"：因噎廢食的評價

有訟的原因

"無訟"的社會是一幅多麼美好的田園詩般的景象啊：那裏人人恭讓謙和、不競不爭，人人都克己自抑，人人都以爭"蠅頭小利"為恥；法律派不上用場，警察和法庭沒有事做了，甚至官吏也不必要了……誰不希望在這美好的環境裏頤養天年呢？然而，這美好的社會猶如海市蜃樓，可望而不可及，它只能存在於人們善良的願望中。現實的世界，常常是"人慾橫流"，訟爭不斷的世界。國與國爭，人與人鬥，甚至父子、夫婦、兄弟都經常不惜撕破臉皮爭財爭利、相訟於庭。這種情形，自三皇五帝到三代，自三代到秦漢，自秦漢到魏晉，自魏晉到明清，大有從無到有、從小到大、愈演愈烈、"一代不如一代"之勢，無怪乎古代中國的道學先生們常常喟然長嘆"禮崩樂壞"、"世風日下"、"道德淪喪"、"民心不古"、"國俗陵夷"了。

在道學先生們看來，從"讓畔讓居"的堯舜時代，"讓畔讓長"、"刑措不用"、"天下晏然"的文武成康時代，到"君不君、臣不臣、父不父、子不子"、"貴賤無序"、"禮崩樂壞"、"天下無道"[1]的春秋戰國時代，直到"專以人慾行"、"人慾橫流"[2]的唐宋以後的時代，世道似

1　《史記・孔子世家》。
2　朱熹語，轉引自《陳亮集・又甲辰秋書》(一)。

乎是一天比一天墮落，因而爭訟也就一天比一天多起來。

在他們的心目中，爭訟多就是世道墮落的標誌。孟子說：「世道衰微，邪說暴行有作，臣弒其君者有之，子弒其父者有之……。」[3] 商鞅說：「古之民樸以厚，今之民巧以偽。」[4] 晉人葛洪說：「至淳既澆於三代，大樸又散於秦漢；道衰於疇昔者，俗薄乎當今……。」[5] 這些話，都反映着古人的「九斤老太歷史觀」——「一代不如一代」。他們認為，道德墮落者才好訟：一個人的道德越壞，就越喜歡打官司；一個地方社會的普遍道德水平越低，那裏的爭訟肯定就會越多；一個時代比上一個時代的道德水平更低，那麼民刑案件的發案率肯定會比上一個時代更高，法官肯定會苦於積案於山、應接不暇。簡單地說，在古代中國人看來，「缺德者」才會「滋訟」，才會惹事生非。

孟子認為，人的本性中雖然生來就具有「仁」、「義」、「禮」、「智」四種「善端」或「良知良能」，但它們僅僅只是極微弱的「種子」而已。除此之外，「人之異於禽獸者幾希」，與禽獸很少有不同之處。如果「飽食暖衣，逸居而無教，則近於禽獸」[6]。一個人如果不注意保護這點「種子」，不注意澆灌培育並使其開花結果，那麼這「種子」就要枯亡，那就叫「放其良心」。所謂「放」，就是喪失。道德教化的目的，就是教人們保護和培育這些善的「種子」。這點「種子」一旦枯死或喪失，人就跟禽獸一樣，甚麼事都幹得出來——爭食、爭偶、爭居、爭物，毫不感到羞恥，鬥訟正由此產生。

3　《孟子·滕文公上》。

4　《商君書·開塞》。

5　《抱朴子·外篇·用刑》。

6　《孟子》之《公孫丑》、《告子》、《離婁》、《滕文公》。

荀子則認為，人生來就是"好利"、"好聲色"、容不得他人、"好逸惡勞"的，生來就是有貪欲的。"人生而有欲，欲而不得，則不能無求；求而無度量分界，則不能不爭。爭則亂，亂則窮"[7]。因此，"必將有師法之化，禮義之道（導）"，才能抑制人的這種天生惡性，"然後出辭讓，合於文理而歸於治"[8]。這就是說，因貪財貪色而發生爭訟，是自有人類社會以來就有的。誰的這種動物般的惡性沒有得到徹底改造，誰的道德教化不夠，誰就會好爭訟；哪個時代不注意對人們進行道德教化，就肯定會產生許許多多的爭訟。

古時的思想家們關於爭訟產生的原因的最典型解釋，一個是性善論的解釋，一個是性惡論的解釋。前者認為人類生來就有動物所不具備的"善種"或"良知良能"，後者認為人生來就像別的動物一樣好吃喝玩樂、好逸惡勞。兩者對人性的看法雖然不同，但在解釋爭訟產生的原因時，竟然不約而同地獲得了一致的意見：爭訟是道德敗壞的表現或結果，是人固有善端喪失了或固有惡端沒有得到改造的結果。而且，關於爭訟的發展趨勢，他們的意思也不約而同：越古的人們道德水平越高，訟爭越少；越往後來，人們道德越卑下，訟爭越熾烈。

當然，在古代中國，對爭訟問題持客觀理性態度的也有，只是很少。如清代考據家崔述說："自有生民以來莫不有訟也。訟也者，事勢所必趨也，人情之所斷不能免也。傳曰：飲食必有訟。"又說："兩爭者，必至之勢也，聖人者其然。故不責人之爭，而但論其曲

7　《荀子·性惡》。

8　《荀子·禮論》。

直。"[9] 這些見解，比起那些頭腦冬烘的道德先生當然要理性得多。在這裏，他所作的僅是一個事實判斷，而不是價值判斷，這是比較公允的。他認為，對爭訟行為本身不應評論其是非優劣，只應該就爭訟的事實內容作是非曲直判斷，亦即事實判斷加價值判斷。

古人眼中的"訟"

"訟"是道德衰微的結果。因此，古代中國人眼中的"訟"，幾乎就是不光彩的同義語。於是，他們說到訴訟行為及參訟者時，常常要加上一些明顯含有貶義的前綴或後綴詞，以示鄙棄。這些詞，如"滋訟"、"興訟"、"聚訟"、"訟棍"等，厭惡、貶抑之情，溢於言表。特別是這個"滋"字尤為刺耳。"滋訟"，在古人那裏，就是"挑起糾紛"、"惹事生非"的意思。正因如此，"訟師"、"訟棍"、"好訟之徒"等，便成了十足的貶稱，且簡直可譯為"道德敗壞之徒"。在古人心目中，他們大多都是"獐頭鼠目"、"尖嘴猴腮"、"鬼頭鬼腦"、"皮笑肉不笑"的面目可憎之輩。正因如此，"訟學"、"訟術"、"訟辭"等也成為十足的貶稱，簡直可以譯為"道德敗壞者的卑鄙伎倆"、"害人之術"。而"滋訟"、"興訟"、"聚訟"、"爭訟"、"健訟"、"好訟"、"包攬詞訟"、"打官司"等，幾乎都成了"幹道德敗壞的勾當"的同義語。

這些觀念，與今日的"訴訟權利"、"律師"、"法律學"、"正當程序"等觀念不知相去幾萬里！正因如此，古人才一再倡導"無訟"、

9　［清］崔述：《無聞集》卷二，《訟論》。

"去訟"、"賤訟"、"息訟"、"止訟"; 官吏們才會把"辯訟"、"決訟"、"斷訟"不僅僅看成是解決民間糾紛的日常公務，而且看成是維護道德、弘揚道德的偉大事業。

反映這類觀念的事例很多。

早在春秋時期，中國最早的"律師"鄧析，就被視為卑鄙可惡的小人，被國家的當權者殺害。據史書記述，鄧析的全部"罪行"，不過就是教老百姓打官司之術，還幫人代理訴訟並且收取報酬。據說，因為他在"訟學"方面知識淵博，於是"民之獻衣、襦袴（獻長衣、短衣作學費）而學訟者，不可勝數"，他於是開起了私人訴訟培訓班。此外，鄧析還私自起草法律，企圖取代國家不完善的法律。[10] 荀子說鄧析"不法先王、不是禮義，而好治怪說、玩奇辭。持之有故，其言之成理，足以欺愚惑眾"[11]。《呂氏春秋》說鄧析"以非為是，以是為非"[12]。很明顯，他們把鄧析描寫成了一個道德敗壞而又詭計多端的"訟棍"並加以唾棄。這說明那時的道德家們就以訴訟為恥，就認為訴訟是只有卑鄙狡猾的有文化的小人以及愚昧無知未經道德教化的老百姓才幹的下流勾當。

漢代的人們也是這麼看的。《後漢書·陳寵傳》記載，東漢人陳寵在主政西州之前，那裏有三大現象："西州豪右併兼，吏多奸貪，訴訟日百數。"在他主政後，"訟者日減，郡中清肅"。史書明確地把訴訟多視為與豪右兼併土地、官吏貪污一樣的醜惡現象。

王安石變法時，為了給國家培養專門的司法人才，設立了一個

10　參見《左傳·定公九年》及《呂氏春秋·離謂》。

11　《荀子·非十二子》。

12　《呂氏春秋·離謂》。

新的科舉專業門類——“明法科”，相當於今之高考在文、理科之外加一個法科。這一科考，要求士子們學習了當時的法律知識後前來應試。此事遭到了當時保守派的強烈反對，如司馬光説：“禮之所去，刑之所取，使為士者果能知道義，自與法律冥合；若其不知，但日誦徒流絞斬之書、習鍛煉文致之事，為士已成刻薄，從政豈有循良？非所以長育人才，敦厚風俗也。”[13] 在司馬光看來，法律知識及司法審判技術，只不過是講怎樣陷人於法網、怎樣對人搞“逼供信”、怎樣對人施以刑罰的伎倆，不是甚麼好東西。它只會使人道德敗壞，使人良心喪失，並不能使人變成“循良”的官吏。這就是他眼中的“訟”。

南宋人陸游也説：“紛然爭訟，實為門户之羞”，“紛然爭議，實為門户之辱”[14]。認為訟是有辱家族臉面的大醜事。元人周密在其《癸辛雜識》中也以極鄙棄的口吻記載了江西人好訟：“江西人好訟，是以有簪筆之讖。往往有開訟學以教人者，如金科之法。出甲乙對答及嘩訐之語，蓋專門於此，從之者常數百人。”[15] 簪筆，《辭源》釋曰：“古代朝見，插筆於冠，以備記事。”蓋以插筆於冠，有似婦人插簪於髮髻，故稱簪筆。簪筆之讖，大約是諷刺那些好訟者對於訟學太專注，猶如隨時握筆在手準備記錄他人過失，挑他人毛病，鑽他人的空子，隨時準備狀告他人似的。

明人呂介儒説：“兩家詞訟，……是大損陰騭（陰德）事”，因

---

13 《司馬溫公傳家集·起請科場劄子》。

14 《陸游諸訓·戒子錄》。

15 《癸辛雜識·訟學業觜社》。

為訴訟要"仰人鼻息,看人面孔,候人詞氣,與穿窬之心何異?"[16]
就是説,參與訴訟就如做賊一樣,尊嚴喪失還不以為恥,説明廉恥
感早已沒了,道德敗壞了,所以訴訟是有損陰德的事。明人王士晉
更明確地説:"訟事有害無利:要盤纏,要奔走,若造機關,又壞心
術。"[17] 就是説,人只要一陷進官司中,就老是要盤算着路費呀,行賄
呀,走門子呀,鑽對方的空子呀,等等,必然導致良心敗壞。

　　清代文學家袁枚也這樣看待訴訟。他為知縣時,有兄弟三人爭
父親遺產,父死剛滿七天(舊禮上稱"終七"或"滿七")就投狀縣衙。
袁知縣見狀大怒,揮毫批道:"父屍未寒,揮戈涉訟,何顏以對祖父
於地下,何顏以對宗族於人間!"[18] 並立即對三兄弟治以"不孝"罪。
很明顯,這位才子知縣所憤怒的,不是兄弟三人中有人竟想獨佔或
多佔遺產,而是這種"父屍未寒"就"揮戈涉訟"的"不要臉"的行為
本身。在他看來,平常訴訟本來就不太光彩,而父喪之際涉訟,尤
為道德敗壞。如果訴訟不被視為不道德的事,那麼人們又有甚麼理
由去責備呢?在這種"父屍未寒"的悲痛時刻,只有做壞事才會被
責備。

　　不僅士大夫如此,就是普通老百姓,也十分討厭打官司。在清
代順天府寶坻縣的刑房檔案裏,凡是百姓向官府請求息訟的呈狀,
盡是這類語句:"鄉農之人,以無事為榮","永斷藤葛,實不敢再勞
天心","仰體天台息事安民之至意","素仰天台愛民如子、息事寧

16 《先正遺規‧呂忠節公署門七則》,該書為清雍乾時人陳宏謀編。
17 《得一錄‧宗祠條規》。
18 《袁子才判牘‧兄弟爭產之妙批》。

人之至意"[19]。

　　美國學者德爾克・波德（Derk Bodde）所指出："（儒教）傳統認為，興訟是道德敗壞的標誌，而這些人（指訟師）就明顯被視為社會穩定的敵人。"[20] 近代著名法學家梅汝璈先生也曾指出：西方法學家們認為是一切法律秩序基礎的"權利之爭"，在古代中國的思想裏根本不存在。"在中國人看來，對於原則的固執或對於權利的爭持，和肉體的毆鬥是同樣的下流、可恥。……妥協、調和是莫上的德性。"[21] 這實實在在地揭示了"訟"在中國人心目中的形象、地位和性質。一般參訟者就被視為道德敗壞，以策劃訴訟混飯吃的人當然就更被視為無恥之尤。"訟棍"這一貶稱長期被人使用就是一個明證。

　　以當今法治時代的眼光來看，訴訟行為本身只是一個實現權利的方式，對它不可作價值判斷，它本身無所謂道德不道德。可以作價值判斷的，是這些程序、方式或手段背後承載的內容，即：為甚麼打官司，訴訟的動機目的是甚麼？如提起訴訟的目的、動機是誣告、陷害他人或誹謗他人，或想不正當地奪取他人合法財產等，那當然是不道德的，當然要譴責甚至痛斥。但是，如果動機、目的是保護自己或他人的合法權益，那當然是道德的，絲毫不應譴責，不管其在甚麼悲痛哀戚的時候。古人在譴責那出於卑鄙動機的訴訟行為時，不分青紅皂白地把訴訟這個澄清是非曲直的正當形式本身也否定了，真是因噎廢食！

19　轉引自曹培：《清代州縣民事訴訟初探》，《中國法學》1984 年第 2 期。

20　﹝美﹞德爾克・波德（Derk Bodde）：〈清律中的老小廢疾〉，載 *On Chinese Legal Tradition* 論文集，紐約 1980 年版。

21　梅汝璈：〈中國舊制下之法治〉，載吳經熊、華懋生編：《法學文選》，上海會文堂新記書局 1935 年版。

訟與“面子”“族望”

訴訟行為本身既被視為不道德、不光彩的事，於是，參訟者就當然被眾人認為丟了“面子”，也就是丟了臉。一人訴訟，使自己的家族受辱蒙羞，這就叫做“有損族望”，也就是為整個家族丟臉。

“面子”大概是中國人特有的概念，它既不可譯為“尊嚴”、“榮譽”、“名聲”，也不可譯為“虛榮”。在我們看來，它是綜合上述多重含義的一個複雜概念。這個概念有一個極有趣的特點，即：它是以別人（而不是以自己）的立場為出發點而賦予含義的。與“面子”（外表）相對的是“裏子”（內實）。“裏子”的好壞，自己完全可以判斷；而“面子”的好壞，正如臉上有無污點，如果不借助鏡子，自己並不知道，只有待別人作判斷。中國人素來格外重視“面子”，也就是格外重視別人對自己的評價，甚至把面子看得比“裏子”還重要。典型的例子是：傳統的中國人在中止或終止某些不道德行為時，理由常常不是“我良心（或理性）上認為此事對他人、對社會有害，因而不能做”，而是“怕人看見”、“怕人說閒話”、“怕人有意見”、“怕在別人面前抬不起頭來”等。這完全是以他人的評價作為自己存在的那個坐標系的 0 點。

地方長官們審理案件的批詞、判詞，非常顯著地體現了對“訟”的這種認識。光緒年間，陝西秦中某地一官員剛剛去世，其遺孀就投狀官府，狀告亡夫前妻之子不孝，要求分家析產。被告（孀婦之繼子）亦呈詞申辯。知縣樊增祥受理案件後，立即在被告呈詞上批道：“士族涉訟，且係男女涉訟，男女而又係母子涉訟。此等官司，本縣所不忍問也。既稱呂、李二人（調解人）多次管說，便可勿庸過堂，致傷顏面。……該氏孀婦跪堂，大不好看。伊即不為現在之子顧聲名，亦當為已故之夫留體面……。"在原告的呈詞上，他也批道："況翁氏又係體面人家，兩造到堂，母子對訐，成何事體？！"[22] 在另一對舉人互訟案件中，樊增祥批道："爾與宋繼唐，文武兩舉人，平日名聲俱好，……構成訟案，本縣深為不悅。公庭跪質，有何體面？……試思同科同鄉，俱為人望，一時挾念，構訟成仇，何以為後來相見之地乎？……爾兩造不比尋常百姓。"[23]

在這位知縣大人看來，訴訟使人的體面喪失殆盡；體面人家就不應該訴訟，應盡量迴避訴訟。不體面的人如農夫、商賈、倡優、僕役之類，打打官司倒無所謂，因為他們本來就沒有甚麼"面子"，故無所謂丟面子；名門大族、官宦世家、書生士子是絕對不可涉訟的，因為訴訟可使他們名譽掃地。

古時整個家族的成員間"榮辱與共"，"一損俱損、一榮俱榮"，所以爭訟或打官司所丟的"面子"，當然不僅是當事人個人的"面子"，而且也有損整個家族的大"面子"。正因如此，南宋人陸游才說爭訟是"門戶之羞"、"門戶之辱"。所以，古時常有家族在修族譜時，刻意標榜"闔族和睦，歷久無訟"。爭訟，在中國古代的社會生活中，很少被人視為個人的正當權利或個人的正當行為。

惡訟的有趣邏輯

在上列言論中，我們可以發現，古人認為訴訟丟面子、丟名

---

22 《樊山全集 · 批判二》。
23 《樊山全集 · 批判四》。

譽、失尊嚴，主要是從程序手續角度上去講的。就是說，要進行訴訟，就難免要在大庭廣眾之下受法官呵斥、受衙役杖擊，跪在眾目睽睽之下，又受旁觀者嘲弄，且可能成為街頭巷尾的話柄。還有，在跪庭對質之前，又難免要去求訟師，受訟師的頤指氣使或愚弄……。訴訟所必經的這些程序手續，都有一個共同特徵，就是損害人的尊嚴，使人名譽掃地，使人顯得十分下賤，給人以恥辱感，使人蒙羞。

說"訟"丟面子的人，多半是從這個角度或這些理由出發的。這些都是從訴訟的程序問題而言的，而很少是從訴訟內容、實質的角度出發而言的。這些都說明了"面子"具有以他人的評價為中心的性質。

如果不是以他人的評價為坐標系的中心點，如果是以自我的理性自覺或判斷為中心，如果從訴訟的內容、實質而不是僅從程序角度出發，那麼所謂"訟丟面子"說的理由就應該不是這樣的。如果訟者自省"我自己道德這麼低下 —— 竟與人訴訟！企圖造成別人的不利，來滿足自己的利益，實在問心有愧！我還有甚麼（道德）資格跟大家站在一起呢？"等等，而不僅僅是以"跪質公堂"、"受人呵斥"、"千夫所指"、"仰人鼻息"或"從此以後被人瞧不起了"等理由來賤視訴訟，那才是真正的賤訟 —— 以訟為道德上的賤事。

"訟"和"面子"，從在別人面前失去了體面這一意義上，聯繫在一起了。古人"惡訟"、"賤訟"、"息訟"、"止訟"，大多是從這一角度出發而立論的。把握了這一點，才算是把握了中國古代"賤訟觀"的真諦。也就是說，古人的真意是："訟"會帶來上述一系列可惡的後果，程序手續過程上必然使人體面掃地，如果有人仍敢做，可見這種人不要臉皮了；連臉皮都不顧的人，道德當然敗壞。

這實際上是倒果為因地推出的一個判斷,在邏輯上當然是錯誤的。反過來,如果是從原因(即爭訟的內容實質)的角度來"賤訟",那就是另外一種邏輯了。

古代中國的"賤訟"邏輯,其實並不是真的以訴訟為賤(卑鄙)事,不過是因為訴訟所必然遭受的麻煩、恥辱、痛苦程序而心生恐懼、厭惡而已。所以,實質不是賤訟,而是恐訟。

這種邏輯,當然不只是我們的推論和發揮。明人王士晉手撰勸本族子弟息訟、止訟的《宗祠條規》早已把這一心態(不自覺地)表達得淋漓盡致了:

"太平百姓,完賦役,無爭訟,便是天堂世界。蓋訟事有害無利:要盤纏,要奔走;若造機關,又壞心術;且無論官府如何廉明,到城市便被歇家撮弄,到衙門便受皂隸呵叱;伺候幾朝夕方得見官,理直猶可,理曲到底吃虧;受笞杖,受罪罰,甚至破家。忘身辱親,冤冤相報害及子孫。"[24]

王士晉列舉了應該賤訟的六條理由。六條理由中,只有"若造機關,又壞心術"一條多少有些道德自省的性質,其餘全都講的是客觀後果。簡言之,訴訟會帶來那麼多不利後果,就是"有害無利"。依照他的邏輯,如果不是客觀上會帶來這一系列於己不利的後果,如果是"有利無害",那麼"訟"即使損人利己也就沒有甚麼值得譴責的,也算不上甚麼不道德行為。

清代曾任江蘇巡撫、兩江總督的大臣裕謙曾專門寫了《戒訟說》一文,更體現了這一邏輯。他在文中列舉了訴訟的十大壞處,如"壞

206

---

24 〔明〕王士晉:《得一錄·宗祠條規》。

心地"、"耗資財"、"傷天倫"、"結怨毒"、"損品望"、"招侮辱"、"失家教"等，勸人們百般忍讓、不要興訟[25]。在這十大壞處中，除"壞心地"以外，其餘全部是列舉對自己不利的客觀後果而已。不是道德評價，僅僅是利害評價！

按照中國傳統倫理評價應算是"損人利己"行為的"訟"，為甚麼在古代中國社會生活背景裏卻事實上沒有得到道德或價值上的否定評價呢？

這是因為，以儒家思想為核心的中國傳統道德倫理，幾乎都是對"熟人"(自己人) 而言的，是為"熟人"設計的倫理。中國古代的全部社會關係，就是儒家所設計的君臣、父子、夫婦、兄弟、朋友等"五倫"，這是"熟人"之間的"五倫"。其中就是沒有"羣己"(個人與羣體) 之間一倫，也沒有"路人"或"陌生人"(生人) 之間一倫。

中國的"賤訟"邏輯，尤其體現了"熟人"道德尺度。在中國的血緣倫理中，"熟人"(自己人) 與"生人"(外人) 是有很大差別的，"訴訟"基本上是對"生人"的行徑。即使原來是"熟人"的，只要一打官司，就相互之間"視若路人"，亦即互相視為陌生人了。對於"陌生人"，就可以視為自己排泄"垃圾"的對象。在大庭廣眾之下互相揭短，互相痛斥甚至辱罵，互相設計讓對方受損失，"熟人"(自己人) 之間豈應如此？

正基於這個邏輯，所以孔子、孟子才主張"父為子隱，子為父隱" —— 只顧保全自己的親人和家庭，而不管受害人所受痛苦的彌平。特別是，孟子要作為天子的虞舜不去支持司法官制裁犯了殺人

---

25 《勉益齋偶存稿》之《戒訟説》、《飭發戒訟説檄》。

罪的父親，而是"棄天下如敝屣"地"竊父而逃"(實為劫囚、竊囚)[26]更體現了這一邏輯。

孟子反對復仇殺人的理由，也可以間接地說明我們認識以血緣倫理(自己人或熟人倫理)為基礎的"賤訟"邏輯。孟子說："吾今而後知殺人親之重也；殺人之父者，人亦殺其父；殺人之兄者，人亦殺其兄。然則非自殺也，一間耳。"[27]他不贊成復仇殺人的理由，不是說為報仇殺了別人而別人的親人會像自己一樣為失去親人而悲痛，而是說：你殺了別人的父親，別人反過來又殺你的父親；你殺別人的兄弟，別人又反過來也殺你的兄弟；這不跟你自己殺自己的父兄一樣嗎？他的意思是，殺人對自己沒有最後的好處，所以不划算，幹不得。

荀子對"私鬥"行為的否定，同樣間接地幫我們認識中國的"賤訟"邏輯。荀子說："夫鬥者，忘其身者也，忘其親者也，忘其君者也。行須臾之怒而鬥，終身之禍，然乃為之，是忘其身者也；家室離散，親戚被戮，然乃為之，是忘其親者也；君上之所至惡，刑法之所大禁，然乃犯之，是忘其君也。"[28]這裏的邏輯更清楚：不是因為會造成對他人的傷害或對社會秩序的破壞而反對私鬥，而是因為會帶來一系列不利於自己的後果而反對私鬥 —— 因為鬥毆可能與人結下終身冤仇，闖下終身之禍，可能使自己坐牢並誅連及親屬，且因藐視君上的法律而得罪君主。總之，鬥毆有害無利，萬萬幹不得。

這個"有害無利"的邏輯，正是王士晉所持"訟事有害無利"邏輯的源頭。二者是相貫通的。雖然"訴訟"在性質上與"鬥毆"、"殺人"

26　參見"法理篇"第五章"司法：屈法律以全道德"一節。

27　《孟子·盡心下》。

28　［漢］劉向：《說苑·貴德》引荀子語。

有所不同，雖然訴訟事實上並不與那兩類犯罪一樣給他人、社會帶來明顯且直接的危害，但是在中國古代的社會條件下，在給行為人本身帶來不利後果這一點上，訴訟與那幾類犯罪卻是相類似的、相通的。所以難怪大家都要賤視之、止息之。只要撈不到最後的、真正的好處，只有傻瓜才幹。

訟與政績

“訟”不僅跟“面子”、“族望”有關聯，而且還與官吏的“政績”好壞緊密聯繫在一起。古時朝廷對地方官進行定期考績，有一個主要項目就是“決訟”、“息訟”。所謂考績“決訟”，大約是看地方官吏在任期內是否偵破判決了從前久拖未決的重大刑事案件，是否合理裁決了久拖不決的重大民事糾紛。如果在這方面有成績，就是“能吏”，就能獲提升。所謂考績“息訟”，大約就如今天統計各地方的發案率和調解率。如果某官吏任期內轄區發案率明顯下降，或雖有發生但很快被調息沒有造成較大社會影響；或某官吏很有一套使百姓打消告狀念頭或使“訟”消亡於萌芽狀態中的好辦法等。如是這樣，該官吏堪稱賢良，可獲晉升。相應地，在“決訟”、“息訟”兩方面都乏善可陳，特別是出了重大冤假錯案，或是有大案久拖不決，或是訴訟層出不窮、積案如山等，這樣的地方官就叫做“罷軟”或“不能”，是要罷免或降職的。可見“訟”之一事，跟官吏的名聲、烏紗息息相關，無怪乎古時官吏們以斷獄聽訟為居官第一功夫。

作為皇帝對新任地方官的訓示，清代《欽頒州縣事宜》告誡地方官：“州縣官為民父母，上之宣朝廷德化，以移風易俗；次之奉朝廷法令，以勸善懲惡。聽訟者，所以行法令而施勸懲惡者也。明是非，剖曲直，鋤豪強，安良懦。使善者從風而向化，惡者革面而洗心，則由聽訟以馴至無訟，法令行而德化亦與之俱行矣。"[29] 可見，官吏的最大職責就是對老百姓進行教化。聽獄斷訟只是作為"德化"的輔助時才有意義，只是作為達到"無訟"的必要手段時才有意義。也就是說，是為了息訟、無訟方才聽訟；否則，為斷獄而聽訟（僅滿足於解決眼下的問題），不是一個好官吏所應為。清人劉禮松說："聽訟而使民惕然內訟以致於無訟，此守土者之責也"[30]，這說的都是一個意思，即：息訟、止訟等，都是考核地方官吏能力優劣和政績好壞的重要標準，"無訟"就是政績最好的象徵。

古代中國以"息訟"、"無訟"為官吏政績，有着悠久的傳統。據說孔子在魯國作大司寇時，善於息訟解紛，使魯國幾乎達到"讓畔讓居讓長"的"無訟"境界。[31] 古籍中記載了許多頗有政績的文官的事跡，大多離不了善於勸訟息訟，調解糾紛這一條。如東漢著名循吏吳佑為"膠東相"時，"民有爭訟者，必先閉閣自責，然後斷訟，以道譬之，或親到閭里重相和解。自是爭訟省息，吏人懷而不欺"[32]。又如西漢人韓廷壽"為東郡太守，以德為治，三年之間，令行禁止，斷獄大減，為天下最"。民間有訟，他動輒自己"閉閣思過"，關門反省自己，弄得訴訟雙方都"深自責讓"，郡內"二十四縣莫復以辭訟自言者"[33]。這就是這位太守的最大政績。再如東漢人魯恭為中牟令時，"有訟人

29 《欽頒州縣事宜・聽斷》，順治朝。
30 〔清〕李鈞：《判語錄存》，劉禮松序。
31 參見《孔子家語・相魯》。
32 《後漢書・吳佑傳》。
33 《漢書・韓廷壽傳》。

爭田，累守令不能決，（魯）恭為平理曲直，（訟者）皆退而自責，輟耕相讓"[34]。這當然也是了不起的政績。北宋人趙清獻為監察御史出察青州時，痛唸"一人入獄，十人罷業；株連波及，更屬無辜"，十分憐惜，乃令人馬上"飛吊監簿查勘"，也就是速調各地監獄統計材料、檔案來查看，"以獄囚多少，定有司之賢否。行之期年，郡州縣屬吏無敢妄繫一人者，邵堯夫（邵雍）每稱道其事"[35]。包拯之名垂後世，眾口皆碑，當然不僅僅是敢於"決訟"，也因為他善於"息訟"，在他的轄區常有"夜無犬吠"、"夜不閉戶"之象。明朝著名的清官海瑞也是如此，他也特別重視息訟，主張重懲興訟特別是誣告者。他到一地任職，常常立即發佈《示府縣嚴治刁訟》、《示府縣狀不受理》[36]等文告，特別熱衷追求"刑措"或"無訟"的效果。明代哲學家王陽明任地方官時，以息訟有方著名，政績顯著。他推行了"十家牌法"："十家之內有爭訟等事，同甲（之人）即時勸解和釋"，勸解無效的才見官。"息訟"、"止訟"是"十家牌法"的最重要宗旨。他反覆告誡轄區百姓："自今各家務要父善子孝、兄愛弟敬、夫和妻隨、長惠幼順，小心以奉官法，勤謹以辦國課，恭儉以守家業，謙和以處鄉里。心要平恕，毋得輕意忿爭；事要含忍，毋得輒興詞訟……。"[37]據說，他每任職一地，馬上秩序井然，爭訟大減，"人人相讓。"

今天看來，以息訟率、止訟率（即今之所謂調解率）作為官吏政績的依據之一無可非議，但作為最主要的依據則大有問題。因為一

---

34 《後漢書‧魯恭傳》。

35 《宋史‧趙清獻傳》。

36 參見《海瑞集》上卷，中華書局 1962 年版。

37 《王文成公全書》之《申諭十家牌法》、《十家牌法告諭各府父老子弟》。

個地方在一個時期發案率低、訴訟少，有多種決定因素，並不一定都跟官吏的才能特別是息訟解紛之才能或努力聯繫在一起。

《戒訟説》

"訟"既在傳統的中國人心目中如此可惡，於是古時"憂國憂民"、"以天下為己任"的"為民父母"、"為人師表"者們，便寫了很多勸人息訟、止訟的文章，諄諄地教導老百姓，真正做到了苦口婆心、誨人不倦。

明人王士晉的《宗祠條規》(見前引)，便是一篇極好的"勸民止訟文"。它一口氣列舉了訴訟的六條害處，的確叫人觸目驚心。明人朱柏廬《治家格言》亦反反覆覆地勸家人"居家戒爭訟，訟則終凶"。宋人范公偁(范仲淹曾孫)所撰《過庭錄》一書中載，當時有位叫范彝的老學究曾作過一首《戒訟詩》為眾人所傳誦："些小言辭莫若休，不須經縣與經州，衙頭府底陪茶酒，贏得貓兒賣了牛。"這都是說訟終無好果，所以勸人一定要戒訟。甚至有專門以代理訴訟混飯吃的訟師也寫文勸人止訟避訟。如《刀筆菁華》載乾隆四十三年(1778 年)江蘇吳縣訟師諸軾作《解鈴人語》說："事情無論巨細，既已涉訟，長官必須和而息之，庶可免人勝負不休，此亦斷訟之一道也。在涉訟者亦宜得休便休，不可固執不化。……歷閱古今智士，豈能萬舉萬全？如有無為之爭，悉憑親友勸諭；即有些微委曲，務宜容忍，則亦臨崖勒馬，江心補楫之一道也。"清康熙帝(玄燁)曾作"聖諭十六條"，告誡全國人："敦孝悌以重人倫，篤親族以昭雍睦，和鄉黨以息爭訟，重農桑以足衣食，尚節儉以息財用，隆學校以端士習，黜異端以崇正學，講法律以警愚頑，明禮讓以厚風俗，務本業以定民志，訓子弟以禁非為，息誣告以全良善，誡窩逃以免株連，完錢糧以省催科，聯保甲以弭盜賊，解仇怨以重身命。"[38] 這十六條最主要的精神（靈魂）就是要息訟止爭，使人人安分守己。

地方官吏對此尤為注意，因為這直接關係到他的政績和烏紗帽。如清代曾任江蘇巡撫、兩江總督的裕謙曾專門寫了《戒訟說》一文，他說訴訟違背了"五常"："人既好訟，則居心刻薄，非仁也；事理失宜，非義也；挾怨忿爭，非禮也；傾資破產，非智也；欺詐百出，非信也。"他將此文印為小冊子發給轄區內百姓，令州縣官們廣為宣傳，並且多次重刊，"以期興仁講讓，俗美風淳，勉副本府勸民無訟之至意"[39]。

有的地方官吏想出了更高明的息訟招術。如宋人吳自牧著《夢粱錄》記載："臨安府治前（有橋）曰州橋，俗稱'懊來橋'。蓋因到訟庭者，到此心已悔也，故以此名呼之。"其實，這"懊來橋"之名也許是州官有意取的，旨在"息訟"，用心可謂良苦。

直到今天的台灣地區，專以訴訟為業的律師，甚至仍持賤訟、息訟觀念。如 1979 年台灣中華書局出版的《當代名人錄》載：台灣著名律師朱舜耕自"開業之初，誓以'三不'為辦案基本原則：離婚案不辦，刑事原告、將入罪於人者不辦，顯無理由者不辦。十餘年來，一秉初衷，凡事先行溝通、疏導，防杜未然，**以清訟源**。"真不愧是中國的"賤訟"文化傳統的繼承者！

---

38 《清聖祖實錄》康熙九年冬十月乙酉朔。

39 《勉益齋偶存稿》之《戒訟說》、《飭發戒訟說檄》。

第十三章 "息訟"：以不變應萬變

在古人看來，"訟"就像瘟疫一樣可惡可怕。它極易傳染，敗壞社會風氣也迅速而劇烈，必須竭力控制；"無訟天堂"雖是那樣美好，但又可望而不可及。在那個"禮崩樂壞"、"民心澆薄"的時代裏，除了書呆子，大概誰也不敢設想幾年之內復歸"無訟"社會。於是，明智的"牧民者"首先所應考慮的，當然不是如何使人人都成為堯舜，如何使"刑設而不用"，而是在現有條件下如何盡早些平息爭訟，以免訟端惡化造成更大的惡果，並減少訴訟發生率。正如清代有賢臣循吏所主張的："不能使民無訟，莫若勸民息訟。"[1] 退而求其次，這是當時最可能做的。

為了止訟、息訟，古人用了很多招數。但歸納起來，不外是三種：第一是道德感化以絕訟源，第二是多方調解以消訟意，第三是懲罰訟徒以儆效尤。

德教感化以絕訟源

古人認為訟之源在於道德墮落，所以息訟的上策就是對爭訟者進行道德感化，使其良心自覺，使其自省自責，這是正本清源的方法。古時的賢臣循吏大多是以善用此方法而聞名於世。一個好的地方官，同時應是一個極好的道德教師爺，因為他不僅能堵塞其

---

1 ［清］黃六鴻：《福惠全書》卷十一。

"流"，而且能杜絕其"源"。

以道德教化息訟止訟的事例，在古時的確是太多了。清官的故事，大多與息訟解紛有關，是中國百姓最喜歡傳頌的，它能給受盡苦難的百姓帶來一點點心靈的安慰。古代的清官故事，最主要是三大類：一類是講清官敢於摧折豪強權貴；一類是說他們不動刑具便能洞察真相偵破案件；一類是說他們善於化解爭訟，最後使爭訟各方都感恩涕零、皆大歡喜，亦即善於巧妙地寓德教於決訟過程之中。

據說孔子就擅長以教化息訟。據《荀子·宥坐》載，孔子為魯司寇，有父子相訟。孔子拘之，三月不問。直到其父請止訟，孔子才將他們釋放了。據說，孔子還專門為百姓有父子相訟而閉門思過："不教民而聽其獄，殺不辜也。……罪不在民也。"[2] 此事的原委大概是父親告兒子不孝。孔子將他們拘留起來，關在一起，三個月都不加審問，自己去反省自己"不教民"之過，其實就是為了讓這對父子在囚禁室裏相對而坐，各自反省自己的錯誤。看來效果達到了，告狀者主動要求止訟。這無聲的教誨，竟感化了爭訟者，孔子在這裏真可謂"萬世師表"。後人對此事越傳越神，說孔子將這對父子釋放出來時，"父子相擁而泣"，父子感情就此得以恢復且加深了，並發誓"終身不訟"。

孔子的故事不管是真是假，引來了許多"父母官"去效法，聽說收效都不小（當然收效小或完全無效的，誰還願意記載下來呢？）。例如，東漢人仇覽作亭長（漢時十里一亭）時，"亭人陳元之母告（陳）元不孝，（仇）覽以為教化未至，親到（陳）元家與其母子對飲，為陳

---

2 《荀子·宥坐》。

説人倫孝行，與《孝經》一卷，使誦讀之。(陳) 元深自痛悔，母子相向泣，(陳) 元於是改行為孝子"[3]。又如唐人況逵為光澤縣尹，"有兄弟爭田，逵援以 (詩經)《伐木》之章，親為諷詠解說。於是兄弟皆感泣求解，知爭田為恥"[4]。這些都是父母官親自上門進行道德說教，與爭訟雙方"促膝談心"，以解紛"息訟"的例子。這都是有聲的教化，其精神無疑是源自孔子。東漢人吳佑為膠東相時，"民有爭訟者，必先閉閣自責，然後斷訟"。這是直接效法孔子，先閉門反省自己"不教民"使民道德墮敗之過失。並且"以道譬之"，就是把道德的原理用通俗易懂的方式講給老百姓聽，"或親到閭里重相和解"，就是親自下鄉，到百姓家裏進行教育。自此以後，膠東地方"爭訟省息，吏人懷而不欺"[5]，就是官民都互相愛護、互不欺詐、不打官司了。

還有的地方官更有高招。若有民爭訟難決，他們就作出打算"引咎辭職"，以謝自己不能"化民成俗"之罪的樣子，不惜摘下烏紗帽去感化爭訟者，使爭訟者自感過意不去，對不起父母官，而自動息訟。如西漢人韓廷壽為馮翊太守時，"有兄弟因田爭訟"，廷壽大為傷心，說：我的職責應該是為本郡的表率，卻"不能宣明教化，至令民有骨肉爭訟，既傷風化"，又使得當地鄉官長老蒙羞，責任在我，我應當先辭職謝罪。於是當天稱病不辦公，閉門思過。這樣一來，弄得爭訟者所屬的那個縣"一縣不知所為，令丞、嗇夫、三老皆自繫待罪"，全縣官紳都不知所措，大為感動，也紛紛反省自己之過。訟者方面呢？"訟者宗族傳相責讓，(爭訟的) 兄弟深自悔，髡肉袒謝，

3　《後漢書・循吏列傳・仇覽傳》。
4　《後漢書・吳祐傳》。
5　同上。

願以田相移，終死不敢復爭"。據説自此以後，該郡下屬"遍二十四縣莫復以辭訟自言者"[6]。可見這種無聲教化的效果何等之大！

還有東漢人魯恭也因採取同樣的辦法息訟而著名。"魯恭為中牟令，專以德化為理，不為刑罰"。如有訴訟，經他判決後仍有抗拒執行者，他就喟然長嘆："是我的教育感化工作沒有做到家啊！"於是"欲解印綬而去"，就是欲交出官印，摘下烏紗，以示辭職謝罪。古時的那些馴良的老百姓，哪裏經得起父母官這一番表演的撞擊啊，他們馬上就被俘虜了，覺得為了個人利益讓父母官如此痛心，於心不忍，馬上"皆退而自責，輟耕相讓"[7]。在這樣好的父母官面前，即使丟了點田地也心甘情願——這就是言教加身教的威力。古時父母官們斷訟的一般程序就是："人有爭訟，必（先）諭以理，啟其良心，俾悟而止。"[8]

還有更奇特的教化息訟的手法，有人在這一方面堪稱有創造發明。如清康熙時代，曾官至四川道監察御史的陸隴其在任某地知縣時，有兄弟二人爭奪財產，告狀到縣衙。接到案件後，這位陸知縣根本不用正常訴訟程序加以訊問，不查誰是誰非，"乃不言其產之如何分配，及誰曲誰直，但令兄弟互呼"，"此喚弟弟，彼喚哥哥"，"未及五十聲，已各淚下沾襟，自願息訟"[9]。這樣做，其實就是要兄弟二人在互相呼喚對方的稱謂（"名"）的過程中，各自省察明白"兄弟之名"背後的"分"（道德義務）"實"，讓他們想起兄應該"友"於弟、

6　《漢書·韓廷壽傳》。

7　《後漢書·魯恭傳》。

8　［元］黃溍：《金華黃先生文集》卷三十五，《葉府君碑》。

9　［清］襟霞閣主編：《陸稼書判牘》之"兄弟爭產之妙判"條。

弟應該"悌"於兄的道德倫理。這對兄弟互相呼喚了四十多聲後,大概明白了縣太爺的用意,"自願息訟"。父母官得了"仁慈"、"不用刑"的好名聲,訴訟雖然撤回了,但爭訟雙方的是非曲直(財產權利)還是一筆糊塗賬!

這種奇特的審判程序,陸知縣大概還無權申請專利,此前似乎已有人發明過了。在陸隴其之後,也有地方官們附庸風雅,動輒"但令父子互喚"、"但令夫婦互喚"、"但令叔姪互喚"等,也鬧出了許多笑話。許多父子、兄弟、夫婦、叔姪互相呼喚了五十乃至五百多聲,仍然"不知所以",根本不生"悔訟之心",繼續"相訟如故",給街頭巷尾徒添笑料。

法官對爭訟者以及其他百姓的教化,當然不僅僅表現在上述這些有些"作秀"的形式上,而且表現在裁決文書、公告中,也就是注意"寓教於判",目的是為了使境內百姓都重溫判決書上所講到的這些倫理道德,為了今後更好的止訟、息訟效果。亦即所謂"決今日訟,以止明日訟"。

唐代書法家顏真卿為撫州刺史時,當地有位叫楊志堅的讀書人,"嗜學而居貧"。其妻因嫌志堅貧窮,乃要求與志堅離婚。案到顏刺史手裏,他揮毫判曰:"楊志堅早親儒教,頗負詩名,心雖慕於高科,身未沾於寸祿。愚妻睹其未遇,曾不少留。靡追冀缺之妻,專學買臣之婦,厭棄良人,污辱鄉閭,傷敗風教,若無懲戒,熟過浮囂?妻可笞二十,任自改嫁,楊志堅秀才餉粟帛,乃置隨軍。"[10]

這份判決書,是一份多麼典型的道德教化文告。它首先讚揚了

---

10 《舊唐書·顏真卿傳》。

貧居苦讀的被告，宣揚了儒家“萬般皆下品，唯有讀書高”的道理；然後憤怒地譴責了原告，譴責她道德墮落，重錢財不重人才的市儈目光，責備她不學習那不恥貧賤在丈夫貧寒之際仍舊相敬如賓的冀缺（春秋時晉國人）之妻，而專學那在丈夫貧賤時厭棄丈夫的朱買臣（西漢人）之妻。並認定原告犯了“厭棄良人，污辱鄉閭，傷敗風教”的罪名，除給嚴厲的道德譴責外，並施以“笞二十”之刑罰，最後還不忘將被告錄用為公務員。我們可以看到，這份判決書，根本不曾引用法律條文，完全是憑着一般的道德倫理來判決。

清人陸隴其就那椿兄弟爭產案件所做的判決書也是一份道德教化文告：“夫同氣同聲，莫如兄弟；而乃竟以身外之財產，傷骨肉之至情，其愚真不可及也。……所有產業，統歸兄長管理，弟則助其不及，扶其不足。……從此舊怨已消，新基共創，勉之勉之。”[11] 這份判決書，其旨意與前者一樣，不僅是為了使原被告雙方知悉、誦讀、理解、踐行，更重要的是為了影響到治所之內的所有百姓。正因此故，古時官吏在寫自傳或為他人寫傳、作墓誌銘時，常標榜其為官斷案的判詞“一郡誦讀”、“百姓爭睹”、“人人爭相傳抄”。這樣的判詞，既達到了對老百姓進行道德教化（“寓教於判”）的目的，又炫耀了官吏本人的學問才華。因此，古時常有所謂詩判、詞判，即判詞（判決書）本身便是一首詩、一首詞（如“西江月”、“踏莎行”之類）。[12] 從這裏我們也就更容易理解為甚麼古時退休官吏那麼熱衷於編

---

11 《陸稼書判牘》之“兄弟爭產之妙判”條。

12 僅舉一例。如宋人羅燁《醉翁談錄》載，宋人王剛中為監察御史出巡福建時，有書生陳彥臣與鄰居之女靜女偷情，被女方母親現場抓獲。依宋刑統，無夫姦也要判一年半徒刑。但王剛中十分同情他們，有意成人之美，便揮毫寫成一首七絕，是為判決：“佳人才子兩相宜，致福端由禍所基，永作夫妻諧汝意，不勞鑽穴隙相窺。”

印出版自己在任時的判詞（《×××判牘》之類的書不可勝數）。因為
它既能表明該官吏深通孔孟之道的倫理道德大義，又能表明他頗有
文才，還能間接地炫耀自己昔時的“政績”，且能“藏之名山，傳之後
世”，並譽將來，立自己身後之碑，一舉而四得。

　　清人魏息園曾編《不用刑審判書》，專為善於以教化息訟者樹碑
立傳。所謂“不用刑審判”，有兩重含義。第一是用教化的方法使爭
訟雙方自願息訟；第二是法官以其出眾的智慧巧妙地得到了案件實
情而不用刑訊逼供。史書所稱道的絕大部分是前者。即是說，所謂
“不用刑審判”主要就是“以教化息訟爭”。

多方調解以消訟意

　　調解息訟是古代地方官們的最主要職責之一，與教化息訟方

▶ 江西婺源李坑古鎮申明亭。明初鄉間違法處理及糾紛解決之場所，國家在全國各地專設里老或耆老負責鄉間申明亭事務。

法略異。教化息訟特別注重講清孔孟之道的大道理，使人知恥、感悟而在訟前消除訟意或在訟爭剛起時自願息訟；而通常講的調解息訟，雖也不免講道理以感化爭訟雙方，但更多的是在訟爭進行中通過當"和事老"去"和稀泥"—— 通常是迴避案件中的是非，只要能息事寧人便罷，並且常有社會各方面的力量參與其事。

古時的調解大約有三種形式。

一是民間調解，明清時稱"私休"。即有爭訟者先找親鄰、宗族、鄉保解決，不送官府。或者有一方已告官，宗族鄉里搶先調處成功，即請求銷案，泯糾紛於鄉黨宗族裏之內。總之是民間的所謂道德權威或"同意的權力"[13]取代官府的決訟功能，而且是採取了相當和緩、體面的方式。這種民間調解，一方面是民間宗族、村社、寺觀等為了維護自己團體的體面而採取的主動積極的行動，另一方面也是朝廷及各級官府的有意鼓勵。當然，爭訟者也常希望這樣體面地終訟，而主動尋求民間勢力調解。

民間調解由來久遠。近代出土的周代鐘鼎銘文中，似乎就記有"宗子"（族長）調處糾紛的案例。先秦古籍中有不少民間調解的記載，漢唐時代民間調解更得到了長足發展。到了明代，法律明確規定："各州縣設立申明亭。凡民間有詞狀，許耆老里長准受，於本亭剖理。"[14]所謂"耆老、里長"，都是鄉裏德高望重之族長、士紳。他們"受理"案件，並"剖理"，當然只能算民間調解，儘管法律一度賦予他們小的懲戒權。康熙帝的"聖諭十六條"中，有"和鄉黨以息爭訟"一條，正是想充分利用"鄉黨"即民間道德勢力來化解爭訟。

13 費孝通語，見氏著《鄉土中國》，三聯書店 1985 年版。
14 《大明律集解附例·刑律·雜犯》"拆毀申明亭"註。

明清時期的地方官吏深知充分利用民間勢力調解息訟的好處，並在所治區域竭力做到這一點。如曾官至總督、大學士的清人陳宏謀主張："慎選房長族正，分別勸戒。敬宗即所以睦族，立教不外乎明倫。倡以祖宗，教其子孫，其勢甚近，其情較切，以視法堂之威刑，官衙之勸戒，有大事化小、小事化無之實效。……昔於江西酌定祠規，例示祠中，選立祠正，予以化導約束之責。族中有口角爭訟之事，使集祠正秉公分訓告以家法勸戒。當時已覺悚動，若久久行之，自能去其積習，以收遠效。"[15] 清人張海珊也曾主張："凡勸道風化，以及戶婚田土爭兢之事，其（族）長與（族）副先聽之，而事之

▲ 江西婺源江灣蕭江宗祠。宗祠為舊時宗族內祭祀祖先、道德宣教、處理大非違、調解糾紛之公共場所。

15 《皇朝經世文編》卷五十八《禮政》，陳宏謀：《寄楊樸園景素書》。

者方許之官。"[16]

　　古時地方官們深知，宗族、士紳等民間勢力在調解息訟過程中往往有比官府更有權威和效率：沒有森嚴的衙門、執棒的衙役、可怕的刑具、繁瑣的程序文書，沒有隔閡感和恐怖感，使爭訟雙方易於接受，長老們的道德名望也使爭訟雙方更相信調處結果的公平。陳宏謀所說的"其勢甚近"、"其情甚切"，就是說那些鄉間權威與爭訟人朝夕相處、互相感到親切，他們最易於明白訟者爭訟的要害所在，他們最易於"批評在理"或"說到點子上"。

　　古時民間自行調處的模範事例相當多，清代更盛。如清嘉慶年間，順天府寶坻縣孀婦孫張氏訴故夫堂兄孫文降霸佔了她的土地，投狀縣衙。知縣尚未及升堂問理，原被告雙方的六名親友就主動出面調停，表示"不忍坐視"宗族因訴訟而"損族望"。於是他們先邀爭訟雙方到一起，自行查明詳情並化解了糾紛。他們經詢問詳情並查看地契，方知有爭議的八畝地原係孀婦之故夫典給了堂兄孫文降，直到死時還無力贖回。於是，這個"調解委員會"向孫張氏說明了原委，她自知無理，自願息訟。此案本來至此可以終結，但"調解委員"們又覺得孀婦可憐，遂勸被告量力資助一下孤兒寡母。被告聽了眾人勸說，大發慈悲，表示"念繫一脈，骨肉相關"，情願將原告故夫出典的土地白白讓原告收回為業，並新立家據，表示"嗣後各守各業，永無爭執，均敦族好"。一場糾紛就這樣和和氣氣地平息了。六名親友又聯名上書知縣，請求"仁天老父台太老父俯念事經講解，施恩免訊，以全骨肉"。知縣樂得當即批了"准銷案"[17]三個大字，省卻

16 《皇朝經世文編》卷五十八《禮政》，張海珊：《聚民論》。

17 清順天府寶坻縣刑房檔案，轉引自倪正茂等：《中華法苑四千年》，群眾出版社 1987 年版，第 414 頁。

了父母官多少麻煩事！

費孝通先生在《鄉土中國》(首版於 1947 年) 中記述了他曾目睹的鄉村調解過程："在鄉村裏所謂調解，其實是一種教育過程。我曾在鄉卜參加過這類調解的集會。……負有調解責任的是一鄉的長老。最有意思的是保長從不發言，因為他在鄉裏並沒有社會地位，他只是個 (代官府徵收錢糧的) 幹事。……差不多每次都有一位很會説話的鄉紳開口。他的公式總是把那被調解的雙方都罵一頓：'這簡直是丟我們村子裏臉的事！你們還不認了錯，回家去！'接着教訓了一番，有時竟拍起桌子來發一陣脾氣。他依着他認為'應當'的告訴他們。這一陣卻極有效，雙方時常就和解了。有時還得罰他們請一次客。"[18] 從這裏我們可以看到鄉紳"道德權力"在調處解紛中的重大作用，而國家的"法律權力"則相形見絀矣！

二是官批民調。即法官接到訴狀後，認為情節輕微，不值得傳訊；或認為事關親族關係，不便公開傳訊，便採取了授權民間處理的解紛模式。他們一般是在呈狀上批道："着鄉保 (或着族長、親友) 調處，毋使滋訟！"隨即將訴訟狀紙轉到鄉保、族長處。後者接狀後，立即召集原被告雙方進行調解，最後要上呈狀説明事情的真實原委及處理意見，請求批准銷案。

三是官府調處。如上節以教化息訟的例子中，大多是官府的調解。如韓延壽、仇覽、況逵、吳佑、魯恭等官員之所為，正是官府調處。宋人陸九淵知荊門軍時，百姓有爭訟，則多方勸解。其中有些父子兄弟之間的糾紛，他總是以儒家的"綱常禮教"的道理來開導

---

18 費孝通：《鄉土中國》，三聯書店 1985 年版，第 56 頁。

啟發他們，最後往往使他們感動得自己把狀紙撕掉，重歸於好。[19] 又如清同治年間任江蘇長州知州的蒯德模（字子范），很善於調處糾紛。有人狀告嬸母因借貸未成而打了他。蒯德模驗得原告傷甚輕微，婉言勸道：像你這樣貧苦人家，你嬸子還來借貸，說明她比你更窮。一經提訊，不僅你嬸子要受累，你也要在縣城守候。衙門胥吏差役要錢是現在之急，田地荒蕪是將來之苦，何必為了爭一口氣而絕了兩家的生計呢？說罷賞了原告 2000 文錢，讓他回家，其人感泣而去。據說他辦案常"不惜己囊平此兩造"[20]。他的所謂調處，的確主要是在和稀泥。案情雖輕，是非曲直還是有的。但他竟不聞不問，只求息事寧人。

又如清人姚一如為成都知府時，曾受理一個兄弟爭產訟案。開庭前，一紳士來謁，餽金 6000 兩，囑護其兄。姚佯許之。及開審，兩造到庭，該紳士亦在側。姚乃謂其兄弟二人曰："爾係同胞，為手足，我雖官長，究屬外人。與其以金援我，何如一家相讓！今金俱在，爾等自思。兄有虧還爾六千金，弟有虧受此六千金，俱可無訟。"於是"兩人感悟，投地飲泣"。姚知府又對那紳士訓道："爾係伊家至戚，昆季（兄弟）奈何分彼此而輒上下其手？平時不能勸導，又欲宵（夜）行囑託，陷我於不義。今他弟兄已和好，以後稍有齟齬，即惟爾是問！"[21] 這又是典型的"和稀泥"。以金賂官固然不對，但兄弟爭產總有是非曲直應辨明，豈能如此敷衍了事？

我們說古時民間調解、官府調解都以"和稀泥"為特徵，一點也

19　參見《宋史・陸九淵傳》。

20　參見〔清〕蒯德模編：《吳中判牘》。

21　參見〔清〕諸晦香：《明齋小識》。

不冤枉那些"青天大老爺"們和那些"德高望重"的族長士紳們,他們自己的確就是這麼主張的。曾長期為幕賓並為多地州縣官的清人汪輝祖所著《學治臆説》説:"勤於聽斷善矣。然有不必過分皂白可歸和睦者,則莫如親友之調處。蓋聽斷以法,而調處以情。法則涇渭不可不分,情則是非不妨稍措。……或自矜明察,不准息銷,似非安人之道。"[22] 所謂"皂白",就是指案件中的是非曲直。法官竟公然主張不要過分弄清是非曲直,亦即不要特別明確法律上的權益,此即"是非稍措"。這樣的"調處以情",不是"和稀泥"又是甚麼?

懲罰訟徒以儆效尤

既經道德教化,又經息事寧人的調解,如果有人還不"覺悟",還想糾訟到底,那麼就不能客氣了,就要給他點厲害看看,甚至大刑伺候。這也是古時地方官們的一般看法或做法。

這裏所説的"訟徒"大概包括三種人:一是職業訟師,二是事不關己而幕後唆使他人訴訟之人,三是因自己的利害得失糾訟不已、沒完沒了的人。

在古代中國人看來,以代書訴狀並給爭訟者出謀劃策為職業的人是最可惡的。古人認為,他們是一些善於挑起事端並火上澆油的猥瑣小人,是讀書人中的敗類,所以必須嚴加懲治。清人汪輝祖《學治臆説》云:"訟師地棍唆訟害民,二者不去,善政無以及人,必須懲治之。"[23] 這種認識,就是美國學者德爾克‧波德(Derk Bodde)所言

---

22 〔清〕汪輝祖:《學治臆説》卷下,"斷案不如息案"條。
23 〔清〕汪輝祖:《學治臆説》卷下,"地棍訟師當治其根本"、"治地棍訟師"二條。

訟師在古代中國"明顯被視為社會穩定的敵人"，因為他們破壞了人際的"和諧關係"[24]。

正因如此，所以古人常勸人"不可聽訟師棍黨教唆"[25]。我們在看許多古代案例選編時，常常見到縣太爺在審問原被告時，常常喋喋不休地追問原告被告背後有何人指使，何人出謀劃策，何人教唆。一待問出幕後助訟之人——主要是"惡訟師"，則立即"着實打來"，以示懲戒，目的是為了使其將來再也不敢"唆訟"。

清人石成金著《笑得好》二集載：一秀才擅辭令，慣於幫人訴訟，縣官憎惡之，訓斥道："為士者，只應閉門讀書，因何出入衙門，如此舉動？"竟令衙役將這位秀才訟師押到一個大糞坑旁，罰其站在那裏聞臭氣。這事真真假假，無法證實。但古時那些縣太爺們這樣做既不違法，也不違反道德，是完全有可能的。

除懲罰訟師之外，古時官府還特別注意懲罰那些對"不干己"之事熱心助訟，教唆訴訟，並企圖獲得不正當利益的人。如清乾隆五十七年（1792年），貴州有位叫許朝開的老人因在某重大誣告案中"教唆詞訟"，被判處流刑。待執行時，此人年已70歲。依律，年滿70歲者，除因犯"十惡"被處絞、斬以外，流罪以下應准予收贖，即交納現金抵刑。但因此案重大，貴州巡撫不敢擅自依例准贖而上諮刑部。刑部回覆說："遵查年老之人，律准收贖者，原因其精力已衰，不致復犯，故特加原宥，以示矜全。至（於許朝開）以毫不干己之事教唆誣告，其年雖老，智慮未衰，若亦准予收贖，幸免治罪，

---

24 ［美］德爾克·波德（Derk Bodde）：〈清律中的老小廢疾〉，載 *On Chinese Legal Tradition* 論文集，紐約，1980年版。

25 ［清］王士晉：《得一錄·宗祠條規》。

仍得擾累鄉愚，似非所以儆刁健而息訟端也。"[26] 結果可想而知：不准收贖，特示嚴懲。

　　為防止有人慫恿、教唆他人訴訟，古時官員們甚至在規勸有訟者"以忍為尚"之外，還注意訓令有訟者"親友亦不必代言"[27]，盡量不讓當事人親友捲入其中（但允許並鼓勵參與斡旋調解息訟工作）。特別注意勸人不要"多事"，不要管"閒事"。又如前引《明齋小識》所載兄弟爭產案中，法官姚一如不責備原被告雙方，卻重重責罵那位幫助爭訟雙方兄長一方的紳士，判定今後那對兄弟如再有爭訟，"即惟爾是問"。意即只追究唆訟者的責任。

　　此外，古時"父母官"們還十分注意嚴懲那些在訴訟上糾纏不休的人。據清人汪輝祖《學治臆說》自記，汪氏在寧遠作知縣時，"邑素健訟"，即是說那個地方的人特別好打官司。"上官命余嚴辦"。就是命其嚴懲好訟者。"余偵得數名（好訟者），時時留意，兩月後有更名具辭者"，就是說有人時隔兩月又去訴訟，因恐被縣太爺發覺是"屢訟者"，乃更改姓名投狀告訴。不幸被這位細心的知縣發覺。汪知縣怎麼懲治這些"健訟"者呢？他"當堂（將更名再訟者）鎖繫，一面檢其訟案分別示審，一面繫之堂柱，令觀理事。隔一日審其所訟一事，則簿予杖懲，繫柱如故。不過半月，（更名屢訟者）憊不可支。所犯未審之案，亦多求息。……後無更犯者，訟牘遂日減矣"[28]。這裏根本就沒有查明那人屢次投訴的案件中各自是非如何，而僅僅把屢次訴訟本身當成犯罪加以懲治。這種"鎖繫"、"杖懲"，都非清律所

26 《刑案彙覽》卷四，乾隆五十七年説貼。
27 ［清］陳宏謀：《從政遺規》卷下，《呂忠節公署門七則》。
28 ［清］汪輝祖：《學治臆説》卷下，"治地棍訟師之法"條。

載用以懲"屢訟"之刑罰，律中也無"屢訟"之罪。

最後特別值得一提的是，古時官府還特別注重嚴懲"惑眾構訟"、"聚眾構訟"者，大約是因為這些人煽風點火，造成羣體事件，危害最大。如清光緒十一年(1885年)，六品官員靜山奉派前往黑龍江呼蘭"發放改換地照"，大約是重新進行戶籍及土地登記等，趁機敲詐了一些老百姓的錢財。農民裴佃甲等"倡首邀會"，"界民二百餘人，擁入呼蘭副都統衙門呼控"，即集體控訴貪官污吏。但因"聚眾"深為朝廷所忌，朝廷乃判裴佃甲"聚眾構訟，照光棍例，為首擬斬立決，罪上量減一等，擬杖一百，流三千里"[29]。這種"聚眾構訟"常常是"官逼民反"、"大家一齊上梁山"的先兆，無怪乎官府要對倡首者施以那麼沉重的打擊。

懲罰訟徒的目的是為了以儆效尤，所以古時法官在嚴懲訟徒的判詞中常常有"告爾鄉民，以斯為鑒，不得再行滋訟"，"特示嚴懲，以為滋訟者戒"，"若再有唆訟者，則更加嚴懲不貸……"一類的語句，以教訓百姓。無論何時，他們還是沒忘了"寓教於懲"的宗旨。

"各打五十大板"之理

"各打五十大板"的決訟方式特別值得一提，因為在古代中國也可以看成是息訟方式，這是一種以"決訟"為"息訟"手段的方式。它既不屬於一般的調解息訟，也與一般意義上的懲治訟徒息訟不同，這就是"各打五十大板"的"決訟"方式。這種方式，這與其說是斷決

---

29 《新增刑案彙覽》卷十二，光緒十一年黑龍江將軍奏。

或調處，毋寧說是法官懶惰，以懶人的辦法息訟[30]。當然，這裏所說的"各打五十大板"既是從事實意義而言的，也是從象徵意義而言的。即是說，包括確確實實地真打——物理意義上的"打"以及經濟意義上的"打"（罰），還包括其他名譽、精神上的制裁。只要是原被告雙方受到差不多相等的處罰，就是"各打五十大板"。

清獨逸窩退士所編《笑笑錄》載：清時，某知縣初到任，上堂審理一案。原被告各執一理。此知縣老爺乃道："你們的話，本縣都不明白。今先據原告的話，打被告二十板子；那被告的話，也還有理，再把原告打二十板子，這件事就可結案了。"此案的判決結果是雙方敗訴。這種事，姑不論是真是假，古時以"和稀泥"為原則的地方官們是可能做得出來的。

另據《海瑞集》載，海瑞任監察御史出巡地方時，特別反感有的地方官吏斷疑難案件時的"四六分問"的"止訟"原則。"問之識者多說是詞訟作四六分問，方得息訟。謂與原告以六分理，亦必與被告以四分。與原告以六分罪，亦必與被告以四分。二人曲直不甚相遠，可免忿激再訟。"要判原告六分理，同時也須判被告四分理；定原告六分罪，同時也須定被告四分罪。這實質上就是典型的"和稀泥"或"各打五十大板"。這種"和事佬"的辦法，為廉潔公正有名的海瑞所反感。他說："然此雖止訟於一時，實動爭訟於後。"為甚麼呢？因為"理曲健訟之人得一半直，纏得被誣人（好人）得一半罪，彼心快於是矣。"他痛斥："四六之說，非和事佬人乎？"[31]這正擊中要害，

30　這些評判，今天看來，相當膚淺而偏頗。其實，古人的各打五十大板的選擇，原因遠遠不是"懶惰"所能簡單概括的。——修訂註。

31　《海瑞集·興革條例·刑屬》。

"各打五十大板"正是"和事佬"的辦法，也正是昏官慣用的辦法。

古人為甚麼要故意這樣判案？為何不打 49:51（僅從象徵意義上理解）？誰理虧誰理足，其實一般法官憑其智力稍加查問便可大致可知，為何還慣於不特別幫助理足者也不特別懲罰理虧者呢？其中的緣故，當然不能僅僅解釋為法官昏庸。在大多數情況下，法官用這種"和事老"的"皂白不分"的方式結案，其實旨在"以儆效尤"防止更多的訴訟。就是說，連有理或理足的一方也不能給予過多的保護，不能讓他嚐到訴訟的甜頭 —— 哪怕一方僅僅比另一方多一分甜頭！多一分甜頭就是對訴訟者的鼓勵。理虧者予以處罰可能迫使其將來更老老實實、遠離訴訟自不必說，對理足者也予以處罰大約是為了使其覺得即使有理也打不贏官司，有理也撈不到甚麼好處，將來就會更加畏訟、賤訟、息訟。這就是"各打五十大板"的理由。因此，古時法官們在提原告被告過堂時，常常未及訊問就先把原告痛打一頓，並訓斥道：大膽刁民，不好好種田，竟敢滋訟！就是說，敢提起訴訟本身就成了一項該罰的罪行。

以不變應萬變

訟事是千變萬化的：沒有任何兩個情節完全相同的案件。且隨着時代的發展，人們日益變得"狡偽"，訴訟的水平越來越高，作案的花樣日益翻新。這在傳統中國，的確是件令"牧民者"們十分頭痛的事。

如何對付這些"瞬息萬變"的訴訟呢？古人一再倡導"以不變應萬變"。所謂"不變者"，無疑是指孔孟的綱常倫理之教，這是"萬古不易之常道"，是"天地之常經，古今之通義"，是"天不變，道亦不變"的。古人認為，再複雜的訟事，只要用"父為子綱，君為臣綱，夫為妻綱"，"仁義禮智信"等"不變"之準則去一衡量，馬上"是非立判"、"皂白立分"、"曲直立決"。他們認為，決不可為了順應"訟"的千變萬化而不斷地更新是非標準、審判標準。為甚麼呢？因為你一"以變應變"，馬上就會引起"惡性循環"——"滋訟"的方式方法就會以更快的速度和更令人煩惱、令人目眩的內容和方式迅速翻新，那也就等於鼓勵百姓不斷地更新、改進興訟的手段、方法、途徑、技巧，鼓勵他們心靈日益"刁詐"。那樣一來，後果將不可收拾。"以不變應萬變"，雖有些被動，但仍不失為息訟止訟之"良方"。前文所提到的道德教化以清訟源也好，多方調處以息訟意也好，嚴懲訟徒以儆效尤也好，全都貫穿着這個"不變"—— 亦即都貫穿着"三綱五常"、"四維八德"、"三從四德"、"十義"之類"不變"的"天理"內容。

第十四章 "辯訟"："名分之前無是非"

"名分"一語，在現代社會，的確無法找到一個對應語去翻譯、解釋。"名"即名稱，"分"即"應得"、"應然"。從詞義上講，"名分"，就是"依名稱而應然應得"。這樣的解釋多麼生硬！不如説，名分就是封建時代所有的人在社會生活（包括政治、經濟、文化、宗教生活）中所處的地位及依此地位而被分得的"正當的"權益。"分"是由"分"（動詞）字之義而來。"名分"，有時也可説成"名義"。即是説，"分"就是"義"（"義者，宜也"），就是封建的思想體系中"合情、合理、合法（'合禮'亦即'合法'）"的權益。

如果用今日民法的術語，簡直可以把"名分"翻譯為"法定的身份權益"，或者直接把"分"和"義"譯成"所有權"或"法定權益"。當然，這個"法定"，是指"天理、國法、人情三位一體"那種意義上的"法定"，而不是指一般成文法條意義上的"法定"。同時，此"所有權"不僅指對物的所有權，包括對一切利益（名譽、身份、主祭地位、爵位、官職……）的"所有權"。

▲ 河南內鄉縣衙二堂（琴治堂），為縣官處理一般案件特別是民事糾紛的場所。

"名分"，是古時民事法律關係的準據，是一切法律的基石。法官決獄斷訟，首先必須特別分辨清楚的就是"名分"，其次才是分辨是非曲直。或者説，"名分"本身就是古代中國最根本的、真正意義上的是非曲直標準，而平時説的事實意義上的是非曲直在審判中只是次要問題。

紛繁"名"與"分"

　　古代中國社會關係中有多少種"名"？誰也沒有統計過。我們可以簡單地分為幾類列舉一下。

　　第一類是親屬關係之"名"。其中有血親之名，如祖父母、父母、子女、兄弟、姊妹、叔伯、甥姪、外祖父母、外孫、舅、姨母、姑母、堂兄弟姊妹、表兄弟、表姊妹，等等。有姻親之名，如岳父母、公婆、女婿、兒媳，等等。第二類是政治關係之"名"，如君臣、官吏、公侯伯子男、親王等爵位，以及無以數計的官稱如宰相、大臣、刺史、縣令、縣丞之類，還包括嗇夫、亭長、廷掾、三老、地保、鄉紳之類，或應包括宗教中的長老、住持、寺主、道長、女冠、尼姑之類，封建幫會中的種種名稱如堂主、團頭、師兄、大哥之類，似也應入此列。第三類是經濟社會關係之名，如士、農、工、商、軍、倡、優、皂、隸之類(當然也間接表示政治地位)。

　　這些"名"，在古時成文法律上雖無明確規定，但其各自的權利義務("分")，卻是不言而喻的。其"分"依其"名"之千變萬化而有千萬種差異。"名"稍有一點差異，"分"就隨之發生一些變化，儘管這些變化有時如不特別留意還不一定馬上感覺到。所以，這些"名"

的不同絕不僅僅是稱謂不同而已，而是不同主體的法律上不同權利義務的公告或標示。在古代中國，"名"意義重大。如果有人與其堂兄弟、表兄弟發生財產糾紛，控訴其二人侵佔其家財。一般法官審判時，如審得情況屬實，自然會對表兄弟處罰更重，對堂兄處罰可能稍輕。為甚麼呢？因為"名"不同而決定了"分"或"義"有別：堂兄屬於"本家"（堂者、本宗之堂），表兄屬於"外家"（表者，外也）。古時處理財產糾紛案向來"內外有別"，故結果當然不應一致。

外國人學漢語，常埋怨中國的稱謂太多太複雜。其實，這不僅僅是一種語言上的差異，而是文化深層結構上的鴻溝。他們不知道，如果沒有這些千變萬化各不相同的稱謂（"名"），中國傳統社會中那一套比任何外國更周密、更精緻的宗法血緣等級結構體系就都不復存在了。在英語中，"aunt"一詞可以表示嬸母、姑母、姨母、舅母等，"brother"可以表示兄、弟，"cousin"可以表示堂兄弟姊妹，表兄弟姊妹，"niece"可以表示所有姪女、甥女；"grandmother"可以表示祖母、外祖母。這些稱謂，中國人感到好笑，簡直一團混亂。近代史上初譯英文的人們常因此而譏笑英美國家的人"無長幼之分"、"無男女之別"、"無內外之別"，說他們是"沒有教化的民族"，有如當時孟子指責墨子"無父無君是禽獸也"一樣。其實，中國人之所以要特別區分親、堂（從）、表兄弟姊妹和嬸、姑、姨等[1]，要特別區分

1　古代中國特別注意區分所謂"三父八母"，就有強調權利義務不同的意思。同居繼父、不同居繼父、隨繼母改嫁之繼父，合稱三父；嫡母、繼母、養母、慈母、嫁母、出母、庶母、乳母，合稱八母。《元典章・禮部三・喪禮》有三父八母服圖。這些區分，主要是為了確定不同的喪服等級，實際上就是為了確定與喪祭承繼相關的權利和義務的細微差別。原書沒有提到古代中國真正典型的複雜"名分"區分——"三父八母"，顯係重大疏忽。——修訂註。

"內外"，特別區分父系和母系，特別區分嫡庶，所以決不是沒事找事，而是為了表明他們在法律上的權利義務有所不同。所以，這些稱謂簡直可以看成民事主體術語。

最典型的是"brother"一詞。四人認為兄、弟僅有出生時間先後之差，此外一無所別；中國人則認為兄弟不可不別，故有"兄友（良）弟悌"之義，有"弟卑兄尊"、"弟必從兄"之教，故在爭訟中常常要"助兄屈弟"（詳後）。"悌"，從"心"從"弟"，即是說為弟者的根本道德，就是要從心底裏發出一種作弟弟的真純感情，敬愛兄長，服從兄長，畢恭畢敬。正因為我們是"兄"、"弟"而不是"brother"，所以才有兄、弟各自不同的道德上的、法律上的權利、義務，也就是各自不同的"分"。所以說，有多少"名"，就有多少"分"。"名"是"分"的標籤或宣示，"分"是"名"的實質內涵。得其利如無其"名"，則是"非分之利"，就是"不義之財"；如無其名而慕其利，就是"非分之想"，就是"僭越"。凡做事合其"名"，就是"分內之事"；如不合其"名"，就是"分外之事"。"過分"、"非分"，則為眾所鄙棄。所以，古時的社會教育，第一教義就是要人們"安分守己"、"不慕分外之物"。"非禮勿視，非禮勿言，非禮勿聽，非禮勿動"[2]，實際上這個"禮"就是"分"。"禮者，所以定分也"，"禮所以正名定分，以止爭奪"，這是古人的一般認識。

2　《論語·顏淵》。

權利義務生於名分

中國古代幾乎沒有今天意義上的權利義務觀念，只有"名分"或"分"的概念與之相近。"分"主要指義務責任，但也含有權利。但在本節裏，我們姑且把古人認為依禮依法所應得或所可為者稱為"權利"，把他們認為依禮依法所必須為、不應為、不應得者稱為"義務"。

中國古時人們的權利義務依"名分"或"名位"而來，此即《左傳》所云："名位不同，禮亦異數"[3]。孔子講"正名"，強調"君君臣臣父父子子"，其實也可以理解為想特別強調釐清不同社會成員所具有的不同權利義務。有甚麼樣的"名分"，才有甚麼樣的權利義務。無此名必無此權利義務，有此權利義務必要求此名。

我們簡單地列舉幾種"名"及其相應的權利義務（"分"），以為說明。

第一是"夫"。有"夫"之"名分"，必有"夫"之權利義務，否則夫將不夫。《白虎通》云："夫婦者，何謂也？夫者，扶也，扶以人道者也。"[4]《朱柏廬治家格言》云："蓋夫唱婦隨，乃持家之定理。……萬不可偏聽婦言。……古人閨閣之內，嚴於朝廷；夫婦之義，要在有別。書云'牝雞司晨，惟家之索'，不可不永以為鑒。"[5] 這裏講的就

3　《左傳·莊公十八年》。

4　《白虎通義·嫁娶》。

5　這一段文字，當時未註明出處。今查不是《朱柏廬治家格言》原文，亦不見於其他《家訓》。當時不知自何處查得，未加詳註，慚愧。這一段話大約是清人對《朱柏廬治家格言》的註釋文字。現一時查不清出處，又不忍捨棄，暫留存疑於此。——修訂註

是夫的權利義務。就是説，夫是一家之主，有決策之全權，婦只可順從。又《大清律・戶婚》"出妻"條云："若妻背夫在逃者，杖一百，從夫嫁賣。"就是説，丈夫又有賣妻子之權利，妻只不過是丈夫支配下之　物。在中國倫理中，大似乎沒有甚麼單獨的義務。《禮記》"　義"中有"夫義婦聽"，"夫義"勉強可以理解為夫的義務。但甚麼叫"夫義"？從來沒有明確的解釋。法律上也沒有關於"夫義"的義務規定，夫除直接觸犯有關罪名外，若僅僅道義上"不義"，也沒有法律制裁。

第二是"父"。有"父"之"名分"，也就有一連串相應的"父權"，也有一些相應的義務。這裏的"父"，指的是一家之中輩分最高的男性尊長。《唐律疏議》云："凡是同居之內，必有尊長。尊長既在，子孫無得自專"；又曰："諸同居之內，卑幼輒用財者，一匹笞十，十匹加一等，罪止杖一百。"[6] 這是説家長（即"父"）有家庭財產的最高支配權。司馬光説："凡諸卑幼，事無大小，必諮稟於家長。"[7] 這是説家長即父有家政的最高決策權。同時，父又有將子女作為財產出賣之權，如漢高祖嘗頒法令，允許百姓賣子[8]。《漢書・嚴助傳》如淳注云："淮南俗賣子與人作奴婢，名曰贅子。"此外，父還有主婚權，即子女的婚姻完全由他決定。如《唐律疏議・戶婚》"尊長為卑幼訂婚"條云："諸卑幼在外，尊長後為訂婚，而卑幼自己娶妻，已成者，婚如法；未成者，從尊長。"《大明令》及《大清律例》都説："嫁

6　《唐律疏議・戶婚》"卑幼輒用私財"條。
7　〔宋〕司馬光：《書議》卷四，《居家雜議》。
8　《漢書・食貨志》。

娶皆由祖父母、父母主婚。"[9] 至於父的義務，大概就是"十義"中的
"父慈"。甚麼是"慈"，大概就是要求對晚輩慈愛一點。但這也似乎
只是道義上的義務，不是法律上的。如"不慈"，也不受法律追究（構
成殺、傷者除外）。反過來，子女對父"不孝"是最嚴重的犯罪。

第三是"君"。有"君"之"名分"，必有"君"之權利義務。君
之權利或權力就是"禮樂征伐自天子出"，就是"君要臣死臣不得不
死"，就是"權勢獨制於君"，就是"普天之下莫非王土，率土之濱莫
非王臣"等。至於"君"的"義務"，"十義"中有"君禮臣忠"的要求，
要求"君"禮遇臣子，不可過分輕侮。但這也是道義上的義務。君如
"不禮"臣下，法律也無可奈何。

以上就是傳統中國秩序中的"三尊"（"三綱"）之君、父、夫的
"名分"及其相應的主要權利義務。我們當然是擇其要者而略述之，
無法一一列舉。下面我們再來看"三卑"的"名分"及其相應的義務、
權利。

首先是"婦"。有"婦"之"名分"，必有婦之義務權利。但"分"
對她來說，首要的是"義務"，是順從，是"夫為妻綱"，是"在家從
父，出嫁從夫，夫死從子"[10]，是"婦人以夫為天"[11]，是"無違夫主"等。
《白虎通》說："婦人有三從之義也。婦者，服也，服於家事，事人者
也。"[12] 古人有時也說夫婦（妻）在名義上是相等的。《說文》："妻者，
與己齊者也。"《釋名》曰："夫妻，匹敵之義也。"但事實上，"齊"

9　參見瞿同祖：《中國法律與中國社會》，中華書局 1981 年版，第 17~18 頁。
10　《禮記・郊特牲》及《孔子家語・本命解》。
11　《唐律疏議・戶婚》"居父母喪嫁娶"條。
12　《白虎通義・嫁娶》。

者，"匹"者，在法律上都無相應的規定和保障，倒剛好有相反的規定。如《大清律例》規定：妻根本沒有家庭財產的支配權，必須從夫，妻不得有私產。甚至改嫁時不但不能帶走夫之財產一部分（今日夫妻共有財產），並且連其從娘家帶來的妝奩（嫁妝）亦由夫家作主。[13] 觀念上更是如此，如《晏子春秋·天瑞》云："男女之別，男尊女卑，故以男為貴。"《孟子·滕文公下》云："女子出嫁之時，父母必戒之曰：'必敬必戒，無違夫子。'"《禮記》"十義"中規定"婦順"，即妻子必須聽夫的話。《爾雅·釋親》云："婦之言服也，服事於夫也。"《孔子家語·本命解》說："女子者，順男子之教而長其禮者也，是故無專制之義。"這些其實都是講婦女的義務的。至於婦女的"權利"，古時法律曾規定在三種情況下可以理直氣壯地拒絕丈夫的離婚要求，即《孔子家語》所云：有所取無所歸（指無娘家可歸），與夫一起為公婆守過三年喪，先貧賤後富貴。此均為唐宋以後法律所肯定。除此之外，別的幾乎再也沒有了。另外，"婦"有"主內"之權（"男主外，女主內"），也就是全面掌理家務之權。這是甚麼權利呢？是"教令不出於閨門，事在供酒食而已"[14]。是"男不言內，女不言外"[15]。就是說，妻只管做飯洗衣服之類，對丈夫許可權之內的決策事宜不得插嘴。這與其說是權利，不如說是片面義務。

與妻（"婦"）相關的是"妾"，其義務比妻更多更苛刻，而權利更少。《唐律·戶婚》規定，在父母及夫喪期間嫁娶者，徒三年，但如只是納妾而已（不是法定正式婚姻）則減三等處罰，並"各離之"，

13　參見《大清律例·戶律》及《戶役》"立嫡子違法條"。

14　《孔子家語·本命解》。

15　《禮記·內則》。

即強令解除婚姻。為何納妾罪輕？《疏議》曰："妾即許以卜姓為之，其情理賤也，禮數既別，得罪故輕。"妾的法律地位，在家裏完全同於奴婢，故不存在婚禮及離婚問題，棄之若逐一僕；她不但得服事夫，也得服事夫之正妻。古時甚至有夫殺妾而法律不聞不問之情形。

夫與妻妾的權利義務的差別，實際上是"男女有別"所致，而非僅由"夫"與"妻妾"之"名分差別"所致。《唐律·戶婚》規定，在某些由家長（父、夫）單獨擔責的犯罪中，妻、妾、女並不連坐。理由是："妻妾及女，理不自由，故不並坐。"就是說婦女從來都得由男人來支配，不管其名分是"母"、"妻"、"妾"、"女"等。"夫死從子"典型地說明婦女沒有獨立的人格權。

其次是"子"。有"子"之"名分"，即有子之義務權利。"為子為臣，惟忠為孝"。子的最大義務就是"孝"，就是絕對服從父親，就是"三年無改於父之道"[16]。所謂"父為子綱"，就是說父親是子女的主宰。甚至有"父要子死子不得不死"之義務，這就是為子之"分"。《唐律·戶婚》規定："諸祖父母、父母在而子孫別籍異財者，徒三年"，《大清律例》註云："祖父母父母在，子孫不得有私財，若遂別立戶籍，分異財產，是為不孝。"這都是說子孫（包括未嫁之女）都沒有任何獨立財產權。此外，子孫的婚姻，須遵"父母之命，媒妁之言"，自己毫無決定權。這都是由"子"之"名"生出來的義務。至於其權利，我們尚未找到一條較關於"子權"的明顯法律規定。

再次是"臣"。由"臣"之"名"生出了"忠"的義務，也生出了類

16 《論語·學而》。

似"諷諫"等道義上的"權利"。臣之待君，猶子之待父，必須絕對服從。《韓非子》云："人主雖不肖，臣不敢侵也。"[17] 即是說，即使是一個笨蛋作君主，臣子也不得違抗。孔子說臣子最大的權利就是反覆"諫之而不聽則去"，就是有逃離昏君之權。《孟子·萬章下》說貴戚大臣有"反覆諫之而不聽，則易位"即推翻暴君之權。但這些權利後世都沒有得到法律的承認。實際上臣只有絕對的義務，而無法定權利。總之，君臣關係，絕對不可視為今之僱傭關係。

這裏我們初步列出了六種"名"及相應的"分"（權利、義務）。其他還有許多"名"如兄弟、叔姪、舅甥、姐妹、翁媳、官民、良賤……以及它們相應的"分"或權利義務，無暇一一列舉。並且，我們已列舉的此六者，也只是擇要而舉之。

權利義務出於名分。"名分"尊、高、貴者權利多，義務少；相反，"名分"卑、低、賤者權利少，義務多。這一點，是古代中國的法律精神，也是處理民事法律關係的原則，它貫穿於一切民事案件的審理活動之中。

現代法律中也區分居民的身份，也區分不同類別的權利義務主體，但比起昔日倫理的繁瑣規定，簡直簡單透頂。現代法律，在政治性法律上，無非是區分全權公民、不完全公民（如未滿法定選民年齡者及依法剝奪某些公民權利者）。在民事性法律中，無非是區分親等，直系旁系血親、姻親等，且這種區分簡直就是為了一個目的，就是為了解決權利擁有和繼承問題，這與古代中國區分"名"的目的大不相同。這些區分，其實可以視為現代之"名"，其相應權利義務

17 《韓非子·忠孝》。

也可以視為現代之“分”。但古今“名分”相較，其差別不啻天壤。古代的“名”和“分”，有千萬重意義，今日則簡化為簡單幾種了。這是因為今日是崇尚人格平等的社會，無需用那複雜的“名分”去構成一個等級森嚴、層級過多過密的社會生活秩序。

如此說來，權利義務生於“名分”，古今也有相通。

僅就親屬之“名分”而言，“名分”的等次、遠近親疏怎麼表示、計算？古羅馬人發明了他們的親等計算法；中國人發明了“喪服計算法”[18] —— 就是根據為死者服喪悼念時依禮應穿戴甚麼樣的守喪服飾、哀悼期長短、表達何等程度的悲戚樣子來確定親屬關係的親疏遠近等級：斬衰、齊衰、大功、小功、緦麻、袒免親、無服親……。這就是古代中國社會生活中通常所說的“名分”中的主體部分。

在以血緣倫理為基準的社會生活裏，非親屬關係也大致是換算為親屬關係的“名分”後才能確定實際權利義務的。如“臣”同於“子”，“奴僕”等於“子”，“生”、“徒”等同於“子”，寺觀主持亦視同“三綱”，江湖同夥視同“兄弟”之類。

在古代中國的民間訴訟審理時，官員們一般都特別重視名分。“名分”關係的重要性甚至超過事實本身，直接決定誰能勝訴。在親屬圈中，“斬衰”親等最近，“名分”上最親、最高，當然權利更多，且能更好地受保護；“齊衰”次之，大功、小功又其次之，緦麻更次。如有親屬關係的人之間發生鬥訟，係“斬衰”親等者，則卑幼罪惡最嚴重；而越往下幾個親等，罪惡越輕；緦麻親屬之間鬥訟，卑幼罪責更輕；無服親屬鬥訟，卑幼罪責同於凡人。在遺產繼承、婚姻家

18　參見本書“刑事篇”第九章“服制與刑罰：准五服制罪”。

庭、契約等民事法律關係中，"五服"之"名分"（親等）尤有重要意義。君臣之分也好，公侯爵位之分也好，良賤區分也好，男女之分也好，"五服"親等之分也好，都是為了一個目的，就是**區分**不同等級、不同層次、權利義務不等的法律關係主體身份，就是為了強調從來就沒有權利完全相等的權利主體，就是為了排斥所謂法律權利平等的觀念，就是為了建立一個"貴賤有等，長幼有差，貧富輕重皆有稱"[19]、"衣服有制、宮室有度、人徒有數、喪祭械用皆有等宜"[20]的等級生活秩序。

"名分"本來是階級壓迫、等級壓迫的產物，是統治階級既得利益的保護網。這當然不僅僅就"五服"之名而言，而是就君臣、父子、夫婦、主僕、尊卑、嫡庶、貴賤、長幼、內外、男女、官民、朝野等所有"名分"而言。"名分"的這種保護統治階級既得利益秩序的意義，古代秩序的衛道士們一般是不承認的。他們一定要把"名分"秩序說成是天理、自然，不是人為的。如南宋人真德秀云："名分之等，乃天地自然之理，高卑有不易之位，上下有一定之分，皆非人力私意之所為者也。"[21] 他的意思是，"名"尊"分"優的人們的特權待遇，以及"名"卑"分"劣者的悲慘待遇，都是"天"定的，不得懷疑，不得企圖改變。

19 《荀子·禮論》。
20 《荀子·王制》。
21 《大學衍義》卷二，《正綱常之紀》。

"名分之前無是非"

海瑞，是家喻戶曉的明代著名清官。在辨訟時，他特別注重考慮"名分"。他曾說，"凡訟之可疑者，與其屈兄，寧屈其弟；與其屈叔伯，寧屈其姪；與其屈貧民，寧屈富民；與其屈愚直，寧屈刁頑。事在爭產業，與其屈小民，寧屈鄉宦，以救弊也；事在爭言貌，與其屈鄉宦，寧屈小民，以存體也。上官意向在此，民俗趨之。為風俗計，不可不慎也。"[22]

這是這位著名清官所總結的自己辦理疑難爭訟案件的經驗，很值得我們玩味[23]。他的意思是，有些疑難案件，在事實上的是非曲直尚無法弄清，而又不得不結案時，就應以**倫理**或禮教上的"名分"作為是非標準來決斷。在兄弟相訟、叔姪相訟、官紳與小民相訟中，如事實無法弄清，那麼就應依兄尊弟卑、叔 (伯) 尊姪卑、官紳尊小民卑的倫理原則來做判決。所以，寧可讓"名分"上卑賤的弟、姪、小民受些委屈，也不能讓"名分"上尊貴的兄、叔伯、鄉宦受委屈。海瑞說這是為了"存體"，"體"就是"禮"秩序，就是"貴賤有別"的封建倫理秩序。保護這個"大體"，這比弄清事實上的是非曲直、釐清不同民事權益更為重要，所以馬虎不得。因為依倫理道德，"名分"卑賤的人竟敢與"名分"尊貴的人打官司，這本身就是罪過，就該受一定的責罰，這就叫"名分之前無是非"。

22　《海瑞集・興革條例・刑屬》。

23　海瑞的這些經驗，現在被朱蘇力教授命名為"海瑞定理"。他認為，海瑞的"與其屈……，寧屈……"論述中抽象出有關司法的兩個定理 —— 公平定理和差別定理，並從理論層面和社會歷史層面逐一論證其合理性和正當性。比較有意思，其實也可以參照以理解"名分"的法律權利義務含義。—— 修訂註

　　"名分"大於是非，這倒不是海瑞先生的發明，其實孔子早就這樣教導人們了。據《論語·子路》載：當時有位叫葉公的人對孔子說，我們那個地方有個正直坦率的人 —— 他父親偷羊，他則去證實此事。孔子聽後人不以為然地說：我那個地方正直的人倒與他剛好相反 —— 父親為兒子隱匿犯罪，兒子為父親隱匿犯罪，而正直就體現在這種行為中。在這個例子中，葉公所說的"直"，是事實上的直，是忠於事實真相；孔子所說的"直"，是倫理道德上的直，是忠於倫理道德的要求，也就是"名分"的要求。很明顯，孔子主張事實之直應服從倫理之直；"名分"或倫理重於事實上的是非。明明為父者偷了人家的羊，孔子卻不允許為子者去作證，因為倫理"名分"要求"子為父隱"。合乎這一點，才算真正的正直，否則就不算 ——"名分"上卑賤的人竟想置"名分"上尊貴的人於不利之境地，這是違犯倫理道德的，這怎麼能叫做"直"呢？[24]

　　自孔子開了這個頭以後，後世的法官們無不或多或少地仿效，各朝代法律甚至也作這樣的規定。古時所謂"原心（情）論罪"，有相當一部分是"原名分定罪"，即依據名分決定有罪與否與罪行大小。而事實上的是非，經常被忽視。

　　《禮記·王制》云："凡聽五刑之訟，必原父子之親，立君臣之義以權之。"就是說，決獄斷訟首先就是要用"君臣"、"父子"這些"名分"去衡量，而不是首先追查事實情節。清人徐棟編《牧令書輯要》說："（審理訴訟）凡（事）關宗族親誼，必須（先）問明是何稱呼，係

24　這種評價，今天看來，未免幼稚、膚淺、武斷。但為真實反映當時的認識水平，未改。—— 修訂註

何服制。"[25] 然後再去問訊事實之是非。《大清律例》規定，祖父母、父母有將子女送官府請求懲處之權利。最重者可以請求官府處其子"充軍"。父母如認為子孫"違犯教令"、"忤逆不孝"，即可送懲。法律並明文規定："父母控子，即照所控辦理，不必審訊。"[26] 就是說，如祖父母、父母到官府控告子孫"不孝"等，不管是否事實，都應依其控告判處子孫以刑罰，根本不必去究問事實上的是非曲直。因為從"名分"(倫理)上講，祖父母、父母是家中之尊貴者，對子孫這些卑幼者有完全支配權，子孫只有被支配、被處置的份(或"分")，根本沒有與尊長爭論事實上是非的資格、身份。因此，在倫理上，父母總是對的，總是"直"的，此即所謂"天下無不是的父母"。這個"是"，當然是倫理之"是"，而不是事實之"是"或科學之"是"。

同治八年(1869年)，順天府寶坻縣有一鄉民扭送其子到官府，控其不孝、不贍養並打傷父親，要求懲處。官府驗傷後批道："驗傷痕，不過危詞聳聽，理應不准"，但考慮到"父子之義"，即為子應"孝"之"名分"，仍"准呈送子不孝，候拘究"[27]。這就是說：此子無罪，惟"子"其罪[28]。本來事實上無罪，但因為"名分"上是兒子，所以在父母生氣而加控告之情形下當然就有罪了。

又如前曾引過的陸隴其審兄弟爭產案："乃不言產之如何分配及誰曲誰直，但令兄弟互呼"，這也是先講究兄弟間之"名分"("兄友弟

25 《牧令書輯要》，《刑名》上，《審理雜案》。

26 《大清律・刑律・訴訟》"子孫違反教令"條判例及《鬥毆》"毆祖父母父母"條乾隆四十二年判例。

27 清順天府寶坻縣刑檔，轉引自曹培：《清代州縣民事訴訟初探》，載《中國法學》1984年第2期。

28 此乃諧春秋時"匹夫無罪，懷璧其罪"之典故。——庶民本來無罪，但因為曾接觸過"和氏璧"這個天下至寶，所以就紛紛有罪了。

悌"），後論是非曲直（甚至根本不論）。也就是名分之前無是非。

對這一原則，在理論上闡述得最清楚的是明人呂坤。他"曾見尊長與卑幼訟，官亦分曲直用刑"，認為此乃"愚不可及"："不知（法律規定）卑幼訟尊長，尊長准（算）自首"（因而減免刑罰），"卑幼（則）問（其）干名犯義（之罪）"，"遇有此等，即（使）尊長萬分不是，亦宜寬恕；即（便）言語觸官亦不宜用刑。（如若因此用刑）人終以為因卑幼而刑尊長也，大關倫理之教"[29]。

自《唐律》以後，直至《大清律例》，都有"干名犯義"之罪名。它規定，卑幼揭發、控告尊長，不管所控是不是誣告，不管事實真假，不管尊長最終是否被因此而判罪，子孫都要受處罰，僅"十惡"中嚴重國事犯罪除外。所謂"干名犯義"，就是"干犯"了"名分"的要求或倫理的要求。"干"，也就是"犯"的意思，"義"也即"分"或"名分"之意。子孫以卑幼而控尊長，當然是不安分，當然有罪。

清人戴震曾憤怒地控訴這種"名分之前無是非"的原則，至今聽來，仍覺"字字血、聲聲淚"："尊者以理責卑，長者以理責幼，貴者以理責賤，雖失猶謂之順；卑者、幼者、賤者以理爭之，雖得猶謂之逆。於是天下之人不能以天下之同情（眾人所同之情）、天下之所同欲達之於上。上以理責其下，而在下之罪，人不勝指數。人死於法，猶有憐之者；人死於理，其誰憐之？"[30] 簡單地說，死於"理"就是死於"名分"，死於禮教。的確，"名分之前無是非"的原則，是一個扼殺卑賤者人格的原則，是一個吃人的原則。

---

29 《實政錄·刑戒》"三莫輕打"條。
30 ［清］戴震：《孟子字義疏證》卷上。

第十五章 "決訟"（上）：
倫理關係重於財產關係

倫理關係，主要體現於古代中國的人身非財產關係，當然也在財產關係上有部分體現。現代民法上的人身關係概念，在古時中國除"名分"外沒有對應語。古時的一切人際關係都可以歸入君臣、父子、兄弟、夫婦、朋友"五倫"之中。人身關係的全部準則，就是這"五倫"之理，亦即儒教經典所宣講的那些道德倫理，而不是甚麼法律上權利義務的規定。關於財產關係與人身關係二者之輕重，古人"重義輕利"一語幾乎可以全部概括認識。"義"，既指"名分"（"義者，宜也"），又指有關道德準則，是故古時"名分"、"名義"二詞常相通用。"重義"，即重"名分"。為了維護人們之間的"名分"（倫常關係），犧牲任何財產關係上的是非、利益都在所不惜。當然，在財產關係與倫理關係（人身關係）不存在多大衝突時，財產所有權、債權等利益是會得到一定保護的。但是，二者一旦衝突，人們就會毫不猶豫地選擇保護倫常秩序而犧牲物質權益 —— 這就叫做"捨魚而取熊掌"也。

古人亦有所有權觀念

孔子説："不義而富且貴，於我如浮雲。"[1] 言外之意是：如果能

---

1 《論語・季氏》。

以合乎"道義"的途徑得到富貴(特別是物質利益),還是應該的。這就是他所懷有的關於財產關係與倫理關係二者關係的觀念,說明他在一定程度上是承認合情合理合法的財產所有權或私有權的。所以,如果說古時中國人沒有財產所有權或私有權觀念,說他們不關心財產關係只關心人身非財產關係,顯然誣枉古人了。對於此兩者,古人只作輕重之分,並不是作有無的選擇。

清人蒲松齡著《聊齋誌異》講過這樣一個故事:某甲懷五千錢自外地返鄉,因不小心,被某乙搶奪而去。某甲畏其慓悍,不敢反抗,乃尾隨某乙跟蹤至某乙之家。某乙乃把某甲抓了起來,誣指為小偷,捆到新鄭知縣石宋玉那裏。石知縣因知證據不足,乃決計另闢蹊徑,於是佯稱甲乙二人都無證據,斥退他們,以使真正盜賊麻痹而暴露。不久某乙果然無意中自己洩露天機。起初當石知縣斥退甲乙二人出堂之時,旁觀百姓均十分氣憤,"皆謂官無皂白"。而後來使五千錢歸於原主,眾人又頌之"皂白分明"。[2]

這裏的"皂白"觀念,指的正是確認財產的合法所有權並加以保護的觀念。實際上就是強調把法律上的財產權益弄清楚,而不是繼續含糊下去。又,清代觀弈道人著《槐西雜誌》載,當時山西某商人行商於外,將其資產託其弟代管。此人後來在外地娶妻生子。過了十幾年,妻病死,自己又老了,乃攜子而歸。其弟恐其索還資產,乃誣其兄之子係抱養異姓子(法律規定收養異姓子不得承父業),企圖以此成為兄產的唯一合法繼承人。兄弟間爭紛難決,竟鳴於官。最後官府下令以滴血法驗證此子確係其兄之子,乃判弟將所寄託資

2　參見《聊齋誌異‧新鄭獄》。

產盡數歸還其兄。眾人拍手稱快。[3]這個案例，既説明古時人們對即使是兄弟關係仍應區分各自財產權的觀念（所以有"親兄弟，明算賬"語），有受寄託財產不可侵佔的權利觀念，有較明確的財產繼承權觀念。

又據宋人桂萬榮《棠陰比事》的"章辨朱墨"一章載，宋侍御史章頻任彭州九隴知縣時，眉州大姓孫延世，偽造契約，企圖強奪同族某人之田產。官府長期不能辨認契約之真偽，案子拖了很久。章頻以及後繼者華陽知縣黃夢松先後承審此案，審得孫延世偽造契據實情，眾人稱頌。孫延世受懲，同族某人的田產所有權受保護。黃知縣也因明斷而晉升監察御史。這個案例説明，即便是有血緣親屬關係的同族之間，對於標誌私人財產所有權之存在與轉讓的法律依據 —— 契約也仍需辨明真偽，以確認田產所有權的歸屬。所以説，古代中國人是有財產所有權、私有財產權觀念的，他們在一定程度上關心財產關係。如果有人僅僅依據"重義輕利"的邏輯推下去説中國古代的人們沒有私有財產權利等觀念、不關心財產關係，那就未免太武斷了。兄弟之間尚且講究合法財產之所有權，何況其他情況？

財產權不僅僅是觀念問題，古時法律就有明確的保護私有財產權的規定。如《大清律例・戶律》"擅食田園瓜果"條律註云："物各有主。他人田園瓜果之類，不告於主而擅食之，於己非分，於人有損。故計其食過所值之作坐贓論。"就是説，擅食他人田園瓜果被視為盜竊他人合法財產並予懲處。我們特別要注意"物各有主"、"於己非分"八個字，就是對物權的表述。物各有主，係指物皆有所有權人

3　〔清〕紀昀：《閲微草堂筆記》卷十一錄觀弈道人著《槐西雜誌》。

（合法所有人）；而"於己非分"一語更加闡明了"名分"概念中包含的
"物的合法所有權"的成分。

財產所有權或私有權觀念，與民事關係中的財產關係緊密聯繫
在一起。應該承認古時中國人有此財產權觀念，也在一定程度上關
心財產關係，只不過表達方式與西方人有些不同而已。

倫理關係重於財產關係

古時中國人沒有西方人那種絕對的（或接近絕對的）"財產所有
權"、"私有權"之類的觀念，法律也從不把所有權絕對化，而是對它
加以種種限制，尤其是以倫常關係的原則去限制。古代法律強調"禮
法合一"，相當一部分就體現在以倫常原則來限制財產關係的規定
上面。

據《折獄龜鑒》載，東漢人鍾離意為北部督郵時，有烏程男子
孫常與其弟孫并分家，各得田 40 頃。後來孫并早死，又值饑荒之
年，孫常乃稍以米粟資給救濟弟媳及姪兒。這些資給，他自己都做
了賬、折了價，後來竟奪弟之田作為償還。姪兒長大後，控告伯父
奪產。初審官吏都說這位作姪子的不是：你小時常遭飢餓，幸賴你
伯父救濟才長大成人，現在竟然控告起恩人來，"非順遜也"。但鍾
離意獨持異議：孫常身為伯父，理當撫濟孤兒寡母。他稍稍給了一
點救濟，便想吞弟之田產為抵押，"懷挾奸詐，貪利忘義"。於是，
他建議"奪其（孫常）田畀（給）（孫）并妻、子"，"眾議為允"，大家都
覺得這樣判決公平合理。從這個例子中我們可以看到，無論是初審
結論還是鍾離意的終審結論，都是以原被告之間的倫理關係、倫理

義務為標準的，都是從維護叔姪、兄弟之間的人身關係（倫常關係）的立場出發的，都是以每個人在倫常關係中應負的義務（"分"）為衡量其行為是非的標準的。不管是説為姪的"忘恩負義"告曾救濟過自己的伯伯"非順遜也"，還是説為伯的理當救濟弟媳姪兒，而不應趁機"貪利忘義"欺負孤兒寡母，兩者這都是從特定人身關係的倫理出發，而不是僅僅從財產關係上的是非出發的。事實上，初審官之判從晚輩應孝順伯叔的倫理出發，過責其姪、過袒其叔，顯然不公平；而鍾離意的終判，從長輩應保護孤寡的倫理出發，過責其叔，過袒其弟媳姪兒，也顯有偏頗。

　　兩個判決結果雖然有天壤之別，但其依據卻一致：倫常。可見以倫常確定財產關係上的是非是何等荒謬，真可謂公也有理婆也有理。如僅以財產關係上的是非而論，此案中的伯伯（孫常）確有企圖多佔之嫌——稍稍資濟一下米粟，何嘗須以 40 頃田地作償還？而姪兒確有賴賬之錯——困難時吃了伯父的救濟糧，伯父又未明言是贈與，當然應該償還。鍾離意恨為伯者有貪佔之心，竟不顧當時的法律規定，把孫常原有的土地也奪來給了其弟媳姪兒，這實在是對當時"法律保護的土地所有權"的踐踏。可憐這位為兄者，因稍有些缺德之貪心，不但借貸未追還，竟連自己原有家產也一併被剝奪——今日看來，真是豈有此理！從這一案例可以看出，古人是多麼重視人身關係（倫常關係）而輕視財產關係[4]。

4　今天看來，這一段評論有失偏頗。第一，"奪其田畀（孫）並妻子"，也可以理解為僅僅奪回被伯（孫常）乘機侵吞的土地，不能只理解為包括剝奪孫常自己原有的土地在內，儘管"奪其田畀"四字很容易讓人作這樣的理解。第二，依倫理原則判斷財產關係上的是非，不能説沒有任何理由，不能説完全是荒謬。因為這種倫理原則本身就是中國古代財產關係形成的指南之一。——修訂註

類似的例子很多。清順天府寶坻縣刑檔中有個案件很能說明倫理原則對財產關係的運用。光緒二十一年（1895 年），有位寡婦控其故夫之兄與她爭地畝，而真正的事實是她因向夫兄"借貸未允"而捏詞誣告。知縣不問皂白，乃依"兄應接濟弟之孤寡"之倫理道義，勸令其兄"量力資助"；弟媳小在官府具結"永不滋擾"之保證書。於是，兄遵判資助弟媳錢財若干，但弟媳仍不滿足。幾個月後又搶割其兄佃客地裏的莊稼，兄無奈狀告於官；官府又斷令他再次"義助"弟媳。於是他"念兄弟之情"，遵判再拿家產供弟媳"用度"，並幫她置了幾畝地；弟媳再具"永不滋擾"的保證而結案。但不久，弟媳又自食其言，繼續到兄長門上尋釁滋事。兄萬般無奈，於是自傷告狀於官，官府只是再次斷令雙方各具甘結，"互不滋擾"。[5] 在這個例子中，法官在財產關係與倫理關係（人身關係）的天秤上，只知道把砝碼往倫理關係這一頭加，至於財產關係上的皂白是非、正當財產所有權應否保護，在他們心裏似乎無關緊要。

著名的清官樊增祥曾嚴厲地批判了這種過分輕視財產關係上的是非而過分遷就倫常關係的做法："往往無理者薄責而厚賚，有理者受累而折財。問官之自命循良者，於被訛之家，（往往）勸令忍讓，曰全骨肉也；於誣告之人，酌斷（以）財產，曰恤貧寡也。此等斷法，幾乎人人如是。"[6] 這種批評是頗切中要害的。"全骨肉"主要是強調親屬間的血緣倫理名分的保護；"恤貧寡"主要是強調"扶弱濟困"的倫理人情。他認為，那種過分踐踏財產所有權以維護倫常或人情的做法（判決），只會獎勵無情、無義、無賴之人，而制裁真正老實、

5　　轉引自曹培：〈清代州縣民事訴訟初探〉，載《中國法學》1984 年第 2 期。

6　　《新編樊山批公判牘精華》卷三。

勤儉、安分之人。這一批評是非常有見地的。

　　還有一例，很值得一提。清人陸隴其任嘉定知縣時，有黃仁、黃義兄弟倆爭奪祖宗遺產，久訟不決。陸知縣接案後，乃不問是非由來，不究曲直，揮毫判曰：「鳥也知道哺餵幼雛，也知道仁；蜜蜂見花而聚眾，鹿見羊而呼羣，也知道義；雁飛行時有行有列，睢鳩也知有長幼之別，説明牠們也知道禮；螻蟻也知銜土堵水，蜘蛛也知結網捕食，這也是智；公雞不是黎明時決不報曉，這就是信。這些毛蟲蠢物，尚且有『五常』。人為萬物之靈，豈無一得？你們兄弟倆，名字叫『仁』而不知『仁』，名字叫『義』而不知『義』：**以祖宗之微產，傷手足之天良。**為兄者雖然藏讀禮義經書，卻不知如何教育弟弟；為弟者雖出身科舉之門，熟讀經書，竟有傷兄之心。你們二人都實在可惡。古人説：同田為富，分貝為貧。你們兄弟連古時楚國的那位深明大義的鄉村婦女田氏都比不上，應該感到羞愧；你們應該學習那連僅有一床棉被也與兄弟共用的姜公。你們的過錯，要狠心地改；如果不改，則按律治罪，決不寬恕。」[7]

　　這與其說是一份判決書，不如說是一份道德教化文告。說實在話，如果我們是黃氏兄弟，這份文告也足以教我們無地自容。但是，平心而論，父祖遺產，子孫繼承，自古皆然，歷代法律都明文保護。既允繼承，哪能保證沒有爭議，哪能保證每次遺產分割都百分之百的公平、保證各個繼承人百分之百地滿意？所以，爭議、訴訟本身根本算不上壞事，説不上是甚麼違反「仁義禮智信」的行為，説不上是道德敗壞。我們看到，陸知縣在這份判詞裏譴責的正是**爭**

7　［清］襟霞閣主編：《陸稼書判牘》之「兄弟爭產之妙判」，僅係譯文，非原文。參見本書第十三章「德教感化以絕訟源」一節。

訟行為本身，他並未特別關心釐清爭訟背後隱藏着的事實真相、是非曲直。然而，陸知縣在當時這樣做是對的，是合乎中國"禮法"的。如果他僅僅局限於事實上的是非曲直和法律規定的權益，説不定還要受到"狃於法條"、"不知權變"之輿論譏評。因為，他的做法符合中國當時重視人身關係輕視財產關係的傳統思想，應合了經義的要求，保護了"兄友弟悌"之人身倫常關係。雖然以犧牲合法財產繼承權上的是非曲直(比如，依法律規定，依各自貧富狀況，兄弟應各得遺產幾何？)為代價，但比起古人認為比生命還重要的倫常關係來說，這代價實在是太輕太小了。

"通財合食"

在以婚姻為基礎而形成的血緣親族團體[8]中，每個成員、每個"小家庭"(夫妻及未婚嫁子女)的財產，有時被視為整個親族團體共同財產的一部分。在此團體內，無所謂個人財產所有權或私有權；成員之間互相周濟：有錢同花、有飯同吃、有衣同穿、有田同耕。每個成員控制下的那一部分財產，人人都享有**道義上的使用權、處分權**(但除家長外，這些權利不能個人單獨行使)。如果誰對自己個人或小家庭的財利斤斤計較、匿之筐篋，如果誰過分與親屬們在財產上區分"你我他"(也就是説，誰的私有觀念較濃)，那麼馬上就會被斥為"忤逆"或"見利忘義"。任何家族成員獲得的收益，都是全家族的共同收益，應與眾共用，決不敢獨吞。這就是古代中國道德倫

8　團體組成者的血緣關係範圍大小(親疏)不一定，有大有小。參見瞿同祖：《中國法律與中國社會》，中華書局 1981 年版，第一章第一節。

理所獎勵的家族"通財合食"的情形。登峰造極者是五世、七世乃至九世不"別籍異財"，還在同一個大鍋裏吃飯，還是同一個家庭經濟核算。歷代所傳頌的"多世同堂"（最高為"十世同堂"）故事，是它的最高體現。這也是古人重視人身倫常關係而輕視財產關係的體現。

晉時，濟北人氾稚春家族"七世同居，兒無常父，衣無常主"[9]。就是說，"人不獨子其子"，而把本家族所有晚輩都當成兒子加以照顧，給他們衣食。北魏時，華陰人楊播、楊椿兄弟一家五服內親屬"百口同爨（音寸，cuàn，意為'燒火煮飯'）"，即五代百口人同鍋吃飯。楊椿曾教戒子孫說："只要我們兄弟幾個還活着，全家（百口人）必須同盤而食，……但願直到我們兄弟都去世時為止，不分家，不析產。"[10] 一族百口同居同財、同鍋吃飯，沒有甚麼私有財產和小家庭財產。南唐至宋時江州陳氏"聚族千口"，十幾世同居，"每食必眾坐廣堂"，吃飯時以敲鑼為號。其後族中人口激增至 3700 餘人。[11] 這大概是歷史上的最高紀錄了。又據《舊唐書·孝友傳·劉君良傳》載，唐人劉君良"累代同居，兄弟雖至四從（即隔了四重叔伯兄弟關係），皆如同氣，尺布鬥粟無私焉……"。即是說，四五世百餘人同居，沒有一尺布、一鬥粟為個人私有財產，這是何等了不起的家族共產關係境界！

這種以累世同堂、"通財合食"為美的道德觀，在中國的確由來久遠，且根深蒂固。孔子云："不患寡而患不均（安），不患貧而患不

9　《晉書·儒林傳·氾毓傳》。
10　《魏書·楊播傳》。
11　參見《新五代史·南唐世家》及《宋史·孝義傳·陳競傳》。

安 (均)"[12]，這應是這一道德觀的最有力的依據。古時法律也有意鼓勵這種累世同居、"通財合食"的情形。《唐律疏議·戶婚》"子孫別籍異財"條規定："諸祖父母、父母在而子孫別籍異財（即分家析產）者，徒三年。"該條"疏議"曰："稱祖父母、父母在，則曾（祖父母）、高（祖父母）在亦同"。又規定．"若祖父母、父母令別籍及以子孫妄繼人後者，徒二年，子孫不坐。"這就是說：法律公然強制人們四世、五世同堂 —— 若高祖父母在，則五世子孫不得分家析產，必須同居共財。祖父母以上尊長在世，子孫擅自分家析產要受處罰，父祖強令子孫分家析產也得受處罰！這是一種甚麼宗旨的民事法律啊！

用今天的眼光看來，一個大家庭裏分不分家，析不析產，關國家甚麼事，完全是私人的事。法律去管這麼多閒事，真是豈有此理！然而古代中國正有此理，此理是中國傳統道德的重要一環。因為中國古時家、國被視為一體，家是縮小了的國，國是放大了的家。家事國事原為一事，二者之外再無所謂社會，無所謂個人隱私、家庭私事。

除法律的這種公然鼓勵、保護外，社會道德也特別讚譽這種抹煞個人或小家庭財產私有權界限的行為。歷代史書多有《孝友傳》，將累世同堂、"通財合食"者載入史冊，欲使其"流芳千古"。歷代大家族之家譜，也以"累世同堂"相自矜誇耀。地方官甚至皇帝也特別重視獎勉這種情形，動輒授以"義門"牌匾。皇帝甚至親幸"義門"宗族，接見該族族眾，與之歡宴。一族若有此殊世之榮，當在宗譜上大書特書。一個"通財合食"的和睦家族，總是一個地方官管治下的

---

12 《論語·季氏》。

"治安模範"。秩序好，糾紛少，父母官當然十分喜歡。族中知書達禮之人（士紳）也常制訂出《義門規範》、《宗祠條規》之類的"鄉規民約"去約束、教訓族眾，年高德劭者主動擔負起對子姪晚輩進行"傳統和倫理教育"的責任。

這一切，都是圍繞着一個目的、一個中心：就是要淡化個人的私有財產觀念或所有權觀念，以維護與所有權觀念有着或多或少矛盾衝突的倫常關係、倫理觀念，這就是傳統中國宗法社會生活的一般情形。

在我們的家鄉湖北英山，一直流傳着一個故事：古時某家族百口同居、合族和睦，無一人存有私財；每有收穫，大家分享，無人多佔。有外人不信此家族果有如此崇高道德，乃以一極小之珍禽相贈，想看看他們如何公平分食。家長受之，乃以此鳥投入大鍋，熬之成湯，人各一勺，極其均平。試者不服，乃又以一個梨子相贈。家長受之，一人獨吃了。試者奇怪，問其為何不均分。家長說：我們家族永不分梨（離）。從這個故事我們可以推知，古代中國人追求"多世同堂"、"通財合食"，雖然有抹煞個人權利或私有財產權的動機，但也有防止剝削壓迫追求社會平等和社會保障的動機。

"違禁取利"

古時中國人輕視財產關係，輕視私有權，特別反對絕對財產權，也體現在法律禁止人們取得不合倫理道德的經濟利益這一方面。

古代中國人很早就反對高利貸，法律也很早設有高利貸禁令。如果放貸人索取利息超過一定額度，就叫"違禁取利"，不僅法律禁止，亦為輿論唾棄。這正是古時道德及法律對個人財產所有權的又一限制，是財產關係倫理化的又一體現。因為高利貸違反"五常"中的"仁"、"義"、"信"三常，是"乘人之危"，是缺德之舉，故必加以限制打擊。歷代王朝"重農抑商"，常包括打擊高利貸者。中國古時絕對不允許"絕對財產權"觀念的產生和蔓延，打擊"違禁取利"便是重要措施之一。

古時的法律條文明文規定打擊"違禁取利"者。如雍正朝編寫的《大清律例》律註說："放債典當以通緩急之用，取利之中有相濟之義。然必乘人之急而罔利無度者，亦必有遲欠違約負賴不還者，故立此禁限也：凡民間私放錢債及典當錢物者，每月取利並不得過三分。如借當銀一兩，每月止許出利銀三分。年月雖多，不過一本一利。如借銀一兩，按每月三分取利，積至三十三個月以外則利銀已滿一兩，與本相等，是謂一本一利。雖年月之多，不得復照三分算利……，違者笞四十，以餘利計贓重者坐贓論，罪止杖一百。"

很明顯，《大清律例》註在這裏所特別重申的是"相濟之義"——就是強調"仁"和"信"的倫常關係。"取利"是財產關係，"相濟"是倫理關係。為了後者，可以竭力限制前者，打擊違禁取利。

從古時法官的判詞中，我們也可以看出"父母官"們打擊"違禁取利"的司法努力。如《陸稼書判牘》載，陸隴其任某地知縣時，有縣民李辛齋放債盤剝厚利，又因此企圖姦污債戶王德標之妻。"王妻貞節成性，不堪其辱，投環斃命"。案到官府，陸隴其怒判曰："放債之利，每兩只該三分；償債之家，年多不過一倍，古例為然，今猶可援。李辛齋以七兩之數，貸於王德標，歷年（已）還過六十兩。稍具天良（者），亦可效馮瑗之市義，而將借券焚矣。（彼）乃嗜欲難填，仍逼令王德標再寫十兩筆據一張。以七兩之本，而付十倍之銀，不惟子大於母，抑且發重於身，此是何等利息！此是何等盤剝！即有郭家金穴、鄧氏銅山，亦不能厭（滿足）其無厭之殊求也。然而李辛齋之良心，猶以為不足……。"[13]

陸知縣對李辛齋這位高利貸者的斥責，到了"怒髮衝冠"的程度；他的怒斥所依據的正是倫理綱常。他認為李某放高利貸十倍取息並逼姦他人之妻係天良喪盡所致。他認為放債與借貸這一民事法律關係中，雙方應遵守的倫理之"義"是周濟貧困之義及償還本息之義，絕不應"見利忘義"、"趁人之危"地剝削敲詐。他主張，"一本一利"過後的債權人應該效法"馮瑗市義"焚毀債據，而不應繼續無休止地勒索。這就是倫理大義的要求。[14]

酌情償債 [15]

在債務糾紛案或侵權損害案中，古時官員們一般很注意作出"酌

---

13 ［清］襟霞閣主編：《陸稼書判牘》。這裏只引用其怒斥高利貸部分。

14 原書此處的分析，有一段話明顯歪曲了陸隴其判詞原意，認為陸隴其指斥高利貸者就是主張"放貸者應不計利息，甚至連本錢也不追回，也就是把本錢無償地給債務人，以換回債務人（窮人）的讚譽、愛戴，而財產上的得失原本是不值得計較的"。這一段話實在是鹵莽武斷，可笑可恨。其實，陸隴其主張放貸人應燒毀債券以"市義"是有前提的，前提是本案中的放貸人已經收回了十倍利息這一事實。陸隴其根本沒有我理解的那些意思，是我把自己的誤解強加給了陸隴其。今天看來，實在慚愧。現必須刪去，不能厚誣古人，不能以訛傳訛。——修訂註

15 這一節的討論原來有明顯的錯誤。本節所講案件，多為債務糾紛的案件，而非侵權損害案件，故原標題"酌情賠償"是不對的，現改為"酌情償債"。正文開頭一段基於"侵權損害賠償"而說的那些話均應刪去。——修訂註

情”賠償或補償判決。所謂適當賠償或補償，就是説在考慮多方面的情節後才決定該如何賠償，而不都是機械“一刀切”地判決照數賠償。這裏的“酌情”實際上就是依據道德倫理的標準來判斷。

我們在這裏隨便舉幾個例子説明古時法官們在處理民事侵權行為案件時是如何“酌情”的，是如何責令賠償的。特別看看他們在辦案時實際上“酌”（考慮）了些甚麼“情”。

在某些情形下，他們會責令債務人全額或幾乎全額償還。這些情形主要包括：加害人比較富有而受害人貧窮可憐；或者加害人動機十分惡劣而又有賠償能力，同時實際損失數額不太大且受害人索賠要求十分強烈不甘罷休時。曾為知縣的清人樊增祥曾受理過這樣一個案件：寡婦賀閻氏控告當舖主人某氏（也是寡婦）企圖侵吞她從前寄存在該當舖的 300 金，控該當舖主人欲賴昧此筆錢財。原告呈控，卻無契據；被告否認，但其賬簿上亦“疑竇亦多”。到底有無寄金昧金之事，實難辨清。樊知縣乃判當舖主人某氏出百金給原告，令其“遵斷息爭”了事。但被告（當舖主人）不願，又通過代理人劉德勝（因婦女不得出庭）再次呈控。樊知縣復怒判曰：“（前次令你出金百金息爭一判，實為）本縣為爾息爭，不肯加爾以昧賴之名；且勉爾以恤孤之義，情理兼盡，待爾不薄，……以為爾必能了此訟端。乃斷結半月有餘，復假內束（以女主人之名）來函，抗官違斷，實屬不顧體面。……來函云：‘賀閻氏是寡婦，該氏（當舖主人）亦係孀孤’，本縣不應為彼害此。此真訟師筆墨也。夫寡婦與寡婦不同：有寡而富者，有寡而貧者。損富濟貧，實具消息盈虛之理。寡婦而能開當舖，令出百金，有何大害？……仰仍遵原斷，限三日內交銀百兩，飭領完案。如違，責押比追不貸！爾此次所請訟師，寫此不通之信，於該當鋪絲毫無益，不必給錢！"[16]

　　這份判決書很值得注意，簡直只講倫理沒有法理。原告指控當鋪主人侵佔了自己寄存的 300 兩銀子，卻沒有任何證據；被告否認自己侵佔尚有賬簿為憑（雖有"疑竇"，勉強算有點憑據）。但結果，尚有點證據的被告仍被責令出 100 兩銀子給原告，以換取息訟。這裏所"酌"之"情"是甚麼"情"呢？實際上就是考慮到了原告窮而被告富、原告態度好而被告態度不好等情節。這裏所依據的，就是"損富濟貧"、"扶貧助弱"的道德倫理。特別注意判詞中"令出百金，有何大害"一語：樊知縣在判令損害賠償之價額時，首先考慮的不是受害人實際上受到了多大多重的損失、應予多少賠償才能恢復其財產和精神狀態，而是首先考慮加害人（被告）有無賠償能力，有多大賠償能力，出錢賠償會對他未來生活造成多大影響等 —— 這正是息事寧人的原則，正是重視倫理關係而輕視財產關係的原則。

　　在有的情形下，又可能全部免除債務人的償還責任。這同樣是運用倫理原則以息事寧人。依同樣原則，判決結果南轅北轍，實可注意。

　　還是樊增祥處理的一個案件。教書先生党逢辰，早年受聘在郝氏家裏教書，曾借郝氏主人 160 兩銀子。除當時陸續償還外，至其故世時尚有 70 兩未還。党逢辰之弟党見邦承繼了此項債務，惟因家貧拖延至三十餘年未還。郝氏子弟乃上党氏之門惡鬧要求連本帶息償還 300 兩，並以"奸計緩推"（即想賴債不還）之罪名呈狀控告党見邦。對於此一呈控，樊增祥判曰："查……党逢辰，先年在爾家教

───────────────────

16 《樊山判牘》，《批判》之三，《批當商劉德勝懇詞》。

書，郝氏子弟率相受業。……（爾乃以區區七十金惡鬧並控告先生之弟），待先生者固如是，其忠且敬乎？夫以七十金之債而爾累算（利息）至三百餘金，即施之於平人，猶當以盤剝治罪，況施之於已故之師長乎？本縣因爾糊塗已極，不屑教誨；而爾世叔（老師之弟）又自願還錢，是以仍照七十兩原數斷，令流朝（緩期）措還。而爾在公堂猶敢負氣忿爭，本應痛加撲挟（鞭杖），因念爾兄現係職官，稍留體面。訊得爾郝氏子弟在党逢辰門下進學者，前後凡三四人，無一毫謝禮，（爾竟）尚敢逼討前欠，事之不公無有逾於此者。是以將（党氏所欠）七十金作為謝儀，諭令不得措還。……以為薄待師門者戒。"[17]

一個拖欠債款的官司就這樣了結了，這在今天或許出人意料，在古時卻理所當然。"師"即與"天、地、君、親"並列為"五尊"。為區區 70 金而訟其師，本屬道德敗壞；以 70 金計高利貸本息達 300 餘金而訟其師，更是喪盡天良！是故樊知縣怒斥原告為"無知之物"，根本不是人。為維護"師道尊嚴"，維護"師生"間類似父子之倫理，區區 70 兩欠債必須免除（算作是對老師的謝禮）！這點犧牲算得了甚麼！

還有一個真假難辨的有趣判決。據清人李遜之編《三朝野史》載，宋人馬光祖在京口任地方官時，福王府訴附近百姓"不還房廊屋錢"（房廊乃官建房屋，招民租住，分等級收租金），馬光祖受案後乃揮毫判曰："晴則雞卵鴨卵，雨則盆滿缽滿，福王若要屋錢，直待光祖任滿！"這一判決雖真假難辨，但極符合古人的倫理邏輯。馬光祖的判決是說：你福王（貴族）租給百姓住的是些甚麼破房子（"晴則

---

17 《樊山判牘》，《批判》之三，《批郝克棟呈詞》。

雞卵鴨卵"是指房瓦破了陽光射進地面，光點如蛋狀；"雨則盆滿缽滿"是指下雨時用盆子缽子接漏水都盈滿了），還好意思要租金；本官判令百姓不給租金；你在我的任期內休想從承租人那裏得到一點租金！

這個判決貫徹的同樣是損富濟貧、息事寧人的倫理。馬光祖基於救貧扶弱的俠肝義膽，竟敢抗忤朝廷的親王，實在令人敬佩。不過，敬佩之外，我們不能不說，這個判決絲毫不問債務關係上的是非，在法律上講是不妥當的。福王房破不修，只一味催租金（也許租金過高）固然不對，但總不致因此而將其應得的租金收入一筆勾銷吧？如果判福王因房舊失修而降低租金標準，並判令百姓按降低的標準交納，應是法律和情理的最好結合。但古時"熟讀聖賢書"出身的"父母官"們，習慣於認為富人大多是"為富不仁"，認為其財富多為"不義之財"，而殊少"合法財產"、"合法所有權"之觀念，當然也就不關心適當保護合法所有權、債權了。損"不義之財"以"濟貧"，這是難得的俠義，體現了儒家"均平"道德！

還有一些情形下會酌情判令債務人減少賠償數額。又是樊增祥所判一案，案中原告控告被告借了 750 串錢而欠拖不還。經調查屬實，樊知縣乃判曰："惟此借票一張，的的確確，是爾自貽伊戚。照理而論，七百五十串自應如數償還。而本縣恐爾無力措還，遂以遠年賬債，斷令只還一半。復於一半之中，酌減二十五串，僅令還三百五十串而止。事之輕爽便易（宜）寧有過於此者乎？此事若不遇本縣，爾等蔓訟正不知何時得結。……仰即遵照原判，予限三期交還錢三百五十串，以結蔓訟，勿再借詞推延，自貽苦累。"[18]

　　這個案子中所"酌"之"情"更不令我們奇怪了，就是"重義輕利"倫理及原被告雙方的經濟狀況。同時也多少有一點"各打五十大板"以息事寧人的企圖：原被告雙方在經濟上各負一半責任。結果是誰也沒有撈到真正的好處，誰也沒有受到真正的懲罰！

─────────────

18 《樊山判牘》，《批判》之三，《批鄒增焱呈詞》。

第十六章　"決訟"（下）：情、理、法兼顧

法律多元，倫常一貫

大家都知道"喬太守亂點鴛鴦譜"的故事。喬太守的判決正體現了古時法官決訟雖運用多重標準但貫穿儒家倫常的主要特徵。

宋仁宗景佑年間，杭州人劉秉義有子劉璞病重，想早些將早已聘定的媳婦、孫寡婦之女珠姨娶過門"沖喜"——圖個吉利並促痊癒。劉家的鄰居李榮向與劉家不睦，探得劉家之計，報知孫家。孫寡婦乃將計就計，命其子玉郎男扮女裝前去代姊過門（而玉郎早已聘定徐稚之女徐文哥為妻）。花燭之夜，劉璞仍臥床不起，劉秉義乃命其女慧娘伴"嫂"（玉郎）而眠（慧娘早已許配給裴九老之子裴政為妻）。不料玉郎、慧娘情投意合，竟成好事。迨劉璞痊癒，玉郎恐事情敗露，急要回家；慧娘不捨，難忍分離，二人相抱痛哭，為劉母察覺。鄰人李榮探知，又飛報裴九老。於是烽煙四起，幾家人扭打到官。杭州府喬太守受案後，將孫、劉、裴、徐四家一齊傳到公堂，問明瞭原委後，當堂三下五除二解決了這一複雜的婚姻糾紛。他的判詞曰：

"弟代姊嫁，姑伴嫂眠，愛子愛女，情在理中。一雌一雄，變出意外。慧娘既已失身玉郎，許為夫婦；孫玉郎奪人婦，人亦奪其婦，（故）將（徐）文哥改配裴政。人雖兌換，十六兩原是一斤。官府為月老，各赴良期。"[1]

---

[1]　此故事最初出於何書，已無從查考，現見明人馮夢龍編：《醒世恆言》第八卷。

　　喬太守戲曲題材好故事的真假我們暫且不論，從法律人的特有眼光看，他的這一判決是當時所能作出的最完善的判決，是一個情理法兼顧的最好判決。

　　依明代法律，玉郎、慧娘屬"無夫姦"，應處徒刑；而且法律又不允許"先姦後婚"。故依法應先斷二人之罪，並使慧娘還歸裴政。但是，依據儒家倫理綱常或"禮義"，婦女有"從一而終"之義。若將慧娘斷還裴政為妻，是有意使人再失貞節，是故意使其"有二夫"，顯然違"禮"。同時，此案中各方家長之所作所為，是出於愛子愛女之心，"情在理中"，即是說合乎情理，而後果實在出乎他們意料。若對他們重責以"縱子女犯姦"之罪，顯然又不合情理。

　　基於上述考慮，喬太守做出了這個"將錯就錯"的判決，合情、合理、合禮，又不大背乎法！特別是，若嚴格依法律的邏輯，本案中玉郎、慧娘的"無夫姦"之罪也不一定能夠成立。因為"無夫姦"一般是雙方主動、故意而為，但此案中玉郎、慧娘"相姦"純係偶合，無任何事先故意或"道德敗壞"為之預備。故如果拘泥於律文而罰之，顯然也失立法之本意。

　　現今法治國家一向標榜司法依據"一元化"。就是說，從理論上講，法官判案，只應依現行有效的成文或不成文法律（含判例法），而不能依法律以外的任何準則。但古時中國法官則不然，他們一向以運用多重標準——理、情、禮、法——斷獄決訟為驕傲，對斤斤計較於成文法條規定或機械依法判決的官員相當鄙視。有人把這種現象稱之為古時中國法律的"多元化"或多元決訟標準。

　　能說明中國古時這種多元決訟標準的例子太多了，僅再舉一例說明之。

道光年間，有貴州百姓周四，在父親喪期娶同村周氏為妻。他的行為既觸犯刑律"居喪嫁娶"之條，又犯了"同姓相婚"之罪。依法，當然應判決離異。但刑部對此案的批覆卻是："律設大法而體貼人情。居喪嫁娶雖律有明禁，而鄉曲小民昧於禮法，違律而為婚者亦往往而有。若必令照律離異，（反而）轉致婦女之名節因此而失。故例稱：揆於法制似為太重或名分不甚有礙，聽各衙門臨時斟酌，**於曲順人情之中仍不失維持禮法之意**。凡屬辦此種案件，原可不拘律文（斷令離異，而應）斷令完娶。若夫妻本不和諧，則此種違律為婚，既有離異之條（可據），自無強令完娶之理。所有該司書辦周四居喪娶周氏為妻一案，自係臨時斟酌，**於律例並無不合，應請照辦**。"[2]

在這個案例中，我們看到，法官們實際上援引了三重決訟準據：一是"禮"或"理"。依此，他們才不同意機械地依法律條文判令離異，因這樣會使婦女"失名節"。二是人情。若夫妻和諧，感情好，即使是"違律為婚"，如依法強令離異，則是棒打鴛鴦，不合人情，於心不忍。他們強調只有夫妻不和時，方可將此類違律婚姻依律解散，就是特別重順人情。三是法。如果不是因援引法律"居喪嫁娶"之規定而有爭議，則此案根本提不到公堂，也根本不會因為"難決"而呈報刑部審批。儘管最後沒有完全依法辦事，但法（作為特別法的"例"）在此案中作為準據之一顯然起了重大作用。例既允許法官在此種情形下以"不礙名分"、"曲順人情"、"維持禮法"為原則而"臨時斟酌"，故此案也算是依法（例）辦了事。這才真是叫做情、

2　《刑案彙覽》卷七。

理、法兼顧。

　　這兩個案例都說明古時法官決訟時實際上奉行着多元的決訟標準，這是毫無疑義的。但是，多元標準決不等於混亂，因為多元決訟標準之間有"一以貫之"的東西，這就是**倫常**，就是"三綱"、"五常"、"十義"等。它們才是古時法官所真正據以決訟的準則。一般說來，如果僅僅依據律例條文斷決就能完全符合倫常，則直接依法辦事；但如機械依律例條文則有不合倫常之處時，他們就會轉而依"理"或"禮"來斷決；但如果既依法、又依"禮"仍不能合乎社會大眾評價或民心，則應更依"人情"而斷決。因為"法不外乎人情"，"倫理"的最後淵源也應是"人情"。

　　這個"一以貫之"的不變倫常，在上述案例中都表現無遺。法條、禮規，在作為精神原則性的倫常面前，自然居於次要地位。

　　這多元決訟標準中，還有三者特別值得一提：一是鄉野之俗（風俗、習慣），二是少數民族之習慣，三是宗規族法。它們應歸於"禮"類、"理"類，還是"情"類、法類？這裏不好簡單認定，因為它們本身性質特殊、成分複雜。

　　鄉野之俗，包括各地方的特殊風俗，工商行業特殊習慣等。甚至即使其中有些被大人先生們以為"陋俗"，然鄉眾如此，法不責眾，故仍依俗寬容之。如《大清律例增修統纂集成》云："同姓為婚，禮所禁也。第窮鄉僻壤，娶同姓者，愚民事所恆有。若盡繩之以律，離異歸宗，轉失婦人從一而終之義。"[3] 這就是說，法官在斷"鄉愚"所犯案件時，可以考慮尊重鄉野之俗，包括陋俗。

3　［清］陶東皋、陶曉篔輯註：《大清律例增修統纂集成》卷十，《戶律·婚姻》。

至於少數民族之俗，即使包括漢人以為"陋俗"者，朝廷欽派至民族地區的官員也常不得不尊重，而不是簡單依國法。此在元明清三代尤然。如蒙古之俗，父死，子可娶繼母或父妾。此在漢人之律乃屬大逆不道、天良喪盡、十惡不赦；但在蒙古地區是一般慣例，故明清法律並不責之，且承認其合法。又如西藏之藏族，雲南貴州之彝族、白族、侗族、傣族，有許多奇特風俗，於漢人之律視之，都屬違律，然派駐當地的漢族官員一般均寬容之，而不加罪責。特別是明清時期，法律禁止中表姻親，而湘鄂西土家、苗家及部分漢族地區競相以兄妹、姊妹之間交換其子女之婚約為快事，當地法官一般也以"俗所不禁"為理由置之不問。

宗規族法，有時乾脆簡稱"家法"。因為"族"不過是一放大了的鬆散的"家"。古時國家常承認家法的地位。這種承認有幾種方式：一是已經家法懲處者，國家(官府)一般不再懲處，此即間接承認家法、祠堂可以取代國法、公堂。二是法官直接引用犯者所屬宗規族法作為對其決定懲處的依據之一(不是全部)；三是官府將犯者責付其家族懲處；四是官府批覆宣佈某家族所制訂的家法有效。

現僅舉第四種情形為例加以說明。清嘉慶十二年(1807年)，桐城祝氏宗族制定宗族法，呈請官府批准。縣令接呈文後當即批示：

"祝姓戶族人等須知：爾等務須入孝出弟，崇儉飭華，秀讀樸耕，安分守業，聽從戶尊長等開列條規，共相遵守。如有不遵約束者，許該戶長據實指名赴縣具稟，以憑懲治，各宜稟遵毋違。"[4]

這三種特殊情形是否也是"倫常一以貫之"呢？我們認為，除被

4　安徽桐城：《祝氏宗譜》卷一，《家規》。轉引自朱勇：《清代宗族法研究》，湖南教育出版社1988年版，第174頁。

視為"陋俗"而官員做出妥協斷決之外，絕大多數旁引鄉俗習慣、少數民族習慣、宗規族法的情形都是貫穿了儒家倫常的。但是，就對"陋俗"的讓步而言，必須視為官員在法、理、禮之外施恩，是無可奈何的寬免，這是法外的一種特殊衡平。

依"禮"決訟

《禮記·曲禮》說："分爭辨訟，非禮不決。"這大概是說，"禮"應是審理民刑訴訟的主要依據。"禮"存於何處？它常存於"經典"中。於是，依禮決訟常成為依"經典"決訟，此即歷史上歷久不衰的"經義決獄"之類。

元人陳澔《禮記集說》云："理有可否則爭，情有曲直則訟，惟禮為能決之。蓋分爭者合於禮則可，不合於禮則不可。有禮則直，無禮則不直……。"又說："凡人意氣相凌而不相下，則有爭有訟。爭訟者，起於人之不能以禮自持也。今欲分其爭辨其訟，亦在乎斷之以禮而已。禮一明而曲直之情判……。"[5]清人汪輝祖自述為官斷獄理訟時，常引"三禮"(《周禮》、《禮記》、《儀禮》)斷訟，時人稱他是"治法家言，議論依於仁慈"，"遠近稱平允"[6]。

有一個引"禮"斷決婚姻糾紛的案例，很能說明古人的觀念。

清朝末年，有位叫許文浚的知縣，收到士紳宋國源的呈控，要求斷決其女與他人的婚約無效，"請予取消，追回庚貼"。理由是，

5　[元]陳澔：《禮記集說》卷二，四庫全書薈要本，民國嘉業堂。另《古今圖書集成·明倫彙編·交誼典》之《忿爭部》引藍田呂氏語，亦雷同。

6　[清]汪輝祖：《病榻夢痕錄》，自序。

他的女兒容貞才 20 歲，而媒人介紹的未來女婿張德雲已達 32 歲，"年紀相懸，何能匹偶？"他指控，媒人廖太康在婚約訂立前一直有意隱瞞了男方的年齡，使其受騙而同意將女兒許配。許知縣審明原委後判道：媒人隱瞞男方實情固然應追究責任，但是，律例僅僅規定"男女婚姻惟老幼廢疾須兩家（事先）明為通知"，"今張德雲既無廢疾，而男年三十二女年二十亦與老幼相懸不同"，故不屬於事先通知的事由。"即以年（齡）論，汝兩家此段婚姻亦正與古禮相合，所謂'男三十而娶，女二十而嫁'是也"。他這裏引用《禮記·昏義》為依據。接着，他詳細地在判決書上論證了古人定此"三十而娶、二十而嫁"之"禮"的四條理由，皆引經據典，無非是想千方百計地說明古禮正是針對眼下這類的案件而制訂。他說，古禮之所以定三十而娶、二十而嫁，是因為"知早婚之不宜而古禮之不可易也。夫謂三十而娶，二十而嫁，亦約舉之辭耳。男必於三十，女必於二十，湊合安得如此之巧？三十內外皆三十也，二十內外皆二十也……。"[7] 最後判決，此項婚約合"禮"，不得取消。

　　這份判決書，既引用了"禮"作為判決依據，又依自己的理解解釋和發揮了古禮或經義 —— 這正是古時以禮決訟的最大特色。以禮決訟，首在維護名分。此案中既無法律列舉的重大悔婚理由，所以如果准許悔婚，必有違於女"從一而終"之"禮義"。於是，法官故決意維持婚約。

7　［清］許文濬：《塔景亭判牘·指令》"宋國源呈批"。

依"人情"決訟

據清人李遜之撰《三朝野史》載，宋人馬光祖任某縣知縣時，有位窮書生翻牆與鄰人家的處女幽會，被人發覺，捆送官府。依據宋代的法律規定，"無夫姦"者應處"杖八十"之刑。但馬知縣認為，窮書生與村女逾牆幽會，都是少男少女之常情；雖然為道德所譴責，但算不了甚麼大不了的事，相反倒頗有點浪漫詩意，不如乾脆依"人情"成全他們好了。於是，馬知縣乃以"逾牆摟處子"為題，令該書生作詩，並說如作得好詩，就判令無罪。這位風流才子當堂提筆作詩一首："花柳平生債，風流一段愁；逾牆乘興下，處子有心摟。謝砌應潛越，安香計暗偷；有情還愛欲，無語強嬌羞；不負秦樓約，安知漳獄囚；玉顏麗如此，何用讀書求？"馬知縣讀罷此詩，十分高興，乃當場揮毫填詞一首以為判決："多情愛，還了半生花柳債；好個檀郎，室女為妻也不妨。傑才高作，聊贈青蚨三百索；燭影搖紅，記取媒人是馬公。"[8]

這個判決，真正是古今中外的一份傑作。那對犯了"無夫姦"之罪的少男少女，不但沒有依法受到懲罰，相反，馬知縣還賞了他們300両銀子，在公堂為他們作媒，促使這對有情人成了眷屬。馬知縣此判，為時人傳頌，眾人都誇他"通人情"。於此可見"人情"在古時司法中的作用。

類似的例子太多了。清大詩人鄭板橋為知縣時，有一對和尚尼姑通姦，眾人執之以報官。《大清律例•戶律•婚姻》規定：以僧道

8　民國人曹繡君編：《古今情海》第五卷。又説此事出於元人林坤的《誠齋雜記》。

犯姦，加凡人和姦罪二等。而凡人（常人）相姦杖八十或徒二年。依律，這對"六根未淨"的佛門子弟當受重罰。然板橋先生見那年輕和尚唇紅齒白、聰明英俊，見那尼姑眉清目秀，楚楚動人，禁不住動了"惻隱之心"（此正是"人情"！），萌發了成人之美之念。於是，他即興題詩為判，判令二人皆還俗，並結為夫婦。判曰："一半葫蘆一半瓢，合來一度好成桃，從今入定風規寂，此後敲門月影遙；人性悅時空即色，好花沒處靜偏嬌；是誰了卻風流案？記取當年鄭板橋。"[9]據說，蘇東坡為官時也受理過類似的案件，作出過同樣"人情味"十足的判決。

依"人情"決訟與依"禮"決訟不同。"人情"不一定合乎"禮"（經義），"禮"是絕對不允許少男少女相姦的。"父母官"們作了這樣的判決，顯然違反了"禮"，但卻為眾人稱讚，這說明其判決合乎人之常情：第一，少男少女，情欲衝動，難免犯禁，責之可也，重罰顯然不合人情。第二，此少女既與此少男相姦，則已失"貞節"。如不嫁此夫而將來嫁他人，則顯然有違"從一而終"、"守貞"之義。使其成婚，既合人情，又保全了其"名節"，亦保全了體面。如果依法棒打鴛鴦，又依法不准相姦者成婚，那實在是於情於理不合，於人心不忍。

依"理"決訟

南宋皇都風月主人編《綠窗新話》載，開封有位叫葛楚娘的漂亮

275

第十六章　「決訟」（下）：情、理、法兼顧

姑娘，因父母之命、媒妁之言，嫁給了一位"鬍鬢滿面難尋口，眉目鑽頑不似人"的村夫。楚娘大不悅，村中惡少又老是以"可惜羊肉拌冬瓜"、"泥中淹郁一叢花"之類的話取笑她。於是，她請求離婚，其夫不允，乃告於官府。縣太爺判曰："夫有出妻之條，妻無退夫之理；糟糠古不下堂，買臣之妻可恥；且饒根究私情，二人押回本里。"[10] 此案中，妻子以丈夫相貌難看為理由請求離婚，當然不會被允許。縣太爺斷此案，既無法律明文規定可據，又無"禮"或"經義"可依，於是只得依據"道理"或"理"，也就是倫常的根本原則來決訟。

依"禮"決訟與依"理"決訟，本質上是一回事。只是前者尚能直接引據"經典"上的文字、教義；而後者不能，只得根據倫理綱常的基本原則，運用邏輯推理，作為決眼下之訟的依據。本案中，當然難從"十三經"中找到一條文字依據不許婦女以丈夫鬍子滿面且難看為理由離婚，但既然"綱常"中有"夫為妻綱"、"從一而終"之原則，當然可以推出楚娘必須跟他那位討厭的大鬍子丈夫過一輩子的判決。如果這位姑娘還不識相，還想離婚，那麼就要追究"私情"，看看是不是有第三者插足，是不是有通姦了！── 這就由民事案件（離婚）上升為刑事案件了。楚娘後來有沒有再鬧，不得而知。

王法、家法及其他

"家有家規，國有國法"。古代中國法律秩序素來把家規視為國法的附加成分或輔佐。"刑罰不可弛於國，鞭撲不可廢於家"，就是

10 ［宋］皇都風月主人編：《綠窗新話》，古典文學出版社 1957 年校對本。

家國法律秩序一體化的最好概括。朱勇博士認為，中國封建社會的法律呈家法、國法"二元法律結構"，此論極有見地。我們認為，古時的家法，實即國法的一部分或變種，有如今日某些基本法規配有《實施細則》一樣（當然適用範圍有廣狹之異），不過是把《細則》的制定權默許給民間宗族組織了。家族組織實際上擔負着國家基層行政組織的責任，因此宗規族法當然起着國法的補充作用。朱勇兄考證，清代家族法在內容上與國法無異，只是在"處罰"上與國法有些不同。他總結各地宗規族法中的處罰規定，歸類出訓斥、罰跪、記過、鎖禁、罰銀（這些都像行政處罰或治安處處）、革胙、出族、不許入祠（近於剝奪政治權利）、鞭板、處死（相當於刑罰）等 11 種，比國法的處罰名堂更多。[11] 古人以國家、家國二字相提並論——家完全像一個縮小的國，家有"為國行政"的責任，這一點特別從歷代法律規定的家長權力和責任中可以看出。於是，宗規族法和家族審判常常主動地，**搶先一步地**代替國家司法、行政機關職權，以保全宗族聲譽。自古至近代，有多少可憐的男女青年，死於"家法"之下！

徐氏宗譜　卷　宗規垂訓

定生理

居家以治生為要庶民生理惟士農工商買醫卜入事生理不

治正孟子所謂放死不贍奚服治禮義吾宗為父兄者須量子弟

材質於八事各治一業以為俯仰之資不可縱其遊惰

敬師友

發明義理指引途轍者師之功也漸摩誘掖忠告善道者友之力

也人生五倫賴師友而明可不重歟故凡崇其德行宗其學業法

其藝術皆謂師友之即當敬之愛之終身不替如非其人而慎師之所當

昔謂友匕之即當敬之愛之終身不替如非其人而慎師之所當

早遠而禮不可失也友務慎擇不可苟交匕而復絕悔之晚矣為

三

啟本堂

102

▲ 浙江臨安徐氏族規，載《潛川徐氏宗譜》。族規或宗規是舊時民間法的最典型形態。

11　參見朱勇：《清代宗族法研究》，湖南教育出版社 1988 年版，第 99 頁。